인도철학사

A History of Indian Philosophy

인도 철학사

이병욱 지음

운주사

머리말

"서당개 3년에 풍월을 읊는다"는 말이 있듯이, 필자도 철학과 대학원에 들어온 지 19년만에 '인도철학사'라는 풍월을 읊었다. 책을 내는 마음이야 흐뭇하기 이를 데 없지만, 마음 한 쪽에선 자기 검열이 일어난다. '과연 내가 인도철학사를 쓸 자격이 있나?' '내가 산스크리트어를 알기는 하는가?'라는 양심의 화살이 가슴에 꽂힌다.

그와 동시에 내 안에서 방어논리가 생겨난다. 마치 병균이 침입하면 백혈구가 형성되듯이 말이다. '철학사'와 개별 연구논문은 그 성격이 다르다는 것이 필자의 생각이다. 개인이 모인 것이 사회이지만, 사회는 그 자체 고유논리가 있다. 개인문제에 접근하듯이 사회문제를 다룰 수는 없는 법이다. 이처럼, 개별연구가 모여서 철학사라는 연구성과를 만들어내는 것이지만, 철학사는 그 나름의 독자적 측면이 있다고 생각한다. 그것은 전체 내용을 관통하는 안목을 길러주는 기능이다. 누군가 인도철학사를 10권으로 썼다고 해서 그것으로 인도철학 연구에 마침표를 찍는 것은 아니다. 그래도 한 편에선 연구할 내용이 남아 있고, 당연히 그래야만 한다. 나무만 너무 쳐다본 사람은 숲을 보기 곤란하듯이, 철학사의 영역은 개별연구와 다른 부분이 분명히 존재한다.

이런 생각으로 인도철학사에 도전해 보았다. 그러므로 이 책의 주요 목표는 인도철학의 내용을 분명하게 정리하여 독자가 쉽게 이해하도록 하는 데 있다. 시중에 여러 인도철학사가 나와 있는 줄 모르는 바 아니지만, 개설서는 여러 종류가 있어도 무방하리라고 생각한다. 독자의 취향도 여러 가지일 것이기 때문이다.

하지만 이 책이 단순히 정리만을 목표로 하고, 자기 색깔이나 향기가 아주 없는 것은 아니다. 그 점은 크게 3가지로 설명할 수 있다. 우선, 인도철학사를 5단락으로 구분하였다. 인도철학의 맹아, 성립, 체계화, 전개, 그리고 영국 지배 시기 이후의 인도철학으로 나누어 볼 때, 인도철학의 숨결이 온전히 드러나리라고 본다.

우파니샤드와 불교철학을 같은 시대에 취급한 것도 이 책의 특징이라면 특징이다. 우파니샤드가 불교보다 조금 앞서 생겨났을 가능성은 있지만, 역사의 기록이 거의 남아 있지 않는 인도의 현실에서 무엇이 무엇보다 먼저 생겨났다고 단정해서 말하기 어렵다. 그런데도 우파니샤드가 불교보다 먼저임이 강조되는 것은 인도판 '중화주의'의 한 가지라고 생각한다. 이런 종류의 선입견을 제거하고 인도철학사를 볼 때, 인도철학의 구조가 제대로 드러날 것이라고 기대한다.

둘째, 일반적으로 '6사외도'라고 불리는 6명의 사상가에 대해 새롭게 접근했다. 정확히는 6명의 사상가 중에 5명에 대해 새로운 평가를 시도하였다. 다시 말해서 종래의 부정적인 평가가 아니고 긍정적 평가를 이끌어 내었다. 이러한 아이디어는 필자의 지도교수였던 김하우 선생님의 '인도철학사 강의노트'에서 나온 것이다. 또한 6사외도에 대한 부정적 평가도 기존 인도철학사에서 범하고 있는 대표적 선입견의 하나라고 본다. 이러한 선입견을 넘어설 때 인도철학의 지평이 열릴 것이다.

셋째, 6파철학에 대해 비판적 접근을 모색하였다. 인도의 정통철학은

6파철학에서 그 위용을 자랑한다고 해도 지나친 말이 아닌데, 이 책에서는 이 6파철학이 정통파로서 4성계급에 옹호적이었음을 지적하고자 한다. 다시 말해서 기득권 세력에 도움을 주는 측면이 있었음을 드러내고자 하는 것이다. 물론 그렇다고 해서, 철학으로서 6파철학의 고유함을 무시하자는 것은 아니다. 그렇지만 일반적으로 인도철학사에서 6파철학의 기득권 옹호적 측면을 지적하는 연구는 드물다.

인도 사람이 자신의 문화에 대해 객관적이기는 힘들다고 본다. 대부분 긍정적 시각을 가질 것이지만, 만약 비판적인 시각을 가진 사람이 있다면 그 경우에는 극단적 비판으로 갈 가능성이 있다. 그 이유는 그 사람도 여전히 인도를 사랑할 것이기 때문이다. 사랑하는 대상에 대한 평가는 극極과 극極으로 오고가기 쉽다. 이러한 점은 한국사람이 한국문화를 접할 때도 마찬가지일 것이다. 외국사람은 깊이 있는 내용을 모를 수 있지만, 선입견을 배제한 채 있는 그대로의 모습을 그려낼 수 있을 것이라고 기대한다. 다시 말해 긍정적 측면과 부정적 측면을 균형 감각 있게 드러낼 수 있을 것이라고 생각한다. 물론 잘못하면 선무당이 사람 잡는다고 이상한 소리를 해낼 수도 있겠지만 …. 이상의 3가지 점 이외에도 불교철학을 설명하는 곳에서 필자의 독자적 설명을 시도한 대목도 있다.

그렇지만 이 책의 문제점도 분명히 존재한다. 우선, '주'를 제대로 달지 못했다는 점이다. 가장 큰 이유는 원래 이 책은 강의노트에서 출발하였기 때문이다. 처음부터 책을 쓰겠다는 의도 없이, 수업시간을 효과적으로 활용한다는 차원에서 강의노트를 준비하고 프린트해서 학생들과 수업을 진행하다가, 점점 욕심이 생겨서 급기야 책을 출판하기에 이르렀다. 이미 작성한 강의노트에 '주'를 달 것인지가 가장 큰 고민이 되었는데, 개설서라는 핑계를 대고 제한적인 '주'만을 달았다. 그래서 주석의 상당부분은 '내용주'이고 '인용주'는 많지 않다. 대신, 필자의 생각을 피력한 곳은 필자는 이렇게 생각한다라는 표현을 분명히 하였다.

그 다음으로 산스크리트어의 표기가 쉽지 않았다. 여러 교재를 참고해 보아도 서로 달랐다. 심지어 주요 학파의 이름도 제각각이다. 아마도 인도학 전공학자들이 모여서 합의점을 이끌어내야 할 것이다. 현재 통일된 표기원칙이 없으므로 정승석 교수의 산스크리트 한글표기 범례를 대부분 따랐다. 물론 한두 군데 정도는 따르지 않은 부분도 있다.

또한 인도철학자의 생몰 연도가 다른 경우가 있을 때, 어느 것이 옳은 것인지 확정하지 못하고 한 가지 설說만을 따랐고, 인도철학자의 이름과 산스크리트문헌의 표기가 서로 다를 때에도 한 가지 설說만을 따른 경우도 있다. 부끄럽지만 이 점은 앞으로 보완하고자 한다.

이 책은 고려대에서 '인도철학사'를, 강원대에서 '인도사상사'를 강의한 내용을 보강한 것이다. 열심히 수업을 들어준 학생들에게 감사의 말을 하고 싶다. 덕분에 책이 나올 수 있었다. 이 책의 내용에 대해 유익한 제언을 해준 동국대 김성철 교수님, 김형준 선생님(경전연구소), 중앙승가대 최종남 교수님과 김정섭 씨에게도 감사의 인사를 드린다. 출판계가 어려운 시기인데도 출판을 승낙한 운주사에도 고마운 마음을 전한다.

2004년 8월 4일

이병욱

머리말 • 5

I. 인도철학의 맹아

1. 인더스문명 • 21
2. 베다Veda시대 • 22
   1) 시대적 배경 • 22
   2) 『리그베다』의 신神 • 23
   3) 『리그베다』에 나타난 우주창조설 • 25
3. 후기 베다시대 • 29
   1) 시대적 배경 • 29
   2) 베다성전의 편찬 • 29
      (1) 브라흐마나 • 31
      (2) 아라냐카 • 32

II. 인도철학의 성립

1. 시대적 배경 • 35
2. 우파니샤드 • 37
   1) 초기 우파니샤드 • 40
      (1) 샨딜리야의 브라흐만과 아트만 동일설 • 40
      (2) 푸라바하나의 5화2도설五火二道說 • 41
      (3) 웃달라카 아루니 • 42
      (4) 야즈냐발키야 • 44
      (5) 『타이티리야 우파니샤드』의 5단계 아트만설 • 46
   2) 중기 우파니샤드 • 46
   3) 후기 우파니샤드 • 49
3. 여섯 명의 위대한 사상가 • 51
   1) 푸라나 카사파의 도덕부정론 • 51

2) 파쿠다 카차야나의 7요소설 • 52
3) 아지타 케사캄바린의 유물론 • 53
4) 막칼리 고살라의 아지비카교 • 55
5) 산자야 벨라티푸타의 회의론 • 58
6) 자이나교 • 59
(1) 초기 자이나교의 사상 • 60
(2) 후대 발전한 자이나교의 사상 • 63
①인식론/ ②인식의 상대주의/
③자이나교사상에 대한 종합적 이해
4. 불타의 사상 • 71
1) 사성제 • 73
2) 3법인 · 4법인 • 74
(1) 제행무상諸行無常: 모든 것은 무상하다 • 75
(2) 일체개고一切皆苦: 모든 것은 고통스럽다 • 76
(3) 제법무아諸法無我: 모든 존재에는 자아가 없다 • 78
(4) 열반적정涅槃寂靜: 열반의 경지는 고요하다 • 79
3) 연기緣起 • 79
(1) 연기의 철학적 의미 • 80
(2) 12연기十二緣起 • 82
4) 사회사상 • 85
5) 삼장三藏과 초기불교경전 • 86

III. 인도철학의 체계화

1. 시대적 배경 • 91
1) 마우리아왕조의 성립과 쇠퇴 • 91
2) 그리스인 · 샤카족 · 파르티아족의 침입 • 93
3) 쿠샤나제국과 안드라제국 • 94

4) 굽타왕조 • 96
2. 불교철학의 체계화 98
1) 부파불교의 전개 • 98
(1) 상좌부와 대중부의 분열 • 98
(2) 설일체유부 • 101
(3) 경량부 • 103
(4) 대중부 • 105
2) 대승불교의 등장과 그 특징 • 107
(1) 바라문교의 대중화 노력 • 107
①『바가바드기타』의 3가지 요가사상/
②비슈누신과 쉬바신/
③바라문교의 사회윤리체계 확립
(2) 대승불교의 등장 • 112
3) 전기 대승불교경전의 이해 • 116
(1) 금강경 • 118
(2) 무량수경 • 122
(3) 유마경 • 124
(4) 법화경 • 126
(5) 화엄경 • 129
4) 후기 대승불교경전의 이해 • 131
(1) 대방등여래장경 • 132
(2) 승만경 • 133
(3) 열반경 • 134
(4) 해심밀경 • 135
(5) 능가경 • 136
5) 중관中觀학파의 사상 • 138
(1) 용수의 중관사상 • 139
(2) 중관파의 전개 • 143

6) 유식唯識학파의 사상 • 148
(1) 8식설 • 151
(2) 3성3무성설 • 152
(3) 유식학파에서 발생한 논쟁점 • 152
3. 힌두교의 체계화: 6파철학의 성립 • 154
1) 상키야학파 • 157
(1) 프라크리티의 전개과정 • 158
(2) 푸루샤 • 162
(3) 해탈론과 지식론 • 163
(4) 상키야학파에 대한 비판적 고찰 • 164
(5) 상키야학파의 전개과정 • 166
2) 요가학파 • 167
(1) 마음의 작용 · 무지無知 · 지식론 • 168
(2) 8지八支요가 • 169
(3) 유신론적有神論的 입장 • 171
(4) 요가학파의 전개과정 • 173
3) 바이셰쉬카학파 • 174
(1) 6범주 · 7범주 • 175
(2) 신, 불가견력, 해탈, 지식론 • 182
(3) 바이셰쉬카학파의 전개과정 • 183
4) 니야야학파 • 185
(1) 지식론 • 186
①지각/ ②추론/
③비유량比喩量 · 성언량聖言量과 그 이론적 근거
(2) 자아 · 신 · 해탈 • 196
①자아에 대한 견해/ ②해탈에 대한 견해/
③신에 대한 견해
(3) 니야야학파의 전개과정 • 199

5) 미맘사학파 • 202
(1) 지식론 • 203
(2) 형이상학 • 207
(3) 미맘사학파의 다른 학파 비판 • 208
(4) 신 · 자아 · 해탈관 • 209
(5) 미맘사학파의 전개과정 • 210
6) 베단타학파 • 211

IV. 인도철학의 전개

1. 시대적 배경 • 217
2. 불교논리학파와 밀교 • 220
1) 불교논리학파 • 220
(1) 진나의 지각과 추론 • 221
(2) 법칭이 말하는 인因의 3가지 조건 • 222
(3) 진나의 9구인九句因 • 224
(4) 인因에 대한 법칭의 분류 • 225
(5) 부정에 대한 법칭의 견해 • 228
(6) 법칭의 위타비량 • 228
2) 밀교사상 • 229
(1) 밀교경전의 4가지 구분 • 229
(2) 밀교사상의 변천과정 • 230
① 대일경/ ② 금강정경/
③ 반야이취경/ ④ 무상유가 탄트라
3. 샹카라의 불이론적 베단타철학 • 238
1) 샹카라의 철학 • 239
(1) 브라흐만의 성격과 가현설 • 240
(2) 무지의 성격 • 241

(3) 높은 브라흐만과 낮은 브라흐만 • 241
(4) 최고아와 개인아 • 242
(5) 높은 지식과 낮은 지식 • 242
(6) 높은 지식과 낮은 지식에 의한 해탈 • 243
2) 샹카라철학의 계승 • 244
(1) 무지의 성격에 대한 의견 대립 • 245
(2) 샹카라철학의 새로운 계승 • 246
①슈리하르샤의 주장/ ②칫수카의 주장
4. 비슈누파의 베단타철학 • 248
1) 배경 지식 • 250
(1) 힌두교의 3대 신 • 250
(2) 비슈누신 • 251
①비슈누신의 유래/ ②크리슈나/ ③비슈누신의 화신
(3) 락슈미 여신 • 254
(4) 푸라나 문헌 • 255
2) 라마누자의 한정불이론 • 257
(1) 형이상학 • 258
①브라흐만과 신/ ②물질/ ③영혼
(2) 해탈론 • 261
(3) 라마누자 철학의 계승과 학파의 분열 • 262
3) 마드바의 2원적 베단타철학 • 263
(1) 독립적 실재와 의존적 실재 • 264
①신/ ②영혼/ ③물질
(2) 해탈론 • 266
4) 님바르카의 둘이지만 둘이 아닌 논의(二而不二論) • 267
(1) 차별이면서 차별이 아닌 논의 • 268
(2) 신 · 영혼 · 물질 • 269
5) 발라바의 순정불이론(純淨不二論) • 270

(1) 형이상학 • 270
①브라흐만과 신/ ②영혼과 물질
(2) 해탈관 • 272
(3) 세속적 이익과 신앙의 공덕의 일치 • 273
6) 차이타니야 계통의 베단타철학 • 274
(1) 불가사의 차별무차별론 • 274
①신의 내적인 힘/ ②신의 중간적인 힘/ ③신의 외적인 힘
(2) 해탈론 • 276
(3) 다른 사람에 대한 봉사를 강조 • 276
5. 쉬바파의 베단타철학 • 278
1) 배경 지식 • 278
(1) 쉬바신 • 279
(2) 쉬바신의 배우자 신 • 281
(3) 탄트라 · 아가마 • 282
2) 쉬바성전파: 샤이바 싯단타 284
(1) 형이상학 284
①신/ ②영혼/ ③비정신물非精神物
(2) 해탈론 • 287
3) 재인식파再認識派의 철학 • 287
(1) 형이상학 • 288
①신/ ②현실세계가 등장하는 이치
(2) 해탈론 • 290
4) 나쿨리샤 파슈타파 • 290
5) 수은파 • 292
6) 탄트라교 • 293
(1) 2원론의 철학 • 293
(2) 요가의 실습 • 294

(3) 크리야(행위)의 실천 • 294
(4) 예배의식 • 295
(5) 의의와 한계 • 296
6. 카스트를 부정한 비슈누파와 쉬바파 • 298
1) 라마난다의 카스트 부정 • 298
(1) 카스트의 부정 • 299
(2) 해탈론 • 300
2) 카비르의 종교합리화론 • 300
3) 마라타인의 신애信愛운동 • 302
4) 링가야트파派 • 303
7. 이슬람교와 조로아스터교의 영향 • 306
1) 시크교 • 306
(1) 내면성의 종교 • 307
(2) 신과 합일되는 단계 • 307
(3) 시크교의 형식화와 현황 • 308
2) 다라 쉬코의 이슬람교와 힌두교 융합사상 • 309
3) 파르시교 • 310
(1) 파르시교의 내용 • 311
(2) 파르시교의 변화와 현황 • 312

V. 영국 지배 시기 이후의 인도철학의 변화

1. 시대 배경과 영국 지배의 영향 • 317
2. 종교개혁운동 • 320
1) 브라흐모 사마즈 • 320
2) 아리야 사마즈 • 321
3) 라마크리슈나 선교회 • 323
4) 신지협회 • 325

5) 슈리 나라야나 법(dharma) 보급협회 • 325
3. 힌두교의 현대적 전개 • 326
1) 타골 • 327
2) 간디 • 328
3) 네루 • 329
4) 오로빈도 고슈 • 330
(1) 슈퍼 마인드 • 331
(2) 슈퍼 마인드의 상승과 하강 • 331
5) 라다크리슈난 • 332
(1) 모든 종교는 하나이다 • 332
(2) 종교체험 • 333
(3) 종교체험 표현의 한계성 • 334
(4) 구원의 길 • 334
4. 이슬람교 · 불교의 현대적 전개 • 335
1) 이크발 • 335
2) 암베드카르의 신불교운동 • 336

후기 • 339
찾아보기 • 345

I. 인도철학의 맹아

1. 인더스문명

인더스Indus문명은 아리아Ārya인이 인도에 침입하기 전에 있었던 인도 고대문명의 하나로, 인더스강 유역의 모헨조다로Mohenjo-dāro와 하라파Harappā 등에서 발견되었다. 이 문명은 B.C. 3000년 이전에 존재하였고, 아리아인이 침공할 즈음에 사라졌다. 인더스문명은 거의 천년 동안 별 다른 변화가 없었으며, 도시들은 무력에 약했다고 한다.

이들은 일정하면서도 정연한 도시계획을 세워서 웅장한 도시를 건설하였는데, 도시는 주로 높이 치솟은 성채와 평지의 주택가로 이루어졌다. 성채는 종교의식과 정치의 중심이 되었을 것으로 추정되고, 평지에는 큰 목욕탕과 곡물창고가 있었고, 주택가에는 도심지로 이어지는 크고 작은 도로가 정연하게 뚫려 있었으며, 급수시설과 하수구도 설치되어 있었다.

인더스문명은 고도로 발달된 동기銅器문명시대였다. 그리고 후세 인도印度 민간신앙과 밀접한 관련이 있다. 쉬바Śiva신의 원형으로 보이는 성기숭배의 흔적도 발견되고, 황소가 숭배의 대상이었으며, 선정禪定 수행과 목욕도 함께 하였다. 그러나 사원・전당・제단・제구祭具 등은 발견되지 않은 점으로 미루어보아, 아리아인과 신앙을 달리하였던 것을 짐작할 수 있다.

2. 베다Veda시대

1) 시대적 배경

B.C. 15세기경에 아리아인이 인도의 판자브(Panjāb, 五河)지방에 침입해 와서 B.C. 10세기경에는 정착을 하였다. 아리아인은 인도의 원주민을 제압하였는데, 이때 원주민은 아리아인의 노예가 되었다. 이 아리아인은 현세지향적이고 낙천적인 기질을 가진 민족이었다. 이들이 추구하는 것은 삶에서 누릴 수 있는 최대의 행복이었고, 그 행복을 죽은 뒤에도 계속 이어가는 것이었다. 이러한 행복을 가져다 줄 수 있는 힘을 신들이 가지고 있다고 믿고 있었으므로, 신에게 희생제의(犧牲祭儀: 신에게 제물을 바치는 제의)를 행할 만큼 아리아인은 대단히 종교적인 민족이었다.

그들은 각기 가정에서 제화祭火를 만들어 스스로 공물을 바치고 있었고, 대규모 제사를 올리고 있었다. 그들은 신에게 찬가를 바치고, 찬사를 드리어 기쁘게 하였으며, 그리하여 그 행위로 인해 현실적인 생활에서 행복을 얻으려고 하였다. 초기형태의 희생제의는 매우 간단하고 단순한 것이었다. 특정 사원이나 상像이 없이도 부족의 우두머리가 선택한 야외의 장소에서 제의를 베풀었고, 찬가讚歌인 만트라Mantra를 낭송하여 신들을 불러들이고, 희생제물로 그들을 기쁘게 해서 원하는 바를 얻을 수 있다고 생각했다.

이들이 만들어 낸 종교찬가가 바로 『리그베다』이다. '리그'는 찬가의 뜻이고, '베다'는 지식이라는 뜻이다. 이것은 1,017개의 찬가와 11개의 보유찬가로 이루어져 있다.

2) 『리그베다』의 신神

『리그베다Ṛg-veda』의 종교는 다신교이다. 대부분의 신(神, Deva)들은 주로 자연계를 구성하는 요소와 여러 현상, 자연계의 배후에 존재한다고 상상하는 지배력을 신격화해서 숭배의 대상으로 삼았다. 그리고 『리그베다』에서 사용되는 '신'에 해당하는 용어는 '주는 자'를 뜻하는 '데바Deva'인데, 이는 신들이 그들만의 고유한 가치에 의해서 숭배되는 것이 아니고, '삶을 영위하는 데 좋은 것을 주는 것의 근원'으로 숭배된다는 것을 의미한다.

신들의 공통된 성질을 살펴보자. 신들은 인간을 초월한 신성神性을 갖추고, 강력하고 현명하며 광채가 충만하여 죽지 않는 영원한 삶을 가지고, 정의에 기여하며, 악마와 원적怨敵을 격퇴한다. 그러나 동시에 인간적인 면을 나타내기도 하는데, 결혼하기도 하고, 신자들이 주는 술에 취하기도 하며, 최상급의 찬사에 도취되기도 한다. 그리고 신과 인간의 관계를 보면, 인간의 운명·고락은 신에 의존해 있다고 한다. 또한 『리그베다』의 신 '데바'와 적대적 관계에 있는 신적 존재를 '아수라Asura'라고 부른다. 따라서 흔히 '아수라'를 악마나 마귀라고 말하는 것은 잘못된 견해이다.

이러한 신은 활동영역에 따라 3종류로 분류할 수 있다. 첫째, 하늘에 속하는 신이고, 둘째, 공중空中을 장악하고 있는 신이고, 셋째, 지상地上 세계에서 활동하는 신이다. 첫째 종류의 신은 우주질서의 보호자라고 할 수 있는 바루나Varuṇa·태양의 신 미트라Mitra와 수리야Sūrya 등이고, 둘째 종류의 신은 천둥과 폭풍의 신 인드라Indra·폭풍우의 신 마루트Maruts·바람의 신 바유Vāyu 등이고, 셋째 종류의 신은 불의 신 아그니Agni·제사 지낼 때 사용하는 술의 신 소마Soma·땅의 신 프리티비Pṛthivī이다.

이들 가운데서 좀더 비중 있는 신으로 평가되는 다음의 세 신에 대해서 살펴보고자 한다. 첫째, 인드라Indra신이다. 이 신은 『리그베다』에서 가장 중시되는 존재이다. 주로 폭풍우·번개·비 등의 자연현상과 관련된다. 이 신은 본질적으로는 전쟁과 비의 '신'이고, 소마Soma주를 몹시도 즐겨 마시는 신이기도 하다. 이 인드라신은 비가 오지 못하도록 물을 막고 있는 악마惡魔 브리트라Vṛtra와 겨루어서 승리한다. 이런 내용은 아리아인의 인도 정복과 밀접한 관련이 있는 것으로 해석된다. 여기서 '인드라'는 정복자 아리아인을 의미하는 것이고, 그와 적대관계에 있는 '브리트라'는 정복당한 인도의 토착민을 지칭하는 것이다. 따라서 인드라의 승리는 결국 아리아인의 인도 정복을 뜻하는 것이라고 해석된다.

둘째, 아그니Agni신인데, 이 신은 인드라신 다음으로 중시되는 존재이다. 이는 희생제의 때 사용하는 불을 의인화해서 생겨난 '신'이다. 이 신은 희생제의 때에 불·번갯불·태양 등으로 나타난다. 이 중 희생제의 때 사용되는 불은 인간과 신(또는 신성한 질서)을 연결시켜주는 중개자의 역할을 하고 있다. 그리고 이 아그니신은 아리아인이 그들의 적을 태워 없애도록 기원되는 신이기도 하다.

셋째, 바루나Varuṇa신이다. 이 신은 자연과 도덕질서를 수호하는 존재인데, '아수라'에 속하는 존재이기도 하다. 이 바루나신은 우주의 자연법칙이고 도덕질서이기도 한 리타Ṛta의 법칙에 따라 세계를 지배하는 '주재신'이다. 그러므로 자연법칙과 도덕질서에 어긋나게 행동하는 사람에게는 엄한 벌을 내리는 심판자이기도 하고, 다른 한편으로 자신의 죄를 뉘우치는 사람에게는 매우 자애로운 신이기도 하다. 이 바루나신에게 용서를 빌고, 악에서 벗어나게 해달라고 기도한다. 그런데 종교적 견해의 차이로 페르시아인과 아리아인이 서로 등을 돌린 뒤에는, 아수라를 적대시하게 되어 이 신의 중요성은 점점 약화되어갔다.

이처럼 초기베다시대에는 이들 주요신을 중심으로 많은 신들을 숭배하는 다신교적인 성격이 강했지만, 후기에 이르면 '교체신교(Kathenotheism)'의 모습을 갖추게 된다. 이는 많은 신 가운데서 실제로 그 당시 찬탄예배를 받는 '신'만이 주요 신으로 간주되는 것을 의미하는 것이다. 여기에서 점차로 '유일신교(Monotheism)'적인 경향과 우주의 근원적인 하나의 실제를 인정하는 '일원론(Monism)'적인 경향이 나타났다. 이는 신화에서 초기단계의 철학으로 전환되었음을 뜻하는 것이고, 그것이 우파니샤드에 가서 결실을 맺게 된다.

3)『리그베다』에 나타난 우주창조설

앞에서 소개한 신에 대한 견해는 한 걸음 더 나아가서 우주창조에 대해서 설명하려는 쪽으로 이어졌다. 이는 하나의 세계원리를 세워서 다양한 현상세계를 설명하려는 것이다. 이러한 흐름은 크게 3가지로 정리할 수 있다. 그것은 공장적工匠的 창조설·생식적生殖的 창조설·언어(Vāc)를 최고원리로 간주하는 것이다.[1] 이 내용을 살펴보자.

첫째, '공장적 창조설'은 마치 목공이나 토공이 여러 가지 재료를 모아서 집을 짓듯이, 여러 신들이 여러 가지 재료를 모아서 이 '우주'라는 집을 지었다는 것이다. 그 예로 들 수 있는 것이 기도주신(Brahmaṇaspati)·황금의 태자(Hiraṇyagarbha)·만유萬有를 만드는 자(Viśvakarman)이다. '기도주신'은 원래는 베다의 성스러운 말인 브라흐만을 지배하는 신이었는데, 이것이 창조신으로까지 숭배되었다. 그래서 "기도주신이 대장장이와 같이 모든 것을 불붙였다"라고 『리그베다』에서는 말하고 있다.

다음으로 '황금의 태자'를 살펴보면, 태초에 황금의 태자가 나타나서 만물의 유일한 주재자가 되었는데, 그는 천지를 세우고, 산과 바다를 만들고, 여러 신神의 생기生氣가 되고, 다른 여러 신神과 생명체를 지배하여 세계질서를 유지하게 하는 존재이다. 특히 여러 신神 위에서 있는 유일신임이 강조되고 있음에 주의할 필요가 있다.

그 다음, '만유를 만드는 자'를 살펴보면, 그는 모든 방향에 눈·얼굴·팔·다리를 가지고 있는 존재인데, 그는 두 팔과 날개를 부채질하듯이 사용하여 천지를 창조한 유일신이다. 그는 목재와 수목을 이용하여 대지를 만들고, 천공天空을 개척한 존재이다.

---

1 中村元 저, 김용식·박재권 공역, 『인도사상사』(서광사, 1983년) pp.22~23.

둘째, '생식적 창조설'은 이 세상 모든 것의 어버이가 되어 모든 것을 생산한다는 것이다. 공장적 창조설이 일신교적이라면, 생식적 창조설은 범신론적이라고 할 수 있다. 그 예로서 '원인(原人: Puruṣa)'과 '유有도 아니고 무無도 아닌 찬가'에서 나오는 유일자(tad ekam)를 들 수 있다.

'원인'에 대한 내용을 살펴보면, '원인'은 1,000개의 머리와 1,000개의 눈과 1,000개의 발을 가지고 있는 존재이고, 모든 대지를 감싸고 있는 존재이기도 하다. 게다가 이 세상의 만물은 '원인'의 4분의 1에 해당하고, '원인'의 4분의 3은 하늘세계의 불사계不死界를 이루고 있기도 하다. 그런데 여기서 중요한 것은 4성계급이 '원인'에서 생겨났다는 점이다. "브라흐만이 그의 입이었으며, 그의 두 팔은 왕족(Rājanya)이 되었고, 그의 두 넓적 다리는 평민(바이샤)이 되었으며, 그의 발에서는 노예(슈드라)가 생겨났도다." 이 신화가 인도에서 4성계급을 유지시켜준 원동력이 되었다.

다음으로 '유有도 아니고 무無도 아닌 찬가'에서는 『리그베다』에서 가장 성숙된 철학적 견해를 엿볼 수 있다. "그때까지 무無도 없었고 유有도 없었으며, 공계空界도 없고 그 위의 천계天界도 없었도다. 무엇으로 싸여 있었던가? 어디에서 누구의 비호 아래에 있었는가? 물은 있었던가? 깊이를 모를 끝없는 물은?" 이렇게 시작하는 이 찬가는 유일자唯一者만이 최초에 존재했다고 주장하고 있다. 이 유일자는 열(熱, tapas)에서 생겨났고, 이 유일자에게 의욕이 생겨났고, 이것은 의(意, manas)의 최초 씨앗이었다.

그리고서 아주 중요한 귀절이 제시된다. "탐구하는 현인들은 마음속에서 유有의 인연이 무無에 있음을 깨닫게 되었도다." 이는 유와 무는 인연관계에 있다는 것이고, 불교의 연기緣起사상의 선구적 형태라고도 볼 수 있는 것이다. 여기서 인도의 신화 속에 철학의 심오함이 깃들어 있음을 읽을 수 있다.

셋째, '언어를 최고의 원리'로 해석하는 것이다. 언어는 태초에 원수原水에서 생긴 것이지만, 모든 신들이 가지고 있는 것이고, 만물을 지배하고, 만물에 두루 있는 것이다. 언어의 본성은 경험지각을 초월하고 있어서 "보고 있는 사람도 실제로는 언어를 보지 못하고, 듣고 있는 사람도 실제로는 듣지 못한다"고 한다.

3. 후기 베다시대

1) 시대적 배경

판자브 지방에 정착하였던 아리아인은 B.C. 10세기경에 동방으로 이주하여 야무나강과 갠지스강의 중간에 있는 비옥한 평원을 점거하였다. 이들은 사제계급인 바라문을 중심으로 농촌사회를 확립하고, 고립적이고 폐쇄적인 경제생활을 하였으며, 그리하여 바라문교의 문화를 완성하였다. 이때 4성제도가 형성되었다. 이는 바라문brāhmaṇa・왕족(kṣatriya)・평민(vaiśya)・노예(śudra)의 4계급이다. 바라문은 인간의 신으로서 존중되었다. 후기베다시대에는 물질생활에 커다란 진보가 있었다.

2) 베다성전의 편찬

베다는 4종류로 구분된다. 『리그베다Ṛg-Veda』・『사마베다Sāma-Veda』・『야주르베다Yajur-Veda』・『아타르바베다Atharva-Veda』이다. 그 내용을 간략히 소개하면 다음과 같다.

『리그베다』는 여러 신들을 찬탄하는 찬가를 모은 것이다. 이는 신이 제사지내는 장소에 나오도록 찬송을 담당하는 권청승(勸請僧, hotṛ)의 노래이다. 『사마베다』는 제사 때 노래부르기 위한 가영(歌詠: 노래 가사를 읊조리는 것)을 모은 것이다. 이는 일정한 운율에 맞추어서 노래 가사를 읊는 가영승(udgātṛ)의 노래이다. 『야주르베다』는 제사에 필요한 축문 등의 제사祭詞를 모은 것이다. 이는 공물을 바치어 제사의 실무를 담당하는 행제승(行祭僧, adhvaryu)의 노래이다. 『아타르바베다』는 제사라는 행사를 통해서 재앙을 물리치고 복을 불러들이는 주법呪法 등을 모은 것이다. 이는 처음에는 베다성전으로서 그 권위를 인정받지 못했지만, 후에 베다에 나란히 서게 되었고, 제식(祭式: 제사 드리는 의식) 전반을 주관하는 기도승(祈禱僧, brahman)의 노래가 되었다.

베다의 구성을 살펴보면, 각 베다의 주요 부분은 삼히타(Saṃhita, 本集)라고 하는데, 이것은 찬가・제사祭詞・주사呪詞 등으로 이루어졌다. 현재 단순히 '베다'라고 할 때 이 부분을 가리킨다. 그리고 각 베다에 딸린 문헌으로 브라흐마나(Brāhmaṇa, 梵書)・아라냐카(Āraṇyaka, 森林書)・우파니샤드(Upaniṣad, 奧義書)가 있다. 브라흐마나・아라냐카・우파니샤드를 넓은 의미의 베다라고 해서 천계문학(天啓文學, śruti)이라고도 한다. 인도인은 천계문학을 인간의 저술로 보지 않고, 이것은 영원한 존재이고, 옛날의 성스러운 선인仙人이 신비적 영감에 의해서 알아낸 계시라고 받아들이고 있다. 이 문헌들은 동일한 시기에 작성된 것이 아니다. 『리그베다삼히타』 이외에는 B.C. 1000~500년 사이에 순차적으로 작성된 것으로 추정된다.

여기서 '브라흐마나'는 제사의 실행방법을 규정하고 있고, 찬가와 제사祭詞의 의의와 목적을 해석하는 책이다. 그리고 '아라냐카'는 삼림 중에서 전수되어야 할 비밀한 이치를 설명하고 있기 때문에 이러한 이름을 얻은 것인데, 제사에 대해서도 설명하고 있고, 철학적인 문제에 대해서도 설명하고 있다. 그리고 '우파니샤드'는 비밀스런 가르침의 집성이다. 여기서는 브라흐마나와 아라냐카에 대해서만 살펴보고, 우파니샤드에 대해서는 항목을 바꾸어서 검토한다.

(1) 브라흐마나

브라흐마나(Brāhmaṇa, 梵書)는 희생제의가 점차 복잡해짐에 따라 제사祭祀의 적절한 방법과 절차를 규정하고, 이러한 것들이 간직하고 있는 신성한 의미를 설명하기 위해서 만들어진 것이다. 이때에 행해진 제사는 매우 정교하고 복잡한 형태였는데, 그 중에 소마Soma제사는 360일 동안 계속되기도 하였다. 이는 '신神'보다도 '제사'가 더 중요함을 반영하는 것이다. 제사 절차와 자연현상간에는 대응관계가 있기 때문에, 엄격하고 올바르게 제사를 지내면 우주의 여러 현상을 지배할 수 있다는 믿음이 생겨났다. 그리하여 '신'들조차도 자신의 존재를 유지하기 위해서는 제사 행위에 의지할 수밖에 없는 현상이 벌어지게 된 것이다. 그래서 브라흐마나에서는 '제식祭式의 만능화'를 말하고 있는 것이다. 사람들이 올바른 제사법칙에 따라 신神에게 기원하면, 신은 그의 의사에 상관없이 사람에게 은혜를 주어야 한다.

이렇게 되면, 제사의 정확한 절차와 의미를 알고 있고, 제사를 주관할 수 있는 자격을 가진 사람이 그 이전에 신이 누렸던 카리스마적 힘을 행사할 수 있게 된다. 그래서 『샤타파타Śatapatha 브라흐마나』에서는 두 종류의 신神을 말하고 있는데, 하나는 종래의 '신'이고, 다른 하나는 '인간적 신'인데, 그들은 학식이 풍부하고 베다에 정통한 바라문이다.

그러나 브라흐마나에서도 두 가지 철학의 싹이 발견된다.[2] 첫째, 브라흐만Brahman의 전개이다. 브라흐만은 신神들과 구분되고, 신神의 근원이 되는 궁극적인 힘이고 실재이다. 이는 또한 제사를 주관하는 바라문계급에 있는 신비적인 힘이기도 하다. 그리고 이것은 우파니샤드에 가면 중요한 개념으로 발전한다. 둘째, 엄격한 인과율에 대한 믿음이다. 올바른 방식에 따라 제사를 드리면, 신의 뜻에 상관없이 결과를 얻는다고 했는데, 이는 업(業, karma)의 법칙에 대한 믿음으로 발전하였다.

(2) 아라냐카

아라냐카(Āraṇyaka, 森林書)는 '브라흐마나'에서 '우파니샤드'로 넘어가는 과도기적 작품이다. 일부의 수도자는 삼림을 도량으로 삼아 그들만의 사상을 정리하였는데, 그것이 '아라냐카'이고, 이것은 우파니샤드를 낳게 한 징검다리의 역할을 한 것이다. 아라냐카의 학자는 브라흐마나와 달리, 제사에 대해서만 숙고한 것이 아니고 자연계와 인간계에 대해 사색하였고, 이 학자들 중에는 인도의 정통파에 속하지 않는 아리안계와 비非아리안계의 주법사呪法師・고행자・학자가 있었고, 이들이 정통파의 사상가에게 영향을 주었다.

---

2 길희성, 『인도철학사』(민음사, 1984년) pp.27~28.

II. 인도철학의 성립

1. 시대적 배경

이 시기에는 베다시대의 카스트제도가 붕괴되어 가고 있었는데, 그 원인을 3가지로 정리해 볼 수 있다. 첫째, 아리아인과 원주민의 혼혈이 성행하였다. 새롭게 형성된 혼혈족은 아리아인의 전통적 풍습과 의례를 충실히 준수하려고 하지 않았다. 그들은 베다문화를 무시하고 아리아계의 몰락한 속어(Prakrit)를 사용하였다.

둘째, 물자가 풍부해져서 상공업이 발전하고, 이에 따라 소도시국가가 형성되었다. 당시의 강대국으로 코살라Kosala, 마가다Magadha, 아반티Avanti, 밤사Vaṃsa의 네 나라를 들 수 있다. 이 나라들에서 왕족의 권한이 강화된 반면 바라문은 종전과 같은 지위를 가지지 못했다. 그리고 상공업의 발달로 상공업자들이 많은 소합을 형성하여 도시 안에서 경제적 실권을 장악하고 있었다.

셋째, 베다의 종교를 단순히 미신으로 취급하는 경향이 생겨났고, 이러한 시대에 새로운 사상가들이 등장하였다. 이들을 '노력하는 사람'(沙門, śramaṇa, samaṇa)이라고 불렀는데, 이들이 왕성하게 활동할 수 있었던 토대는 당시에 사상발표의 자유가 허용되었기 때문이다.

이 시기는 중국의 춘추전국시대와 견줄 수 있다. 중국의 춘추전국시대에 제자백가의 사상이 왕성하게 쏟아져 나왔듯이, 그와 비슷하게 인도에서도 여러 가지 사상이 등장하여 인도의 사상을 풍요롭게 하였던 것이다.

2. 우파니샤드

'우파니샤드Upaniṣad'는 '가까이 앉는다'라는 뜻을 지닌 말이다. 이는 선생과 제자가 가까이 앉아 대화해서 비밀스런 지식을 전수한다는 것이다. 그리고 우파니샤드를 베단타Vedānta라고도 하는데, 이는 베다 성전의 끝부분(anta)이고, 동시에 모든 베다성전의 지극한 의미(anta)를 나타낸다고 생각되기 때문이다.

'우파니샤드'의 사상은 다양해서 일률적으로 개괄할 수는 없지만, 각 사상의 공통점은 '지식의 중시'이다. 우파니샤드를 관통하는 유력한 사상은 현상세계의 여러 모습에는 최고원리인 유일자唯一者가 있고, 이것에서 현상세계가 생기게 된다는 것이다. 여기서 브라흐만brahman과 아트만ātman이 상정되기에 이르렀다. 이 '브라흐만' 또는 '아트만'을 알면 해탈의 경지에 도달할 수 있는데, 이는 '브라흐마나'에서 주장하듯이 제사에 의해서 얻을 수 있는 것이 아니라고 한다.

'브라흐만'은 그 원래의 의미에 대해서는 여러 다른 견해가 있다. 일반적으로는 신성神聖하고 주술의 힘呪力이 가득 차 있는 베다의 말을 가리키는 것이었다고 한다. 이는 베다의 찬가·제사·주술의 말과 거기에 포함되어 있는 신비스러운 힘을 의미하는 것이었다. 이것이 브라흐마나를 거쳐서 우파니샤드에 이르러서는 마침내 '우주의 궁극적 실재' 또는 '궁극적인 힘'을 의미하게 되었다.

이러한 브라흐만이 중성적이고 객관적인 원리임에 비해서, 아트만은 주체적이고 인간적 원리이다. 이 아트만이라는 말의 원래 의미에 대해서도 학자간에 일치된 주장은 없다. 가장 유력한 견해에 따르면, 아트만은 처음에는 기식(氣息: 호흡)을 의미하는 말이었는데, 뒤에는 '생기' '신체' '자신自身'의 의미가 되었고, 철학적 개념으로는 '생명원리' '자아' '자기' '영혼' '본체本體' '만물에 내재해 있는 영묘한 힘'을 뜻하는 단어가 되었다. 그래서 아트만이 절대시되고, 아트만이 바로 브라흐만이라는 사실이 자주 강조되기에 이르렀다. 후세의 학자들은 아트만과 브라흐만이 동일하다는 것(梵我一如)이 바로 우파니샤드의 중심사상이라고 해석하고 있다.

이 브라흐만과 아트만이 동일하다는 사상이 후대 인도철학의 원형이 되었다. 이후의 인도에 전개된 철학은 단순하게 말하자면, 진정한 자아인 아트만을 찾기 위한 노력이라고 부를 수 있다. 그리고 이 점이 인도철학의 특징이 되었다. 서양철학의 근원지인 그리스철학의 경우 우주의 근원을 묻는 것에서 철학이 시작한다. 이는 인도철학의 관점에서 바꾸어 이해하면, 브라흐만에 대한 탐구라고 할 수 있다.

그와 대조적으로 중국철학의 경우에는 형이상학적인 문제에 대한 관심이 적었고, 주된 관심은 개인의 윤리문제와 사회의 현실문제에 대한 대처방안이었다. 그리스철학 · 중국철학과 비교해 볼 때 인도철학의 특징이 분명해지는데, 우주의 근원을 찾는다는 점에서 그리스철학과 일맥상통하는 점이 있다고 할 수 있겠지만, 그것을 아트만에서 구한다는 점에서 인도철학의 독자적 모습이 있다. 그리고 중국철학의 경우 실용적인 성격이 강하다고 한다면, 인도철학은 아트만을 찾는 것이 바로 개인의 안심입명安心立命으로 이어지므로 이것은 종교적 성격과 연결선상에 있다고 할 수 있다.

『우파니샤드』는 오랜 기간에 걸쳐서 형성된 문헌이다. 현재 우파니샤드라는 이름을 지닌 문헌은 약 150종류에서 200종류가 된다. 그러나 그 중에서 브라흐마나에 소속되어 있는 고전적이며 중요한 『우파니샤드』는 약 13편이고, 시기적으로 B.C. 700년[1]에서 A.D. 200년에 걸쳐서 만들어졌다고 추정된다. 그밖의 『우파니샤드』는 신新우파니샤드로 분류하고 있다. 따라서 이들 문헌 안에서는 여러 가지 사상적 흐름이 존재하고, 하나의 일관된 흐름이 있는 것은 아니다. 이러한 고古 우파니샤드의 저술 시기를 초기·중기·후기로 구분하고 있다. 이제 그 순서에 따라 그 사상을 살펴본다.

---

1 우파니샤드가 언제 제작되었는지에 대해 여러 설이 있다. 中村元 저, 김용식·박재권 공역, 『인도사상사』(서광사, 1983년)에서는 불교 이전으로 구분하고 있고, 早島鏡正·高崎直道 외 공저, 정호영 옮김, 『인도사상의 역사』(민족사, 1993년 3쇄) p.32에서는 B.C. 500년을 중심으로 전후 수백 년에 걸쳐 성립된 것이라고 추정하고 있다. 그리고 불교와 우파니샤드의 관계에 대해서 일반적으로는 우파니샤드가 초기불교보다 먼저 생긴 것으로 보고, 우파니샤드가 초기불교에 영향을 주었다고 말하고 있지만, 이러한 주장에 대해서 본격적인 반론을 제기한 논문은 조준호, 「불교의 기원과 Upaniṣad 철학」(『보조사상』13집, 2000년)이다. 이 논문에서는 초기 우파니샤드가 불교 이전이라고 볼 근거가 없고, 또한 불교와 우파니샤드가 교섭이 있었다는 증거를 찾을 수 없다고 한다. 그래서 우파니샤드에서 초기불교철학이 영향 받았다는 주장은 다시 검토해야 한다고 주장하고 있다.

1) 초기 우파니샤드

초기 우파니샤드를 대표하는 작품으로 『찬도기야 우파니샤드Chāndogya Upaniṣad』·『브리하드아라냐카 우파니샤드Bṛhadāraṇyaka Upani- ṣad』·『타이티리야 우파니샤드Taittirīya Upaniṣad』 등을 들 수 있다. 이 작품을 중심으로 초기 우파니샤드의 사상을 검토해 보자. 우선, 샨딜리야에 의해서 브라흐만과 아트만의 동일설이 거칠게나마 제기되었고, 푸라바하나는 윤회의 문제와 업業의 문제를 제시하였다. 이 중에서 브라흐만과 아트만의 동일설은 푸라바하나의 제자 웃달라카에 의해서 더 발전하게 되었고, 웃다라카의 제자 야즈냐발키야에 와서 아트만과 윤회의 문제는 뼈대를 세울 수 있게 되었다. 그러나 야즈냐발키야도 신비적 직관을 완성한 것은 아니고, 그 점은 『타이티리야 우파니샤드』에서 희열로 이루어진 자아를 말하는 점에서 어느 정도 정리된다. 이 내용을 살펴보자.

(1) 샨딜리야의 브라흐만과 아트만 동일설

샨딜리야Śāṇḍilya는 만물의 진리가 브라흐만이라고 한다. 이 브라흐만은 '사유가 진실한 자'이고, '의도가 진실한 자'이며, 생각과 의욕이 그대로 실현되는 자이다. 이 브라흐만을 본래의 자기라고 말할 수 있다. 브라흐만이 바로 아트만이고, 이는 '신체 가운데 존재하는 황금의 원인原人'이고, '심장의 내부에 존재하는 아트만'이라고도 불린다. 그래서 절대자로서 브라흐만과 아트만은 동일한 것이므로, 이것은 지극히 크면서 동시에 아주 작은 것이기도 하다. 이것을 "쌀알보다도, 보리알보다도, 겨자씨보다도, 수수알보다도, 혹은 수수알의 중핵中核보다도 더 작다"고 말하고, 또는 "땅보다 크고, 공중보다 크고, 하늘보다도 크고, 땅 · 공중 · 하늘로 이루어진 세계보다도 크다"고 말하기도 한다. 그리고 "이 세상을 떠난 후 반드시 이것과 합하겠다는 의지를 가진 사람에게는 아무런 불안이 없다"고 하기도 한다.

(2) 푸라바하나의 5화2도설五火二道說

판찰라Pañcāla의 국왕이었던 푸라바하나Pravahaṇa는 바라문의 학자 웃달라카Uddālaka에게 5화설五火說과 2도설二道說을 전했다. 이는 원래 일부 왕족이 받아들이고 있던 가르침인데, 웃달라카에게 전해지자 바라문 사이에서도 수용되었다. 윤회 개념은 아마도 아리아인 이외의 인도 원주민에게서 그 단서가 성립된 것인데, 5화2도설에서 더욱 구체화 되었다.

'5화설'은 인간이 사후의 세계에서 다시 태어나는 과정을 5단계의 공희(供犧: 신에게 희생물을 바치는 의례) · 제화祭火를 가지고 설명하는 것이다. 사람이 죽어서 화장을 하면, 첫째 단계로 달月에 들어가고, 그 다음 단계로 비雨가 되고, 그 다음 단계로 다시 땅에 내려와서 쌀 · 보리 등의 곡식이 되고, 그 다음 단계로 이것이 남자의 몸에 들어가 정자가 되고, 마지막 단계로 어머니 몸에 들어가서 다시 태어난다고 하는 것이다.

'2도설'은 신도(神道, devayāna)와 조도(祖道, pitṛyāna)인데, '신도'는 해탈하는 사람이 가는 길이고, '조도'는 착한 일을 한 사람이 그에 따른 과보果報를 받는 길이고, 그밖에 악인이 가는 길이 있다고 한다. '신도'는 '5화'의 가르침을 알고 숲 속에서 경건하게 고행하면서 그 진리를 명상하는 사람이 윤회의 세계에서 벗어나는 길을 말하는 것이고, '조도'는 이 세상에서 제사·선행·보시 등의 행위를 한 사람이 자신의 업業에 따라 바라문·왕족·평민으로 태어나는 과보를 받는 것이다. 그밖에 악을 많이 행한 사람은 위의 두 길 중, 어느 쪽에도 가지 못하고 제3의 장소에 떨어지게 되는데, 그곳은 미세한 벌레·곤충으로 태어나서 죽는 장소이다.

앞에서 소개한 '5화설'과 '2도설'은 동일한 내용을 가지고 있는 것이 아닌데, 설명의 편의상 묶이게 된 것으로 추측된다. 여기서 제사의 공덕으로는 '조도'밖에 이를 수 없다는 데 주목해야 한다. 이는 제사의 과보가 유한하다는 것을 말해주는 것이고, 이 점에서 당시의 왕족이 제사를 중시하지 않았음을 추정할 수 있다.

(3) 웃달라카 아루니

웃달라카 아루니Uddālaka Āruṇi는 "너는 그것이다(tat tvam asi)" "나는 브라흐만이다(ahaṃ brahmāsmi)"라는 말을 하였는데, 이는 우파니샤드의 사상을 대표하는 유명한 말이다. 이 말의 의미를 살펴보자.

그는 사트(sat, 有)를 말하고 있다. 우주가 처음 생겨났을 때 '사트'뿐이고 다른 것은 존재하지 않았다. 이 '사트'가 불(火)·물(水)·식물食物 등의 3원소를 만들어내었다. 이 '사트'가 "나는 많게 되어야지" 하는 의욕을 일으켜서 처음에 '불'을 만들어내었고, 이 불은 똑같은 마음을 내어서 '물'을 만들어내었고, 이 물은 다시 같은 의욕을 일으켜서 '식물'을 생기게 하였다. 그리고 이 3원소의 색깔은 불은 빨간색이고, 물은 흰색이고, 식물은 검은색이다. 이 내용을 정리하면 다음과 같다.

사트(有) → 불(火) → 물(水) → 식물食物

그러므로 모든 물질은 단지 3원소의 구성 정도에 따라 그 모양을 달리하고 있는 것이다. 따라서 물질세계의 모든 변화와 차별의 모습은 단지 언어에 의한 것일 뿐이고, 3원소만이 진실한 것이다. 예를 들어, 불의 붉은 모습은 불의 원소에 해당하고, 연기 속에 보이는 흰 연기는 물의 원소에 연결되고, 불타고 남은 검은 재는 식물의 원소에 속한다. 이렇게 만물을 모두 3원소로 해체시킬 수 있다는 것이 웃달라카의 주장이다.

나아가 이 3원소는 인간도 구성하고 있다. 예컨대, '식물'을 사람이 먹으면 3가지로 나뉘어 지는데, 가장 큰 것은 '대변'이 되고, 중간의 것은 '살'이 되고, 가장 미세한 것은 '사고작용思考作用'이 된다. 그리고 '물'을 사람이 마시면 역시 3가지로 나뉘어지는데, 가장 큰 것은 '오줌'이 되고, 중간의 것은 '피'가 되고, 가장 미세한 것은 '숨(氣息)'이 된다. 그리고 뜨거운 음식을 먹으면 그 속에 있는 뜨거운 '불'의 기운도 함께 먹게 되는데, 가장 큰 것은 '뼈'가 되고, 중간의 것은 '골수'가 되고, 가장 미세한 것은 '언어기능言語機能'이 된다. 결국 식물은 인간의 사고작용을 일으키는 것이고, 물은 인간의 숨쉬는 작용을 만들어내는 것이고, 불은 인간의 언어기능을 불러내는 기능을 하는 것이다. 이 내용을 정리하면 다음과 같다.

식물食物: 대변 · 살 · 사고작용思考作用

물(水): 오줌 · 피 · 숨(氣息)

불(火): 뼈 · 골수 · 언어기능言語機能

이렇게 보면, 인간의 여러 가지 기능도 결국 앞에서 말한 3원소로 이루어져 있음을 알 수 있다. 우주도 3원소로 이루어져 있고, 인간도 3원소로 형성되어 있는 것이다. 바로 이 점에서 우주와 인간의 본질은 하나라고 말하는 것으로 이어지고, 따라서 "너는 그것이다" "나는 브라흐만이다"라는 브라흐만과 아트만이 같다고 하는 주장도 소박한 이론에 기초하고 있음을 알 수 있다.

생각이 여기까지 미치면, 브라흐만과 아트만이 같다고 하는 웃달라카의 주장이 뒤에 발달한 신비한 직관에까지는 도달하지 못하였음을 짐작할 수 있다. 그리고 여기서 말하는 '3원소'설은 뒤에 소개할 상키야Sāṃkhya학파의 사트바sattva · 라자스rajas · 타마스tamas로 발전하게 된다. 그런 점에서 웃달라카의 철학은 상키야학파의 선구적 형태라고 평가할 수 있다.

(4) 야즈냐발키야

야즈냐발키야Yājñavalkya는 앞에 소개한 웃다라카의 제자이다. 야즈냐발키야에 이르러 윤회의 문제와 아트만의 문제는 일단락 된다고 할 수 있다. 사람은 착한 업業에 의해서 착한 사람이 되고, 악한 업에 의해서 악한 사람이 된다는 업의 이론을 그는 주장하고 있다. 이는 윤회의 주체가 자신의 신체를 떠난 뒤에 다른 신체로 들어간다는 생각에 기초한 것이다. 마치 거머리가 풀잎에서 다른 풀잎으로 옮겨가고, 황금을 다듬는 사람이 새로운 황금의 재료를 가지고 아름다운 물건을 만들어 내는 것과 같다.

그리고 "아니다 아니다(neti neti)"라고 말할 수밖에 없는 '아트만'을 그는 말하고 있다. 일상생활에서 아트만은 주관과 객관의 이원적二元的이고 상대적인 것이기 때문에 서로 상대방을 보고 · 듣고 · 맛보고 · 말하고 · 생각하고 · 접촉하고 · 인식할 수 있다. 그러나 모든 것이 아트만이 되어 버린 곳에 이르러서는 '아트만'만이 존재하기 때문에 누가 누구를 볼 수도 없고, 들을 수 없고, 맛볼 수 없고, 맡을 수 없고, 누가 누구에게 말할 수 없고, 누가 누구를 생각할 수 없고, 누가 누구를 인식할 수 없다. 모든 것이 나와 일체가 되어 있다. 그것을 깨달은 사람은 죽지 않는 경지에 있다. 아트만 이외에 보는 자 · 듣는 자 · 사고하는 자 · 인식하는 자는 없다. 아트만 이외에 모든 것은 고뇌를 가져올 뿐이다.

이러한 그의 말은 신비주의 극치를 표현한 것으로 평가받고 있다.[2] 그러나 그도 숙면熟眠의 상태를 최고의 경지로 보고 있기 때문에, 그의 이러한 신비사상도 아직 열매를 맺었다고 평가하기에는 이른 감이 있다.[3] 뒤에 나오는 『만두키야 우파니샤드Māṇḍūkya Upaniṣad』에서는 숙면의 상태를 넘어서서 제4의 단계인 환희의 경지를 말하고 있다. 그러므로 야즈냐발키야의 사상도 덜 성숙된 것이라고 평가할 수 있다.

---

2 원의범, 『인도철학사상』(집문당, 1983년 4판) pp.153~154.

3 水野弘元 저, 김현 역, 『원시불교』(지학사, 1985년) p.93에서는 야즈냐발키야의 설명은 관념적인 것에 지나지 않고, 그 자신이 실제로 체험한 것은 아닌 것 같다고 말하고 있다.

(5) 『타이티리야 우파니샤드』의 5단계 아트만설

『타이티리야 우파니샤드Taittirīya Upaniṣad』에 와서 브라흐만과 아트만 일치설은 어느 정도 정리가 된다. 그것은 이 우파니샤드에서는 5단계(pañca-kośa)의 아트만을 말하고 있기 때문이다. 그 내용을 살펴보자.

첫째, 물질로 이루어진(annamaya) 자아인데, 이는 음식을 가리킨다. 둘째, 동물과 식물로 이루어진 자아인데, 이는 동물과 식물에 공통된 생명으로 이루어진(prāṇamaya) 자아이다. 셋째, 동물에만 공통된 지각 활동으로 이루어진(manomaya) 자아이고, 넷째, 인간만이 소유하고 있는 인식활동으로 된(vijñānamaya) 자아이며, 다섯째, 희열喜悅로 이루어진(ānandamaya) 자아인데, 이는 인간의 깊은 곳에 있는 브라흐만 그 자체이다. 인간 내면 깊은 곳에 간직되어 있는 희열이야말로 자신의 참자아이고 우주의 근원이라는 주장이다.

그런데 이 주장에도 미진한 구석이 있다. 후기에 이루어진 『만두키야 우파니샤드』에서와 같이, 숙면상태를 넘어서는 4단계의 환희를 명시적으로 말하고 있지 못하기 때문이다. 『타이티리야 우파니샤드』에서 말하는 희열로 이루어진 자아는 『만두키야 우파니샤드』에서 말하는 깨어있는 상태의 자아를 넘어선 정도일 뿐, 이것이 숙면의 경지도 넘어선 내면 깊숙한 희열인지에 대해서는 아직 명확하지 않은 대목이 있다고 하겠다.

2) 중기 우파니샤드

중기 우파니샤드에 속하는 것이 『카타 우파니샤드Kaṭha Upaniṣad』·

『슈베타슈바타라 우파니샤드Śvetāśvatara Upaniṣad』·『문다카 우파니샤드Muṇḍaka Upaniṣad』 등이다.

『카타 우파니샤드』에서는 뒤에 설명할 6파철학 중 상키야학파·요가학파의 철학이 포함되어 있다. 여기서는 아트만을 마차의 주인에 비유하고 있는데, 사람의 몸은 마차이고, 사람의 지성(buddhi)은 마차를 모는 자이며, 사람의 마음(manas)은 고삐에 해당하고, 사람의 감각기관(indrya)은 마차의 말들에 해당하며, 감각기관의 대상(viṣaya)은 말이 달리는 길에 비유된다. 그래서 지혜 있는 사람은 마차를 몰듯이 항상 마음의 고삐를 제어하고 감각기관의 말을 잘 몰아서 목적지에 도달하여 윤회의 세계에 태어나지 않지만, 그에 비해서 어리석은 사람은 생각과 감각기관에 이끌려서 윤회의 세계에 다시 태어나게 된다는 것이다. 여기서 '제어한다'는 말은 요가yoga와 같은 어원의 말 yuj인데, 해탈을 위한 실천행위의 핵심이 되는 것이다.

『슈베타슈바타라 우파니샤드』에서는 요가의 실천에 대해서 『카타 우파니샤드』보다 더 자세한 설명을 하고 있다. 요가를 행하는 장소·바르게 앉는 자세·호흡의 조절·요가의 실습에서 생기는 초자연적인 능력 등을 말하고 있다. 더 나아가서 요가의 궁극적 목적은 '신'의 인식에 있다고 한다. 여기서 말하는 '신'은 모든 것을 지배하는 유일자唯一者이고, 만물을 창조하고, 그 안에 깃들어 있고, 마지막에는 만물을 다시 거두어들이는 대주재자(大主宰者, Maheśvara)이다. 신의 은총(prasāda)에 의해 사람들은 신의 위대함을 보고, 신을 신애(信愛, bhakti)하는 사람은 진리를 알 수 있다고 한다. 또한 이 신神은 『리그베다』에서 말하는 폭풍우의 신 루드라Rudra이기도 하다. 이 루드라는 뒤의 힌두교에서 말하는 쉬바Śiva신의 원형이 된다. 따라서 이 우파니샤드에서 힌두교가 형성되어 가는 조짐을 파악할 수 있는 것이다.

또 주목할 것은 『슈베타슈바타라 우파니샤드』에서 마야(māyā, 幻)라는 말이 나온다는 점이다. 물질세계는 신이 환술幻術로 만들어낸 것이고 개인영혼은 이 환술에 붙들려 있는 존재라고 하는데, 이는 뒤에 베단타 철학에서 매우 중요한 개념이다. 특히 신·물질세계·개인영혼의 삼각관계는 베단타학파의 철학체계를 형성하는 중심축이기도 하다.

이렇게 보자면, 『카타 우파니샤드』에서는 상키야학파와 요가학파의 중요개념인 전변설(轉變說, pariṇāmavāda)이 발견되고, 『슈베타슈바타라 우파니샤드』에서는 상카라의 불이론적不二論的 베단타학파의 중요개념인 가현설(假現說, vivartavāda)이 나타나는 것이다. '전변설'은 실체가 변화해서 자아와 대상세계를 이루었으므로 대상세계와 자아는 실제로 존재한다는 입장이고, '가현설'은 우리가 경험하고 있는 대상세계와 자아는 환幻인데, 그것을 실제로 존재하는 것이라고 보는 것은 우리의 무지無知 때문이라는 것이다. 그러므로 우파니샤드에는 뒤에 문제가 되는 2가지 설이 동시에 함축되어 있다고 할 수 있다.

또 한 가지 주목할 대목은 『카타 우파니샤드』와 『문다카 우파니샤드』에서 나타난 아트만 계시啓示사상이다. 여기서는 아트만은 어떤 가르침이나 지적인 능력으로 알 수 있는 것이 아니고, 아트만이 자기가 선택한 사람에게 스스로를 드러낸다고 하는 것이다.

3) 후기 우파니샤드

후기 우파니샤드에서 대표적인 것은 『마이트리Maitri 우파니샤드』와 『만두키야Māṇḍūkya 우파니샤드』 등이다. 『마이트리 우파니샤드』에서는 『카타 우파니샤드』보다 상키야철학과 요가철학의 모습이 더욱 구체적으로 나타났다. 예를 들면, 요가학파에서 구체적 수행법을 제시하고 있는 '8지설八支說' 중에서 이 우파니샤드에서는 '6지六支'가 설명되고 있다.

다음으로 『만두키야 우파니샤드』에서는 4단계의 아트만을 말하고 있다. 첫째, 깨어 있는 상태의 자아이고, 둘째, 꿈을 꾸는 상태의 자아이며, 셋째, 꿈도 없이 푹 잠들었을 때인 숙면 상태의 자아인데, 이것을 『찬도기야 우파니샤드』에서는 가장 완성된 상태라고 하였다. 넷째, 희열(ānanda)상태의 자아인데, 이는 자아가 아무런 방해 없이 순수하게 드러나는 지극한 희열의 상태이고, 자아가 특정한 대상이 없이도 순수의식純粹意識으로 스스로 밝게(svayaṃprakāśa) 존재하는 상태이기도 하다. 이는 보통의 경험으로 인해서 생기는 것이 아니고, 요가와 같은 정신적 훈련을 해야만 얻을 수 있는 신비적 경험의 세계를 가리키는 것이다. 이것은 후기 우파니샤드의 내용이 초기 우파니샤드에서 아트만을 탐색하는 것보다 더 깊숙이 전개되고 있음을 말해주는 예例이다.

한편, 신新우파니샤드 문헌은 분량이 짧고 주제도 통일되어 있다. 일반적으로 다음의 5종류로 구분된다.[4] 첫째, 베단타철학에 기초하는

---

4 早島鏡正·高崎直道 외 공저, 정호영 옮김, 『인도사상의 역사』(민족사, 1993년 3쇄) p.37.

것, 둘째, 요가철학에 근거하는 것, 셋째, 출가주의出家主義에 의지하는 것, 넷째, 쉬바교에 의거하는 것, 다섯째, 비슈누교에 근거하는 것이다.

3. 여섯 명의 위대한 사상가

1) 푸라나 카사파의 도덕부정론

푸라나 카사파Pūraṇa Kassapa는 노예의 아들이었다. 주인집의 소외양간에서 태어났는데, 그는 자유로운 몸이 되고 싶어서 주인집에서 도망치다가 옷을 빼앗긴 뒤부터는 항상 벌거벗은 모습이었다. 그의 주장에 따르면, 선악은 사회적 관습에 의한 일시적인 것이며, 사람이 선행을 하든 악행을 하든 거기에는 필연적인 인과응보는 없다고 한다.

푸라나 카사파의 사상을 어떻게 평가해야 할 것인가? 그냥 단순하게 '도덕부정론'이라고 보아야 할 것인가? 말 그대로 도덕을 부정하고 종교를 빙자해서 돈과 권력을 모으는 데 골몰한 인물이라면, 벌거벗은 모습으로 평생을 살 필요가 없었을 것이라고 본다. 더구나 자이나교를 제외한 다른 6사외도六師外道의 사상이 제대로 전해 내려오는 것이 아니고, 불교의 경전『사문과경(沙門果經, Sāmaññaphalasuttanta)』에 소개되어 있는 것을 가지고 그 단편만을 엿볼 수 있을 따름이다.『사문과경』은 푸라나 카사파를 포함한 6사외도의 사상을 그대로 전달하려는 것이 아니기 때문에, 6사외도가 이런 주장을 하고 있는데, 그것은 이러한 약점이 있다는 내용으로 되어 있다.

따라서『사문과경』의 내용을 불교 쪽의 의도를 해체시키고 읽을 필요가 있다. 불교 쪽에서 푸라나 카사파를 포함한 6사외도의 사상을 비판한 것에 중립을 지키고 바라보면, 푸라나 카사파는 당시의 지배종교인 바라문교의 도덕을 부정한 사람이 될 수 있다. 바라문교에서 제시한 도덕질서는 결국 바라문계급의 전횡을 지지해 주는 이데올로기가 되었다는 점에 주목할 필요가 있다. 이러한 바라문계급의 이데올로기를 비판하고자 한 사람으로 푸라나 카사파를 보고자 한다.[5]

2) 파쿠다 카차야나의 7요소설

파쿠다 카차야나Pakudha Kaccāyana는 인간이 7개의 집합요소로 이루어져 있다고 한다. 그것은 지(地, paṭhavī), 수(水, āpo), 화(火, tejo), 풍(風, vāyo)의 4원소와 고(苦, dukkha), 낙(樂, sukha), 생명(生命, 영혼, jīva)이다. 이 7개 요소는 산꼭대기와 같이 변하지 않고 돌기둥과 같이 안정되어 있다. 따라서 단검으로 목을 잘라도 다만 칼날이 7개의 요소 사이를 통과하였을 뿐, 누가 누구의 생명을 빼앗은 것이 아니라고 한다.

---

5 務臺理作 지음, 홍윤기 옮김, 『철학개론』(한울총서2, 1983년 재판) p.95에서는 19세기 신을 부정하는 유물론의 특징을 다음과 같이 말하고 있다. "종교는 자연에 대한 인간의 무지에서 일어나는 공포와 불안에서 생겨난다는 것이다. 그러나 승려·귀족계급은 민중의 이러한 무지와 공포를 이용하여 그 특권적 지위를 강화한다. 민중이 이러한 권력지배에서 벗어나기 위해서는 신의 권위를 부정하고 종교의 속박에서 해방되어야 한다. 그들은 이렇게 해서 봉건제도·절대왕조에 대한 투쟁의 사상으로서 유물론을 주장하였던 것이다." 필자는 이러한 관점을 푸라나 카사파, 파쿠다 카차야나, 아지타 케사캄바린에 적용할 수 있다고 생각한다.

파쿠다 카차야나의 7요소설도 바라문교의 도덕을 부정하는 이론적 근거를 제시하고 있다고 필자는 평가한다. 비록 극단적인 예를 들어서 살생을 부정하고 있지만, 이는 바라문교의 도덕을 부정하는 이론을 제시하는 중에 생겨난 하나의 모순점이었고, 불교 쪽에서는 이것을 정확하게 지적하였다고 생각한다. 그렇다고 해서 파쿠다 카차야냐의 바라문교에 대한 비판 의식의 의미가 감소되어지는 것은 아니라고 본다.

3) 아지타 케사캄바린의 유물론

아지타 케사캄바린Ajita Kesakambalin은 당시의 일부 고행자의 풍습을 따라서 머리털로 만든 옷을 걸치고 있었다고 한다. 지地, 수水, 화火, 풍風의 4원소가 참된 실재이고, 독립하여 항상 머무는 것이다. 그리고 이 4원소가 머무는 공간인 허공도 인정한다. 그래서 어리석은 자도 현명한 자도 신체가 파괴되면 소멸되어 사후에는 아무 것도 남지 않는다. 따라서 현세도 내세도 존재하지 않고, 선업善業 혹은 악업惡業을 행하였다고 해서 그 과보果報를 받는 일도 없다. 보시, 제사, 공의供儀도 무의미한 것이다. 이 세상에는 부모도 없고 사람들을 가르쳐서 인도하는 사람인 바라문도 존재하지 않는다고 한다.

아지타 케사캄바린은 앞에서 말한 두 사람보다 더욱 적극적으로 바라문교의 도덕을 부정하고 있다. 그가 단순히 세상의 쾌락을 추구하는 것을 장려하는 사람이었다면, 고행자의 풍습에 따라 머리털로 만든 옷을 걸치고 있지는 않았을 것이다. 이 사실에서 그가 고행자였고

또한 바라문교에 대한 강력한 비판의식을 가진 숭고한 종교인이라는 것을 알 수 있다.[6]

한편, 일반적으로 푸라나 카사파, 파쿠다 카차야나, 아지타 케사캄바린의 주장을 차르바카Cārvāka학파의 주장이라고 하기도 하고, 또는 세상사람들의 천박한 주장을 따르는 것이라고 해서 순세파(順世派, Lokāyata)라고 부르기도 한다.

후대의 자료에 근거해서 차르바카학파의 사상을 다음과 같이 정리할 수 있다. 첫째, 지地·수水·화火·풍風이 만물을 구성하는 요소이다. 둘째, 이 4요소가 결합해서 몸, 감각기관, 감각의 대상들을 만들어낸다. 셋째, 의식意識은 물질에서 생겨난 것이다. 예를 들면, 발효된 누룩에서 술의 성분이 생기는 것과 같다. 넷째, 영혼의 정신성을 부정한다. 다시 말해서, 영혼은 의식이 있는 몸에 지나지 않는 존재이다. 다섯째, 향락이

---

6 자와할랄 네루의 마지막 유언장에서 아지타 케사캄바린의 주장과 비슷한 점을 읽을 수 있다. 스탠리 월퍼트 지음, 이창석·신현승 옮김, 『인디아, 그 역사와 문화』(가람기획, 2000년 2쇄) pp.379~380에서는 다음과 같이 말하고 있다. "비록 나 자신은 과거의 전통과 관습을 대부분 저버렸으며, 인도 국민을 옥죄고 분열시키는 온갖 족쇄들을 한시바삐 제거해야 한다고 염려하고 있음에도 불구하고, 모든 인도인들과 마찬가지로 나 역시 유구한 인도역사의 여명기로부터 시작되어 중단되지 않은 사슬의 한 고리에 불과하다는 사실을 인식하고 있다. 나는 내가 죽은 다음에 종교적 의식이 열리는 것을 원치 않는다. 나는 그러한 모든 의식들을 믿지 않는다. 나는 단지 한 줌의 재로 변한 내 육신이 아무런 종교적 의미도 지니지 않은 채, 알라하바드의 갠지스강에 뿌려지기를 원할 뿐이다. 나는 어린 시절부터 지금까지 알라하바드의 갠지스강과 야무나강의 품에서 벗어난 적이 없다. 특히 인도의 강이며, 인도의 장구한 문화와 문명의 상징인 갠지스강은 끊임없이 변화하지만, 항상 같은 모습으로 하염없이 흘러가고 있다."

인생의 유일한 목적이다. 여섯째, 죽음이 곧 해방이다.

또한 차르바카학파의 인식론에도 특징이 있다. 이 학파는 직접적 지각(pratyakṣa)만을 인정하고, 다른 대부분의 인도학파가 인정하고 있는 추론(推論, anumāna)을 받아들이지 않는다. 그 이유는 추론이란 직접적으로 경험한 것에서 아직 알지 못한 것을 알려는 시도이기 때문이다. 예를 들어, 까마귀 백 마리를 조사해 보았더니 모두 검은 색이었다고 하자. 그래서 모든 까마귀는 검은 색이라고 선언한다면, 차르바카학파 입장에서는 수용할 수 없다는 것이다. 왜냐하면 모든 까마귀를 다 조사한 것이 아니기 때문이다. 그래서 혹시 돌연변이로 이상한 색의 까마귀가 생길 가능성을 받아들여야 한다는 것이 차르바카학파의 주장이다.

또한 이 학파에서는 권위 있는 사람의 증언(證言, śabda)도 인식의 타당한 방법으로 받아들이지 않는다. 그 이유는 누군가 다른 사람의 말을 믿는다면, 믿는 근거를 밝힐 필요가 있는데, 이때 추론이 포함될 수밖에 없고, 추론은 이 학파에서 받아들이지 않기 때문이다.

4) 막칼리 고살라의 아지비카교

막칼리 고살라(Makkhali Gosāla, B.C. 388년경에 죽음)의 아지비카교(Ājīvika, 결정론)는 '생활법에 관한 규정을 엄밀히 지키는 자'라는 의미이지만, 다른 종교로부터 '생활하기 위한 수단으로 수행하는 자들'이라고 비난받았고, 한역된 불교경전에서는 '사명외도邪命外道'라고 말하고 있다.

고살라는 모든 생물은 12원소로 이루어져 있다고 주장하였다. 12원소는 지地, 수水, 화火, 풍風, 허공虛空, 득得, 실失, 고苦, 낙樂, 생生, 사死, 영혼靈魂이다. 여기서 득得, 실失, 고苦, 낙樂, 생生, 사死의 여섯 가지는 현상을 가능하게 하는 추상적 원리로 제시된 것이다. 이는 뒤에 설명할 운명론적 설명과 관련이 있다.

이 내용은 다음과 같이 해석할 수 있다. '득得'은 내가 무엇을 얻는다고 해도, 그것은 얻게 하는 추상적 원리가 있었기 때문이니까 크게 기뻐할 필요가 없다는 점을 말해주는 것이다. '실失'은 내가 무엇을 잃었다고 해도, 그것은 잃게 만드는 추상적 원리가 있었기 때문이므로 크게 실망할 필요가 없다는 점을 지적하는 것이다.

'고苦'는 내가 인생에서 고통스럽다고 해서 낙망할 필요가 없다는 것을 말해주는 것이다. 그 이유는 이렇게 고통스럽게 만드는 추상적 원리가 이미 있기 때문이다. '낙樂'은 내가 인생에서 즐겁다고 해서 마냥 즐거워하지 말라는 것이다. 그 이유는 그렇게 즐겁게 될 추상적 원리가 이미 있기 때문이다.

'생生'과 '사死'도 태어나게 만드는 원리가 있고 죽게 하는 원리가 있는 것이므로, 태어나고 죽는 것에 연연해하지 말라고 말해주는 것이다. 그리고 영혼을 물체처럼 생각해서 모든 원소와 동물, 식물에도 존재한다고 한다.

한편 아지비카교의 특징은 운명론의 성격이 강한 '무인무연無因無緣'의 가르침에 있다. 840만 대겁大劫 동안에는 수행에 의지해서 해탈에 도달하는 것이 불가능하다고 한다. 마치 실로 감아 만든 공을 던지면 풀어져서 실이 끝날 때까지 굴려가듯이, 어리석은 사람도 현명한 사람도 정해진 기간 동안 계속 윤회의 세계에 흘러 다닌다는 것이다. 자신의 노력에 의해서가 아니라 이미 결정된 윤회를 되풀이 하다가, 마침내 해탈의 날이 온다는 것이다.

이 아지비카교는 마우리야왕조 때까지는 상당한 세력이 있었지만, 그 후 자이나교에 흡수되었다. 그러나 남부 인도의 마드라스주州에 살고 있는 타밀인 사이에는 아지비카교가 남아 있고, A.D. 1294년의 비문에서도 아지비카교의 신도가 있었다는 것을 알 수 있다.

그리고 아지비카교에서 인도인의 커다란 마음자세를 읽을 수 있다. 서양의 철학자 스피노자(Spinoza, 1632~1677)는 "내일 지구가 멸망하더라도 나는 오늘 한 그루의 사과나무를 심겠다"라고 말하였다는데, 아지비카교에서는 "840만 대겁 동안에는 해탈의 길이 없지만 그래도 나는 오늘 묵묵히 나의 수행의 길을 가겠노라"고 선언하고 있는 듯하다. 840만 대겁이란 시간은 영원의 시간이라고 부를 수 있을 정도로 아주 긴 시간의 단위이다. 겁劫에 대해서 불교에서는 사방 40리가 되는 바위를 100년마다 한번씩 엷은 옷으로 스쳐서 그 바위가 닳아 없어지는 시간보다도 길다고 하였다. 그러니 얼마나 긴 시간의 단위인가!

이토록 오랜 시간 동안 해탈을 얻을 수 없다면 좌절하는 것이 보통이라고 할 수 있다. 지금의 생애와 다음에 태어날 생애, 이 모든 자신의 생애를 바쳐서 언제 올는지 모를 미래의 그 날을 위해 준비하는 자세에서 진리를 향한 거룩한 마음을 읽을 수 있다.

5) 산자야 벨라티푸타의 회의론

산자야 벨라티푸타(Sañjaya Belaṭṭhiputta)는 "내세來世가 존재하는가?" 라는 질문을 받으면, 대답하기를 "만약 있다고 생각하면 있다고 대답하겠는데, 나는 이렇게도 생각하지 않고, 저렇게도 생각하지 않고, 다르게도 생각하지 않고, 그렇지 않다고 생각하지도 않고, 그렇지 않지도 않다고 생각하지 않는다"고 하였다. 이런 논조가 변화를 통해서 생긴다는 화생化生의 생물・선업과 악업이 있는지의 여부・깨달은 사람이 사후에도 존재하는지의 여부에도 적용된다. 결국 그는 형이상학적 문제에 대해서 '판단중지判斷中止'를 주장하였다.

그는 당시 인도에서 최강대국인 마가다의 수도 왕사성王舍城에 살고 있었는데, 석가모니의 2대제자인 사리푸타(Sāriputta, 舍利弗)와 목갈라나(Moggallāna, 目犍連)가 처음에는 산자야 벨라티푸타의 제자였다는 사실이 주목된다. 이는 산자야의 가르침에도 어느 정도의 진리성이 있음을 암시해 주는 대목이기도 하다.

또한, '판단중지'는 형이상학의 영역에서 한층 깊숙이 들어갈 수 있는 커다란 무기라고 평가할 수 있다. 분명히 인식하지도 못한 사실을 도리어 잘 안다고 생각하고, 자신의 주장은 옳고 자신의 주장과 다른 내용은 틀린 것이라고 우기는 것은 결코 성숙된 입장이라고 할 수 없다. 아는 것을 안다고 하고, 모르는 것을 모른다고 할 때, 다시 말해서 지적 결백성을 유지하고 있을 때 내적인 성숙을 도모할 수 있고, 언젠가는 진리를 알 수 있는 날이 오고 말 것이다. 아무 것도 써 있지 않는 흰 종이에는 내용을 채우기 싶지만, 이미 잔뜩 써 있는 노트에 쓰여진 것을 다시 지우고 새로운 내용을 담기란 쉬운 일이 아니다.

이렇게 보면, 사리푸타와 목갈라나가 불타의 제자를 만나서 단 한 마디에 연기緣起의 이치를 깨달은 것도 결코 우연이 아닌 것을 알 수 있다. 자신의 내면을 비우는 작업을 이들은 하고 있었고, 그것이 시절인연을 만나서 무르녹은 것이다.

6) 자이나교

'자이나Jaina'는 지나(Jina, 수행을 완성한 사람, 勝者)의 가르침이라는 의미이다. 자이나교조는 니간타 나타푸타(Nigaṇṭha Nātaputta, B.C. 444년경~372년경)이다. 그의 본래 이름은 바르다마나Vardhamāna였는데, 수행하여 진리를 깨달은 다음에는 마하비라(Mahāvīra, 위대한 영웅)라고 불리었다. '나타푸타'란 말은 즈냐타Jñata족 출신의 사람이라는 의미이다. '니간타'는 이전부터 있었던 종파의 이름인데, 그가 이 종파에 들어간 뒤에 이 종파의 가르침을 어느 정도 바꾸어서 자이나교를 세웠다.

'바르다마다'는 바이샬리시市 부근에서 왕족의 아들로 태어났다. 그는 결혼하고 30세 때 출가하여 고행과 명상에 2년간 전념한 뒤에, 이번에는 모든 옷을 벗어버리고 벌거벗은 고행자苦行者로서 12년 동안 심한 고행을 하였다. 드디어 한여름 밤에 완전지(kevala-jñāna)를 얻고 '지나'가 되었다. 여러 곳을 돌아다니면서 가르침을 전하다가 72세로 생을 마감했다.

자이나교의 전통에 따르면, '마하비라'는 그 이전의 지나의 가르침을 계승한 자이고, 그는 24조에 해당한다고 한다. 그러나 대개는 전설의 인물이고, 23조의 파르슈바Pārśva만이 B.C 8세기경에 생존했던 역사적 인물로 판단된다. 그는 4개의 계율을 가르쳤는데, 그것은 살생殺生·도둑질·음행淫行·거짓말을 하지 말라는 것이다. 마하비라는 거기에 소유를 금하는 5번째 규칙을 추가하여 '5대서(五大誓, pañca-mahāvrata)'라고 하는 자이나교의 근본윤리강령을 만들었다.

마하비라는 베다성전의 권위를 부정하고, 바라문들이 행하는 제사는 무의미하고 가치 없다고 주장하고, 제사 때 짐승을 죽이는 것은 죄를 짓는 일이라고 배척하였으며, 어떠한 카스트도 반대하였다. 그는 모든 인간이 어떠한 때, 어떠한 장소에서도 준수해야 할 보편적 법法이 있다고 생각하였다.

(1) 초기 자이나교의 사상

초기 자이나교의 사상을 살펴보면, 그것을 7체諦로 정리할 수 있다. 모든 만물에 공통적으로 있는 영혼은 청정하고 무한한 능력을 가지고 있는 것인데, 업業에 의해서 속박 당하여 자신의 기능을 발휘하지 못하고 있다는 것이다. 따라서 업을 녹여야 하는데, '5대서'를 지켜서 더 이상의 업이 들어오는 것을 막고, 이미 있는 업은 고행을 통해서 제거하면 해탈을 얻는다는 것이다. 덧붙여 세계의 구성은 물질의 최소단위인 원자로 이루어져 있고, 이 원자가 놓여 있는 곳이 허공이고, 이 원자를 움직이게 하는 원리와 정지하게 하는 원리가 있고, 이 원자가 시간적으로 변화를 겪게 하는 시간이 있다고 한다. 그 자세한 내용을 살펴보자.

첫째, 영혼(靈魂, jīva)은 지地, 수水, 화火, 풍風, 식물, 동물에 존재한다고 한다. 이는 물질 내부에 있는 생명력을 실체시한 것이다. 이러한 영혼은 정신작용의 주체이고, 행동의 주인이다. 그리고 영혼은 본래적으로 다 같은 것이고, 무한한 지(知, jñāna)・견(見, darśana)・힘(力, vīrya)・편안함(安, sukha)을 가지고 있지만, 업에 의해서 이러한 성품이 가려져 있고, 서로 간에 차이가 생기게 된다는 것이다. 이것은 영혼에 대한 철저한 긍정적 입장이다. 이런 입장에 설 때 식물 하나, 미세한 곤충 하나라도 해치지 않으려는 입장을 취하게 된다.

둘째, 비영혼(非靈魂, ajīva)에는 법(法, dharma), 비법(非法, adharma), 물질(pudgala), 허공(ākāśa)이 있다. 그리고 뒤에 시간(kāla)을 추가하였다. 여기서 '법'은 모든 물체의 운동을 가능하게 하는 원리이고, '비법'은 정지의 원리이다. '물질'은 원자(aṇu)로 이루어져 있는데, 이 원자는 부분을 갖지 않는 것이고, 분할할 수 없는 것이며, 파괴할 수 없는 것이다. 원자는 그 자체로는 지각할 수 없는 것이지만, 원자들이 모여서 지각되는 물질을 이루는 것이다. 그리고 '허공'은 모든 것이 있을 장소를 주는 원리이고, '시간'은 물질의 변화를 가능하게 해주는 원리이다.

여기서 '법'과 '시간'을 구분하면, '법'은 원자가 움직이게 하는 공간적 의미라면, '시간'은 원자가 활동하게 하는 시간적 측면이라고 할 수 있다. 물체의 움직임을 시간과 공간의 두 측면에서 파악한 것이다. 그리고 '영혼'과 '비영혼'의 여섯 가지 원리를 합쳐서 6실재체(實在體, astikāya)라고 부르기도 한다.

이상의 내용을 간추려 말하자면 다음과 같다. 원자가 핵심에 있고, 이 원자가 놓여 있는 곳이 '허공'이고, 원자를 움직이게 하고 멈추게 하는 원리가 '법'과 '비법'이고, 원자가 시간 속에서 작용하게 하는 것이 '시간'이다. 따라서 비영혼에서 행해지는 설명은 원자를 시간과 공간에서 자리 매김하고 그것이 움직이는 원리를 말하고자 하는 것이다.

셋째, 유입(流入, āśrava)은 몸(身)・입(口)・뜻(意)의 업 때문에 미세한 물질인 '비영혼'이 '영혼'을 둘러싸는 것이다.

넷째, 계박(繫縛, bandha)은 영혼을 둘러싼 미세한 물질이 미세한 신체(業身, karma-śarīra)를 형성하여 영혼을 속박하는 것인데, 그 주요한 것은 4탁四濁이라고 한다. 그것은 분노(忿, krodha)・교만(慢, māna)・잘못된 집중(欺, māyā)・탐욕(貪, lobha)이다. 이것들이 본래의 깨끗한 본성을 덮고 있고 있기 때문에 영혼은 지옥・축생・인간・하늘세계에 윤회한다. 유입과 계박에서 말하고자 하는 요점은 원래 깨끗하고 무한한 능력을 가진 영혼이 업으로 인해서 묶이고 속박되었다는 것이다.

다섯째, 제어(制御, saṃvara)는 업에 속박된 상태를 벗어나기 위해서 새로운 업이 들어오지 않게 하고, 이미 들어온 업은 없애는 것이다. 과거의 업을 녹이기 위해서는 고행(苦行, tapas)이 필요하다. 그리고 새로운 업이 들어오는 것을 막기 위해서 살생하지 않는 것, 진실한 말을 하는 것, 도둑질하지 않는 것, 음행淫行을 하지 않는 것, 무소유無所有의 다섯 가지 계율, 곧 '5대서'를 지켜야 한다. 다시 말하자면, 우리의 청정한 영혼을 묶고 있는 업을 녹이기 위해서 우선 새로운 업이 들어오는 것을 막을 필요가 있고, 이미 있는 업은 고행을 통해서 녹여내야 한다는 것이다.

여섯째, 지멸(止滅, nirjara)은 수행이 완성되어 업의 속박이 없어져서 미세한 물질이 영혼에서 떨어지는 것이다.

일곱째, 해탈(解脫, mokṣa)이다. 지멸의 결과 죄악이나 더러움을 완전히 없애어 완전한 지혜를 얻는 사람은 완전한 자유를 얻는데,

이것이 해탈이다. 신체가 죽어서 해탈을 한 영혼은 위로 올라가 '세간을 넘어선 공간(alokākāśa)'에 도달하는데, 그곳에서 영혼은 본성이 나타나서 절대적 안락함을 누릴 수 있다.[7]

(2) 후대 발전한 자이나교의 사상

다음으로 뒤에 발달한 자이나교의 사상을 살펴보자. 이 내용은 뒤에 서술할 부분이지만, 서술의 편의를 위해서 한 곳에 모아서 자이나교에 대해 설명하고자 한다.

마하비라가 생애를 마친 뒤에 자이나교의 교단은 백의파(白衣派, Śvetāmbara)와 공의파(空衣派, Digambara)로 나뉘게 되었다. 찬드라굽타Candragupta왕 때(B.C. 317~293년경)의 일인데, 마가다지방에 기근이 들어서 제6대 교단장敎團長 바드라바후Bhadrabāhu는 일부의 수도자와 함께 갠지스강 유역에서 데칸지방으로 피난을 갔었다. 후에 돌아와 보니, 그 지방에 남아 있던 스툴라바드라Sthūlabhadra를 우두머리로 하는 승려들은 독자적으로 성전聖典을 편찬하고, 흰옷을 입고 있었다. 여기서 흰옷은 입는 '백의파'와 옷을 걸치지 않는 '공의파'가 생겨나게 되었다.

백의파 지도자 '스툴라바드라'는 바드라바후가 죽자 파탈리푸트라Pāṭaliputra에서 성전을 결집해서 12부문(部門, aṅga)으로 재편성했고, 그것을 백의파에서 받아들였다. 그에 대해 공의파에서는 성전이 이제

7 후대의 저술에 근거하면 자이나교의 7체에 2가지를 더 추가할 수 있다. 그것은 죄(罪, pāpa)와 공덕(功德, puṇya)이다.(라다크리슈난 저, 이거룡 옮김, 『인도철학사II』 p.108)

사라졌다고 주장하면서, 과거의 경전을 대체할 수 있는 경전을 사용하게 되었다. 한편 백의파에서는 A.D. 5~6세기쯤에 발라비Valabhī에서 다시 결집을 해서 성전을 최종적으로 정리하였는데, 이 경전은 반半 마가디어(Ardha-māgadī)라는 속어로 쓰여졌고, 마하비라 이후 거의 1000년 후에 편찬되었으므로 마하비라의 순수한 가르침만이 전해진다고 보기 어렵다.

공의파의 대표적 학자로는 A.D. 4~5세기경의 인물인 쿤다쿤다Kundakunda를 들 수 있고, 백의파에서는 A.D. 5~6세기경의 인물 우마스바티Umāsvāti를 대표적 학자라고 할 수 있다. 쿤다쿤다는 『5원리정요(五原理精要, Pañcāstikāyasāra)』와 『교의정요(教義精要, Pravacanasāra)』를 저술했고, 우마스바티는 『진리증득경(眞理證得經, Tattvārthādhigama-sūtra)』이라는 조직적인 자이나교 강요서綱要書를 저술했다.

① 인식론

우선 인식론에 현저한 발달이 있었다. 인식론이 발전한 것은 완전지를 설명하기 위해서 다른 인식을 보조적인 수단으로 삼아서 설명하였기 때문이다. 따라서 인식론의 발전은 완전지의 성격을 명확하게 하기 위한 것이라고 할 수 있다.

자이나교에서는 지식을 직접적인 것(aparokṣa)과 간접적인 것(parokṣa)으로 구분한다. 우선 간접적 지식부터 살펴보면, 이는 사람이 일상생활에서 사용하는 지식인데, 의견(意見, mati)과 청견(聽見, śruti)으로 구분된다.

이 중에서 '의견'은 지각적 지식(知覺的 知識, pratyakṣa)과 추론(推論,

anumāna)을 지칭하는 것이다. '지각적 지식'은 다른 학파에서는 직접적 지식에 속하게 하는 것인데, 자이나교에서는 순수한 감각만으로는 지식이 성립하지 못하고, 사유가 보태어져야 지식이 성립할 수 있기 때문에 간접적 지식에 분류하였다. 사유가 추가된다는 것은 그만큼 대상을 있는 그대로 수용하지 못하고 사유에 의해서 변형된다는 의미이다.

또한 이는 인식이 두 단계로 성립된다는 것이다. 우선 1단계에서는 대상에 대한 정보를 받아들이고, 2단계에서 주어진 정보를 가공처리해서 판단하게 된다. 예를 들어, 남의 집에서 자고 아침에 일어날 때, 처음에는 천장이 보이지 않고, 먼저 색깔이 나타나고, 뒤를 이어 남의 집에서 잤다는 사실이 떠오르면서 비로소 천장이 제대로 인식되는 경우를 보자. 이때 먼저 색깔이 보이는 것은 정보를 받아들이는 단계이고, 그 다음 남의 집에 잤다는 사실을 인식할 때 천장이 비로소 보이는 것은 앞의 단계에서 받아들인 정보를 가공처리해서 인식이 생기는 것이다. 우리의 인식은 이처럼 2단계로 이루어진다. 그래서 1단계에서 정보를 받아들이고, 그것을 정리해서 판단하는 것은 사유가 개입되는 것이고, 따라서 대상을 제대로 파악할 수 없기 때문에 간접적 지식에 속하게 한다.

'추론'은 사실을 미루어 판단해서 다른 사실을 이끌어 내는 것이므로, 직접적 인식에 속하지 않고 간접적 인식에 속하는 것이다. 그리고 '청견'은 권위 있는 사람에게 들어서 아는 지식을 말하는 것이므로 간접적 인식에 속하는 것이다.

자이나교에서 주장하는 직접적 지식은 특수한 지식에 속하는 것이다. 그것은 제한지(制限知, avadhi-jñāna) · 타심지(他心知, manaḥparyāya

-jñāna)・완전지(完全知, kevala-jñāna)이다.

'완전지'는 앞에서 말한 영혼의 개념에 포함되어 있는 것이다. 영혼은 태양의 빛과 같이 의식이라는 것을 본질적으로 간직하고 있는 것이다. 그러므로 아무런 방해가 없는 한, 영혼은 대상을 직접적으로 완전하게 드러내는 지식을 소유한다. 이것이 '완전지'이다.

'제한지'는 '완전지'에 이르지 못했지만, 업業을 제거하는 과정에서 보통사람이 볼 수 없는 미세한 사물 등을 볼 수 있게 능력을 가지게 됨을 말하는 것이다. 이것은 '완전지'에 비해서 시간과 공간의 제한을 받으므로 '제한지'라고 한다.

'타심지'는 영혼에서 미움이나 시기와 같은 번뇌를 제거했을 때 얻을 수 있는 능력인데, 이는 다른 사람의 마음을 직접적으로 아는 지식이다. 이것도 시간과 공간의 제약에서 벗어난 것은 아니다. '제한지'와 '타심지'도 감각기관과 제6의식이 근거하는 인식기관으로서 의근(意根, manas)의 중개 역할을 필요로 하지 않으므로, 자이나교에서는 직접적 지식에 속하게 하였다.

이처럼 특수한 지知를 자이나교에서 인정하고 있는 것은 그들이 영혼에 무한한 능력이 있다고 보는 것과 통하는 것이다. 영혼에는 무한한 능력이 간직되어 있다. 문제는 업이 이것을 묶고 있다는 점인데, 수행을 통해서 이 업을 녹여낼 수 있다면 그때 무한한 능력을 발휘할 수 있고, 그 한 모습이 특수한 지知로 나타나는 것이다.

② 인식의 상대주의

자이나교의 또 다른 중요한 가르침은 인식의 상대주의相對主義에 있다.

이는 '완전지'를 알지 못한 사람들이 이 세계를 어떤 눈으로 바라보아야 할 것인지에 대해 설명한 것이다. 자이나교에서는 마하비라 당시 때부터 실재에 대한 독단적인 견해를 주장하는 것을 반대하고 관용의 정신을 강조하였는데, 인식의 상대주의는 이것에 기초를 두고 있는 것이다. 한 사물에도 무수한 성격이 있고, 이 수많은 성질은 바로 실체(dravya)에 깃들어 있다. 이 실체는 변하지 않는 것이지만, 실체의 양태(paryāya)인 속성은 변하는 것이다.

이와 같이 자이나교에서는 한 사물에는 여러 가지 성격이 있으므로 '완전지'를 얻기 전에는 다 알 수 없다고 한다. 따라서 '완전지'를 얻지 못하는 사람들은 그 관점이 제한되어 있다. 이 제한된 관점을 나야naya라고 부른다. 그리고 이 점에서 모든 것을 상대적으로 표현하고, 상대적으로 해석해야 한다고 자이나교에서는 말한다. 다시 말해서, 사물에 대해서 절대적이거나 일방적 해석을 내려서는 되지 않는다고 주장하였다. 사물은 여러 입장에서 살펴볼 수 있으므로, 어느 정도 판단을 내리려면 "어떤 점에서 본다면(syād)"이라는 제한을 가해야 한다. 이것을 조건주의(syādvāda)라고 부르기도 한다. 이 내용을 자이나교에서는 다음과 같이 7가지로 정식화한다.

어떤 사물이든지 어떤 점에서 보면,

㉠A는 있다. syād asti

㉡A는 없다. syād nāsti

㉢A는 있기도 하고 없기도 한다. syād asti ca nāsti ca

㉣A는 말해질 수 없다. syād avaktavyam

㉤A는 있기도 하고 말해질 수 없다. syād asti ca avaktavyam ca

ⓑA는 없기도 하고 말해질 수 없다. syād nāsti ca avaktavyam ca
ⓢA는 있기도 하고 없기도 하고 말해질 수 없다. syād asti ca nāsti ca avaktavyam ca

위의 내용을 비유로 통해서 다시 설명해 보자. 어떤 사람이 서울시장으로 입후보했다고 하자. ㉠어떤 사람은 그 후보가 서울시장이 될 만한 사람이라고 판단할 수 있고, ㉡다른 사람은 그 후보가 서울시장이 될 만한 인물이 아니라고 볼 수도 있다. 자기가 처해 있는 관점에 따라 동일한 사람도 다르게 평가되는 것이다. ㉢어떤 사람은 이 후보가 어떤 점에서는 서울시장이 될 만한 인물이라고 보고, 또 어떤 점에서는 서울시장이 되기에는 미흡하다고 보기도 한다. ㉣어떤 사람은 그 후보가 서울시장이 될 만한 인물인지에 대해서 신중한 입장을 취하여 입장을 표명하는 것을 자제할 수도 있다. 아직 더 지켜보자는 입장이다. 이 신중한 입장은 더 자세히 구분될 수 있다. ㉤속으로는 그 후보가 서울시장이 될 만한 인물이라고 생각하지만, 그 견해를 드러내지 않을 수도 있다. ㉥어떤 사람은 속으로는 그 후보가 서울시장이 될 만한 인물이 아니라고 보지만, 그 견해를 표명하지 않을 수도 있다. ㉦어떤 사람은 그 후보가 어떤 점에서는 서울시장이 될 만한 사람이지만, 어떤 점에서는 부족하다고 보면서도 자신의 주장을 말하기는 꺼려할 수도 있다. 이처럼 다양한 견해가 있을 수 있다.

이상과 같은 진리의 상대성을 무시하고 오직 하나의 입장만을 주장하는 것을 독단주의(ekāntavāda)라고 한다. 그러나 자이나교에서 말하는 인식의 상대주의가 회의주의나 불가지론을 의미하는 것은 아니다.

왜냐하면 어떤 제한된 조건 아래에서는 어디까지나 하나의 판단을 확실하게 내릴 수 있기 때문이다. 다만 그 판단은 다른 각도에서 볼 때, 잘못된 것일 수 있는 가능성을 열어놓고 있으면 되는 것이다.[8]

③ 자이나교사상에 대한 종합적 이해

공의파의 우마스바티는 올바른 견해(samyag-darśana)・올바른 지식(samyag-jñāna)・올바른 행위(samyag-carita)가 해탈의 길이라고 주장하였다. 이것을 자이나교에서는 3보三寶로서 소중히 여긴다. '올바른 견해'는 앞에서 소개한 '7체'이고, '올바른 지식'은 앞에서 소개한 인식론의 내용인데, 의견・청견・제한지・타심지・완전지와 나야관찰법이 그 내용이고, '올바른 행위'는 앞에서 소개한 '5대서'인데, 이 외에도 자이나교에서는 외적 고행과 내적 고행을 중시한다.

외적 고행은 단식斷食[9]・식사를 줄이는 것・음식물을 제한하는 것・

---

8 자이나교에서 말하는 인식의 상대주의에 대해 R. 뿔리간들라 저, 이지수 옮김, 『인도철학』(민족사, 1991년) p.47에서는 다음과 같이 비판하고 있다. '그것은 자이나교에서 말하는 완전지는 이미 절대를 말하고 있는데, 인식이 상대적이라는 것을 절대적이라고 한다면, 이는 자이나교에서 말하는 완전지 자체를 부정하는 모순을 범한다는 것이다. 다시 말하면, 한 쪽에서는 절대를 알 수 있는 지혜가 있다고 말해 놓고, 다른 한 쪽에서는 모든 것은 상대적일 수밖에 없고 그것만이 절대라고 말하는 꼴이어서, 두 절대가 마주 오는 열차와 같이, 부딪칠 수밖에 없다는 것이다. 만일 이 모순을 피하기 위해서 수준이 낮은 진리와 수준이 높은 진리로 구분해서 말한다면, 상대주의가 절대적이라는 주장은 다시 모순이 되고 만다.' 하지만, 이 주장은 자이나교의 주장을 너무 단순히 보고 있는 데서 생기는 오류라고 필자는 생각한다.

9 자이나교의 죽음을 무릅쓴 단식이 힌두교에도 영향을 주었고, 그래서 20세기에 들어와서 '정치적 무기'로도 활용되었다는 지적이 있다. 스탠리 월퍼트 지음, 이창

좋은 맛을 취하지 않는 것 · 한적한 곳에 홀로 앉는 것 · 신체를 고통스럽게 하는 것 등이고, 내적 고행은 죄를 뉘우치는 것 · 절도 있는 삶을 사는 것 · 봉사하는 것 · 학습하는 것 · 욕심을 버리는 것 · 선정에 들어가는 것 등이다.

석 · 신현승 옮김, 『인디아, 그 역사와 문화』(가람기획, 2000년 2쇄) pp.145~146에서는 다음과 같이 말하고 있다. "더욱이 자이나교 특유의 죽음을 무릅쓴 단식은 지난 수십 년에 걸쳐 민족주의운동이 활발히 진행되는 동안 정치적 무기가 되었으며, 여전히 독립인도의 중앙정부에 대항하는 지방세력의 유력한 무기로 남아있다. 예컨대 그것을 매우 효과적으로 사용한 덕분에 안드라 지방은 정부로부터 분리된 주州로서의 자격을 획득했으며, 판자브 지방의 시크교도들은 당국과의 교섭에서 초창기의 양보를 어렵사리 이끌어 낼 수 있었다. 하지만 마하트마 간디는 이러한 단식을 격렬한 무기로 사용하는 데 있어서는 항상 신중했다. 그는 단식을 행하는 사람의 동기가 완전히 순수하지 못할 경우, 그것은 '진실'의 황금빛 무기고로부터 나온 무기가 아니라 오히려 악마적인 파괴의 무기가 될 수 있다고 경고하였다."

4. 불타의 사상

불타(佛陀, Buddha)는 성이 고타마(Gotama, 瞿曇)이고, 이름은 싯다르타Siddhārtha이다. 불타는 자이나교의 지나Jina와 같이, 수행 후에 얻은 이름이다. 그는 샤키야Śākya족의 성자, 곧 석가모니(釋迦牟尼, Śākya-muni)라고 불리었다. 그는 히말라야 산맥에 있는 샤키야족 왕국의 왕자로서 태어났다. 샤키야왕국은 작은 나라로서 당시의 강대국이던 코살라Kosala국에 정복당할 위기에 처해 있던 나라였다.

그는 29세 때에 당시의 사문沙門처럼 출가하여 수행을 하였다. 당시의 이름난 스승이었던 알라라 칼라마Āḷāra Kālāma와 웃다카 라마풋타Uddaka Rāmaputta에게 선정을 배웠지만, 그들의 수행방법에 만족할 수 없어서 6년 동안 고행을 하였다. 하지만 극심한 고행을 통해서 몸만 쇠약해졌고 깨달음을 얻지 못하자 고행을 그만두고 붓다가야Buddhagayā의 보리수 밑에서 명상한 지 7일만에 깨달음을 얻었다고 한다. 이때가 그의 나이 35세이다. 깨달음을 얻은 뒤에 녹야원鹿野園에 가서 그 전에 그와 같이 고행을 하였던 다섯 명의 수행자를 가르쳤다. 여기서 펼친 가르침이 사성제이다. 그는 그 후 45년 동안 교화활동을 펼치면서 많은 사람을 제자로 삼았다. 그는 생애의 대부분을 마가다국과 코살라국에서 보냈다고 한다. 그리고 80세 때 쿠시나라Kusinārā에서

생을 마쳤다.[10]

불타의 사상을 대표하는 것은 사성제四聖諦라고 할 수 있다. 이 가르침 속에 초기불교의 사상은 다 녹아 있다고 할 수 있다. 여기에다 시간과 공간의 관점을 추가할 수 있다. 시간의 관점에서 인간이 처해 있는 현실과 열반을 얻는 길을 설명하는 것이 3법인三法印·4법인四法印이고, 공간의 관점에서 인간의 현실과 깨달음을 얻는 길을 말하고 있는 것이 연기설緣起說이다. 다시 말해서 초기불교의 사상은 사성제에서 압축되고, 그것을 3법인·4법인에서는 시간적 측면에서 조명하고, 다시 연기설에서는 공간적인 측면에서 접근하고 있다. 여기에 덧붙여 사회적으로는 평등과 민주주의를 추구하고 있다.

---

10 불타가 언제 입적하였는지에 대해 여러 가지 견해가 있다. 일본에서는 크게 보아서 2종류의 견해가 제시되었다. 첫째, B.C. 566~486년(高南順次郎), 또는 B.C. 560~480년 경(渡邊照宏, 水野弘元)이고, 둘째, 앞의 견해보다 100년쯤 뒤인 B.C. 466~386년(宇井伯壽), B.C. 463~383년(中村元), 그리고 宇井伯壽의 견해를 보충한 주장, B.C. 480~400년(干潟龍祥)이 있다.

남방불교의 역사서인 『마하밤사(Mahāvaṃsa, 大史)』, 『디파밤사(Dīpavaṃsa, 島史)』 등에 근거해서 B.C. 624~544년을 남방불교에서는 말하고 있는데, 한국도 이 주장을 택하고 있다. 또한 남방불교의 중성점기설衆聖点記說에 근거해서 B.C. 565~485년을 주장하기도 한다. 이 내용은 상가바드라Saṅghabhadra가 중국에 전한 『역대삼보기歷代三寶記』에 기록되어 있다고 한다. 이것은 불타가 입적한 해 7월에 우팔리Upāli 장로長老가 율장을 결집하였을 때, 제1점을 치기 시작해서 매년 많은 숫자의 성스러운 제자들이 1점 씩 기록하였으므로 '중성점기'라고 한다.(早島鏡正·高崎直道 외 공저, 정호영 옮김, 『인도사상의 역사』 p.56)

1) 사성제

사성제(四聖諦, Cattāri-arya-saccāni)는 4가지 성스러운 가르침이라는 뜻이다. 이는 고(苦, Dukkha), 집(集, Samudaya), 멸(滅, Nirodha), 도(道, Magga)로 구성되어 있다. '고'는 인생의 현실은 고통스럽다는 가르침이고, '집'은 인생이 고통스러운 원인은 잘못된 욕망에 있다는 것이며, '멸'은 인생의 고통을 없앨 수 있다는 것이고, '도'는 인생의 고통을 없애는 길을 제시해주는 것이다.

'도'에서 팔정도(八正道, Aṭṭhaṅgika-Magga)를 제시한다. 그것은 정견(正見, sammā-diṭṭhi), 정사유(正思惟, sammā-saṅkappa), 정어(正語, sammā-vācā), 정업(正業, sammā-kammanta), 정명(正命, sammā-ājīva), 정정진(正精進, sammā-vāyāma), 정념(正念, sammā-sati), 정정(正定, sammā-samādhi)이다. 팔정도는 쾌락을 추구하는 행위와 지나치게 고행苦行을 하는 것의 두 극단을 피하고 중도를 취하는 것이다.

팔정도는 2가지로 접근할 수 있다. 하나는 팔정도 하나 하나를 모두 갖추어야 한다는 쪽이고, 다른 하나는 하나의 항목이 완성되면 그 다음 항목에 나아가는 것, 곧 단계적으로 접근하는 쪽이다. 여기서는 단계적으로 접근하는 수직적인 측면의 의미에 대해 알아보고자 한다. 바른 견해에 기초해서 바르게 생각하고, 바른 생각에 기초해서 바르게 말하고, 바른 말에 기초해서 바른 행동이 나오고, 바른 행동이 결국 올바른 직업을 선택하는 것正命으로 이어지고, 올바른 직업을 선택하였으면 자신의 목표를 위해서 줄기차게 노력하고(正精進), 이런 기초가 다져졌을 때 드디어 정신집중을 하고(正念), 이 정신집중이 잘되어서 정신통일의 상태, 곧 삼매에 들어가게 된다. 삼매에 들어가면 마음의 불순물이 모두 녹게 되어서 마지막에는 진정한 지혜를 얻어 열반을 깨닫게 된다는 것이다. 정견正見에서 정정진正精進까지는 세간의 영역에서도 충분히 실천할 수 있는 것이고, 정념正念과 정정正定이 출가수행의 영역에 속하는 것이다.

예를 들어, 어떤 사람이 불교를 알게 되었다고 하자. 그 사람이 그 가르침을 그냥 흘려듣지 않고, 자신의 삶 속에서 다시 생각해 본다. 이렇게 생각이 정리되면, 그 생각에 근거해서 말문이 트이게 된다. 주위의 종교인을 보면, 말은 그럴듯한데 현실에서는 조금도 손해보지 않는 경우가 많다. 대개는 이 단계에 머무르게 된다. 그렇지만 어떤 사람은 자신이 말한 내용을 실천하기도 한다. 이런 실천이 반복되면 그것을 직업으로 삼게 되고, 이제 자신이 원하는 것을 직업으로 정했으니까 진정 열심히 노력할 수 있다. 불교에서 요구하는 것은 일단 세간에서 가장 모범적인 삶을 살라는 것이다. 그런 뒤에 드디어 삼매를 닦아 출세간의 영역으로 비약할 수 있다.

2) 3법인 · 4법인

3법인三法印에서 '법인法印'은 불교의 징표, 불교의 증거라는 의미이다. 이는 제행무상諸行無常 등 3가지 또는 4가지 조건이 갖추어지면, 그 가르침을 올바른 불교로 인정할 수 있다는 것이다. 불교라는 도장을 찍는다는 의미이므로, 이는 그만큼 이 명제들이 중요하다는 것을 보여주는 것이다.

이 내용은 다음과 같이 정리할 수 있다. 모든 것은 변하는 것이고, 변하는 것을 변하지 않고 항상한 것이라고 잘못 파악하면 끝내는 고통을 수반하게 되고, 고통이 있는 것은 진정한 자아가 아니라는 것이다. 그때 진정한 가치라고 할 수 있는 열반을 얻게 된다는 것이다. 그 내용을 살펴보자.

(1) 제행무상諸行無常: 모든 것은 무상하다

이 세상 만물은 변한다. 이 변한다는 사실을 직시해서 어떤 것에도 집착하지 않는 지혜를 얻고자 하여, 모든 것이 변한다라고 말하는 것이다. 무상하다는 것은 다음의 3가지 의미를 갖는다.[11]

첫째, 무상無常하기 때문에 고苦라는 것이다. 사람들은 득의의 순간에는 잘 모르다가 일의 사태가 자기가 원하지 않은 쪽으로 진행될 때, 좌절하고 그러한 순간에 무상함을 느끼게 되는 경우가 많은 것 같다. 그러할 때 자기 반성을 통해서 사태를 올바르게 인식하여 종교심이 싹트게 하는 역할을 무상의 가르침이 한다는 것이다.

둘째, 무상無常이라 함은 세상 어느 것도 상주불변常住不變하는 것은 없다는 의미이다. 만약 자신이 추구하는 세속적 가치가 언젠가는 변하고 사라지게 되는 것이라고 생각하게 된다면, 그렇게까지 혼신의 힘을 기울이면서 집착하지는 않을 것이다. 그래서 자신, 가까운 사람, 재산, 지위, 명예 등에 대해서 확고부동한 것으로 생각하는 아집我執, 탐애貪愛에서 벗어난다는 것이다.

---

11 水野弘元 저, 김현 역, 『원시불교』(지학사, 1985년) pp.81~83.

셋째, 무상無常을 자각해서 사회와 인생에 대한 올바른 인식과 그 인식에 기초한 정진精進과 노력을 할 수 있다. 우리는 내일을 알 수 없는 삶을 살고 있다. 그렇기 때문에 오늘의 일은 오늘 마쳐야 하며 내일로 미루지 않아야 한다. 오늘 이 순간은 다시 돌이킬 수 없다. 한 번뿐이다. 그래서 태어나고 죽는 일이 중대하고 무상한 세월은 빠르다(生死事大 無常迅速)라고 하는 것이다.

(2) 일체개고一切皆苦: 모든 것은 고통스럽다

세상 모든 것은 고苦라는 의미이다. 여기에 3고三苦와 8고八苦가 있다. 3고부터 살펴보자. 첫째, 고고(苦苦, dukkha-dukkha)인데, 이는 일반적인 고통을 말하는 것이고, 누구나 고통이라고 인정하는 것이다. 일반적으로 사람들이 고통을 피하고 쾌락은 추구하자고 말할 때 사용되는 고통은 '고고苦苦'를 뜻하는 것이다.

둘째, 괴고(壞苦, vipariṇāma-dukkha)이다. 이는 쾌락이 끝나고 오는 허전함을 뜻하는 것이다. 쾌락은 짧고 그 공허함은 길다. 서양철학에서는 이것을 '쾌락추구의 역설'이라고도 말한다. 이는 쾌락을 추구하면 추구할수록 오히려 고통스럽다는 것이다. 이처럼 '괴고'는 쾌락은 존재하지만, 결국에는 그 쾌락도 긴 시간단위로 보면 고통으로 변한다는 것이다. 이런 체험이 절실해지면 더 이상 쾌락을 추구하기 위해서 자신의 노력을 낭비하지 않게 될 것이다.

셋째, 행고(行苦, saṅkhāra-dukkha)이다. 이는 무상無常한 것에 대해 항상할 것이라고 잘못 생각하기 때문에 생기는 고통이다. 모든 것은 변한다. 지금 영원히 변하지 않을 것이라고 굳게 믿고 있는 것도 언젠가는 사라지게 되어 있다. 그것을 모르고 변하지 않을 것이라고 굳게 집착하고 있다면, 그 생각은 틀렸다는 것이 언젠가는 밝혀질 것이고, 그때 낭패감을 맛보게 된다는 것이다.

다음으로 8고八苦에 대해 살펴보자. 처음의 4가지는 생生·로老·병病·사死인데, 이는 사람이 태어나면 늙고 병들고 죽는 것은 그 누구도 피해갈 수 없는 고통이라는 의미이다. 생生이 고통에 들어간 것은 윤회의 관점에서 제시된 것이다. 이 고통의 세계에 태어난 것 자체가 고통이라는 것이다.

다섯째, 원증회고怨憎會苦는 원망하고 미워하는 사람을 만나야만 하는 고통이다. 아무리 싫은 사람이라고 해도 이 세상에서 사회생활을 하다보면 만나지 않을 수 없다는 것이다. 이것도 사람이 피해갈 수 없는 고통이다.

여섯째, 애별리고愛別離苦는 사랑하지만 헤어져야만 하는 고통이다. 아무리 사랑하는 사이일지라도 언젠가는 헤어지게 되어 있고, 이것도 인간이라면 피해갈 수 없는 숙명이라는 것이다.

일곱째, 구불득고求不得苦는 간절히 구하지만 얻지 못하는 고통이다. 아무리 좋은 자리에 있더라도 구한다고 해서 다 얻을 수 있는 것은 아니다. 물론 사회적 지위가 낮은 경우에는 구할 수 없는 것이 많아지겠지만, 아무리 높고 좋은 자리에 있더라도 구해서 얻지 못하는 것이 있고, 이것이 인간의 숙명적 한계상황이라는 것이다.

여덟째, 오취온고五取蘊苦은 앞에서 말한 모든 고통은 세계를 의미하는 5온五蘊을 제대로 보지 못하고 집착하기 때문에 생기는 것이다. 이는 지혜가 없이 대상에 집착을 하게 되면 고통에서 벗어날 길이 없다는 말이다.

(3) 제법무아諸法無我: 모든 존재에는 자아가 없다

어리석은 범부는 5온五蘊에 대해 '나'라는 견해我見를 내어 거기에 집착하지만, 지혜 있는 사람은 5온에 대해 아견我見을 일으키지 않는다. 이러한 5온의 내용은 다음과 같다. 첫째, 색(色, rūpa)은 물질과 육체이고, 둘째, 수(受, vedanā)는 즐겁다 · 고통스럽다 · 즐거운 것과 고통스러운 것의 중간이라고 느끼는 감수작용이고, 셋째, 상(想, saññā)은 사물이 무엇이라고 판단하는 표상작용이고, 넷째, 행(行, saṅkhāra)은 표상작용에 수반되는 의지작용이고, 다섯째, 식(識, viññāṇa)은 안식眼識, 이식耳識, 비식鼻識, 설식舌識, 신식身識, 의식意識을 뜻하는 것이다.

5온을 정리해서 보자면 물질과 마음이라고 할 수 있고, 이것이 초기불교의 고유한 세계관이다. 예를 들어, 내가 어떤 꽃을 바라보고서 '참 예쁘구나. 나의 집에 가지고 가야지'라고 마음먹었다고 하자. 꽃은 색色에 속하고, '꽃이다'고 판단한 것은 상想에 속하고, 그 꽃이 예쁜 것이므로 나에게 즐거운 느낌을 주는 것이라고 받아들이는 것은 수受에 속하고, 집에 가지고 가야겠다는 의지는 행行에 속한다. 이러한 수受 · 상想 · 행行의 마음 작용에 기초가 되는 것이 식識이다. 이처럼, 초기불교의 세계관은 대상세계만을 지칭하는 것이 아니고, 물질대상을 바라보는 주관의 마음도 포함되어 있다.[12] 나아가 물질은 색色 한 가지만을 들고,

12 불교철학의 존재론을 과정적 존재론이라고 보는 견해도 있다. R. 뿔리간들라 지음, 이지수 옮김, 『인도철학』(민족사, 1991년) pp.64~65에서는 다음과 같이 말하고 있다. 곧 존재론은 2가지로 구분할 수 있다. 그것은 외견상의 변화와 다양성의

마음을 수受·상想·행行·식識의 4가지를 제시하고 있는 점에서 볼 때, 불교에서 마음을 강조하고 있음을 알 수 있다.

(4) 열반적정涅槃寂靜: 열반의 경지는 고요하다

앞에서 말한 대로, 모든 것은 무상無常한 것이고, 무상한 것을 항상하다고 잘못 생각하면 결국에는 고통을 일으키게 되고, 고통을 일으키는 것은 진정한 자아가 아니라는 통찰을 하게 될 때 열반(涅槃, 범어 Nirvāṇa, 팔리어 Nibbāna)을 얻게 된다. 열반의 의미는 탐貪, 진瞋, 치痴를 불어 끈 상태이다. 다른 각도에서 접근하자면, 내면의 고요함이 즐거움으로 승화되는 경지, 곧 '적멸위락寂滅爲樂'의 경지를 말하는 것이다. 이는 집착을 버린 마음의 평온함을 말하는 것이다.

3) 연기緣起

경전에서는 다음과 같이 말하고 있다. "이것이 있기 때문에 저것이

존재 밑에 놓여진 변하지 않는 영구적인 실체가 있다고 주장하는 존재론은 실체적 존재론(substance ontologies)이고, 인간의 내면이건 외면이건 간에 영구적이고 변하지 않는 것은 아무 것도 없다는 것은 과정적 존재론이라는 것이다. 불교철학은 과정적 존재론(process ontologies)에 속하는 것이다. 왜냐하면, 이 세상 모든 것은 변화하고 항상하지 않다는 것을 불교철학에서는 힘주어 말하고 있기 때문이다. 변화와 무상無常이 존재의 기본적 특성이라고 불교철학에서는 말하고 있다. 하지만 이런 견해는 초기불교의 세계관이 단순히 외부의 대상만을 상대하는 것이 아니고, 그것을 바라보는 주관의 마음도 아울러 세계라고 보고 있다는 점을 놓친 것이라고 필자는 생각한다.

있고 이것이 없기 때문에 저것이 없으며, 이것이 생기기 때문에 저것이 생기고 이것이 멸滅하기 때문에 저것도 멸한다."

앞에서 말한 연기(緣起, Paṭicca-samuppāda)의 이치는 사물이 서로 의존하고 있다는 '상호의존성'을 밝히고 있다. 이 세상 어떤 사물도 서로 관련되어 있음을 말하고 있다. 이 세상만물 어느 것도 독립적으로 존재하는 것은 없다. 가령 글을 쓰는 것을 예로 들어보자. 내가 글을 쓴다고 생각하기 쉽지만, 다른 조건이 갖추어지지 않으면 글을 쓸 수 없다. 영하 20도를 오르내리는 혹한에서 아무런 난방장치도 하지 않은 채 글을 쓸 수는 없을 것이다. 비록 내가 난방장치를 돈을 주고 구입하고 연료를 마련했다고 해도, 그 누군가가 난방장치를 만들고 연료를 보급하지 않았다면 나는 글을 쓸 수 없었을 것이다. 난방장치에는 여러 사람의 공功이 응축되어 있으므로 결국 내가 글을 쓴다고 하는 하나의 행위에 수많은 사람의 공功이 집약되어 있음을 알 수 있다. 이것이 연기의 가르침이다. 이와 같이 연기의 이치는 이 세상 사물이 서로 관계를 맺어 이루어지고 있다는 것을 설명해주는 가르침, 곧 '상호의존성'을 설명해주는 가르침이다.

(1) 연기의 철학적 의미

앞에서 설명한 연기의 이치에 대해 다음의 4가지 관점으로 바라볼 수 있다. 첫째, 인간과 인간의 상호의존성이다. "이것이 있기 때문에 저것이 있고, 이것이 없기 때문에 저것도 없다"라고 연기를 설명한 말 속에 사람을 대입해 보자. 저 사람이 있으면 내가 존재할 수 있고, 저 사람이 없었다면 나의 삶도 황폐해졌을 것이라고 할 수 있다. 바로 여기서 다른 사람의 고마움을 알 수 있고, 나의 삶이 다른 사람에 의존하여 있음을 인식할 수 있고, 이때 다른 사람에 대해 배려하는 마음, 사랑하는 마음, 자비가 싹틀 수 있다. 이렇게 배려의 마음은 다른 사람과 내가 더불어 살고 있다는 데서 출발하는 것이다.

둘째, 인간과 사회의 상호의존성이다. 개인과 사회를 "이것이 있기 때문에 저것이 있고, 이것이 없기 때문에 저것도 없다"라는 연기의 공식에 대입해 보자. "사회공동체가 있으므로 개인이 있고, 사회공동체가 없으므로 개인도 없다"가 된다. 다시 말해서, 개인은 사회에 의지하고 사회는 개인에 의지한다는 것이다. 이와 같이 한 개인의 삶이 사회공동체에 의존하고 있음을 인식할 수 있다면, 자기 자신만을 위하는 잘못된 개인주의는 나오지 않을 것이고, 공동체를 위하는 사고방식을 펼칠 수 있을 것이다.

개인주의를 강조하면, 이것이 잘못 발휘될 경우 공동체를 무시하는 경향이 강하게 되고, 공동체만을 강조하는 것은 자칫 개인의 권리를 침해할 수 있다. 이때 개인과 사회공동체가 서로 의존관계에 있음을 자각할 수 있다면, 굳이 '민족'이니 '국가'니 하는 거창한 구호를 앞세우지 않고서도 공동체를 위해서 봉사할 마음을 일으킬 수 있다.

셋째, 사회집단과 집단의 상호의존성이다. 여기에서 평등의 이념이 나온다. 인도에는 네 가지 계급이 있어 왔는데, 만약 노예계급인 슈드라에 최상층에 있는 계급인 바라문이 의지하고 있고, 다시 슈드라는 바라문에 의지하고 있음을 인식할 수 있다면 아마도 거기에는 서로간에 멸시하고 증오하는 사고방식이 존재하지는 않을 것이다. 바라문의 고귀한 삶의 그늘 속에 고생하는 노예가 있음을 직시하여, 그들의 편안하고 안일한 삶이 노예에 의존하고 있음을 안다면, 어느 계급이 어느 계급을 일방적으로 몰아붙이는 그런 이데올로기를 쉽게 만들지는 못할 것이다. 이런 점에서 불타는 사성계급의 평등을 주장하였을 것으로 추정된다.

넷째, 인간과 자연의 상호의존성이다. 자연이 오염되면 인간도 오염되고, 자연이 청정하면 인간의 삶도 청정해진다. 이런 관점에서 보자면, 환경문제에서도 그 해결의 첫 단추를 인간과 자연이 서로 의지하고 있음을 자각하는 데서 찾을 수 있을 것이다.

(2) 12연기十二緣起

초기불교에서는 번뇌가 발생하는 과정을 12연기를 통해서 자세히 설명하고 있다. 사람이 고통에 시달리게 되는 첫째 원인은 무명(無明, avijjā)이다. 이는 근원적인 무지無知라고 할 수 있는 것인데, 올바른 지혜가 없는 상태를 일컫는 것이다. 이 무명에 의해서 행(行, saṅkhāra)이 생긴다. 이는 행위를 하고 남은 영향력을 지칭하는 것이다. 착한 행위를 하면 그만한 영향력이 몸에 남게 되고, 나쁜 일을 하면 그만큼 좋지 않은 영향력이 우리 내면에 작동된다는 것이다. 이러한 영향력이 우리의 인식에 영향을 미친다.

그래서 셋째, 식(識, viññāṇa), 넷째, 명색(名色: 물질 대상과 관념적 대상, nāma-rūpa), 다섯째, 안眼・이耳・비鼻・설舌・신身・의意의 육처(六處: 인식기관, saḷāyatana)가 서로 작동해서 인식이 이루어지는 과정에 행行이 무의식적으로 영향을 미친다. 식識과 명색名色과 육처六處가 동시에 작용해서 인식이 이루어지는 과정을 촉(觸, phassa)이라고 부른다. 이것이 여섯째이다.

이 촉觸에 의해서 외부대상에 대한 정보를 수용하고, 그것에 대해서 가치판단을 내리는 것이 일곱째 수(受, vedanā)이다. 그래서 좋은 것에 대해서는 즐겁다는 느낌을 일으키고, 좋지 않은 것에 대해서는 고통스럽다는 느낌을 일으킨다. 이 수受에 대해서 사랑의 감정을 일으키면 그것은 여덟째 애(愛, taṇhā)가 되는데, 여기에는 증憎의 감정도 아울러 있다고 생각해야 한다. 자신에게 즐거움을 주는 것이라면 사랑하는 마음을 내겠지만, 자신에게 고통을 주는 것이라면 미워하는 마음이 생길 것이다.

그래서 아홉째에는 사랑하는 마음을 일으키는 대상에 대해서 더욱 집착하는 마음인 취(取, upādāna)가 생긴다. 이 집착의 대상에 자아도 존재하는 것이다. 이런 집착을 통해서 형성된 업業이 유(有, bhava)이고, 이것이 열 번째 항목이다. 이렇게 유有가 이루어졌으면 그것으로 인해서 태어나고 늙고 병들고 죽는 등의 여러 가지 고통이 생기는 것이다. 열한 번째가 생(生, jāti)이고 열두 번째가 노사(老死, jarā-maraṇa)이다.

예를 들어, 내가 눈을 들어 볼펜을 보고서, 다음에 이것은 볼펜이라고 판단하고, 이것은 아주 귀중품이므로 몰래 호주머니에 넣고 가시고 가야겠다고 마음먹고 실천에 옮겼다고 하자. 눈은 인식기관이고, 볼펜은 인식대상이다. 볼펜과 눈만 있으면 인식이 성립하는 것이 아니다. 다른 생각을 하고 있으면 아무리 눈을 뜨고 대상을 바라본다고 해도 인식은 성립하지 않는다. 인식이 성립하기 위해서는 눈으로 볼펜을 보고, 그 볼펜의 정보가 나에게 접수되어야 한다. 그 접수된 정보가 눈으로 인해 생긴 식識, 곧 안식眼識이다. 그래서 인식기관과 인식대상, 그로 인해서 생긴 식識, 이 3가지가 함께 존재해야 인식이 성립할 수 있다. 이것을 촉觸이라고 부른다. 촉觸은 인식이 성립하는 1단계이다.

그 다음에 나에게 전해진 볼펜의 정보를 가공처리해서 이것이 볼펜이라는 판단을 내리고, 그 판단과 동시에 이것은 나에게 좋은 것, 나쁜 것, 중간의 것이라는 판단도 함께 내린다. 이것이 수受이다. 이는 인식의 2단계라고 할 수 있고, 여기서 인식은 성립된다. 그래서 나에게 좋은 것이라고 판단 내린 것에는 사랑하는 마음을 일으키고, 나에게 나쁜 것이라고 생각한 것에는 미워하는 마음을 낸다. 이것이 애愛이고, 이 애愛 뒤에는 미움(憎)이 숨어 있음을 알 수 있다. 애愛가 굳어진 것이 집착을 뜻하는 취取이고, 집착이 굳어지면 결국 그것을 행동에 옮기게 되는 것이다. 그 결과 그 행동에 대한 업業을 저지르게 된 것이고 이것이 유有이다. 이 유有에 의해 태어나고 늙고 병드는 윤회의 현상에서 헤어날 길이 없는 것이다.

그러면 이렇게 물을지도 모른다. 왜 우리는 인식이 성립한 뒤에 사랑하는 마음(愛)을 일으켜서 집착(取)으로 이어지고, 그것이 결국 업業을 초래하는가?라고. 그 이유는 촉觸과 수受로 이어지는 우리의 인식의 근저에 무명無明이 작동하고 있고, 그 무명에 기초해서 과거생에 쌓은 여러 업이 녹아 있어서 우리의 인식에 영향을 주기 때문이다. 그래서 선한 업을 많이 지으면 선한 행동을 하기 쉽고, 나쁜 업을 많이 지었으면 악한 행동을 하기 쉬운 것이다.

이렇게 보자면, 사람이 헛된 욕망을 일으키게 되는 것은 무명無明 때문이고, 그것으로 인해서 자아 아닌 것을 자아라고 잘못 판단하는 어리석음을 범하게 된다. 따라서 무명을 제거하면 이 뒤의 모든 과정은 사라지게 된다는 것이 12연기의 내용이다.

4) 사회사상

초기불교에서는 민주정치와 평등을 주장하였다. 하지만 당시의 사회현실이 민주정치와 평등을 수용하기에는 아직 시기상조라고 보았기 때문에 우선 불교교단 안에서만이라도 이러한 이상을 구현하고자 하였다. 그래서 불교교단에서는 국왕의 지배에서 가능한 멀리 떨어져서 출가한 사람만이라도 완전한 이상사회를 만들어내고, 그 감화에 의해서 세간을 교화하고자 하였다. 이것이 불교의 기본자세이다.

초기불교의 교단敎團을 승가(僧伽, saṃgha)라고 한다. 원래 승가(saṃgha)는 정치적으로는 민주정치체제를 의미하고, 경제적으로는 조합을 의미하는 말이었는데, 이 말이 불교교단을 의미하는 말이 되었다. 여기서도 불교교단이 지향하는 사회적 입장을 어느 정도 읽을 수 있다. 불교교단은 출가수행자와 재가수행자로 구분되는데, 출가수행자는 남자승려인 비구(比丘, bhikkhu)와 여자승려인 비구니(比丘尼, bhikkhunī)로 구분되고, 재가신도는 남자신도인 우바새(優婆塞, upāsaka)와 여자신도인 우바이(優婆夷, upasikā)로 구분된다.

한편 불교에서는 바라문교에서 말하는 사성계급에 반대하였다. 그래서 혈통이나 가문, 재산 등을 자랑해서는 안되고, 바라문도 그에 상응하는 덕행이 있을 때 바라문으로 대접받을 수 있다는 주장을 폈다. 이러한 평등사상은 불교교단 안에서는 철저하게 실행되었다. 출가하기 전의 세속적인 계급과 신분적인 차별도 출가하게 되면 모두 사라지고, 모두 동등하게 불타의 제자釋子가 되었다. 다만 불교교단의 서열은 출가해서 수행한 햇수(法臘)에 의해서 결정되었을 뿐이다. 그래서 초기불교의 교단에는 낮은 계급의 사람도 참여하였다.

또 불타는 밧지Vajji족의 민주정치를 옹호하였고, 그래서 교단의 운영도 이러한 민주정치제도를 모방하였다. 교단은 직접민주주의 방식으로 움직였는데, 구성원 전원의 합의에 의해서 일이 추진되었다.

5) 삼장三藏과 초기불교경전

불교에 관한 내용은 삼장三藏으로 구분할 수 있는데, 그것은 경(經, sūtra)・율(律, vinaya)・논(論, abhidharma)이다. 여기서 '장藏'은 산스크리트어(梵語) piṭaka의 번역어인데, 군群・부류라는 의미이다. 따라서 '삼장'이라는 말은 불교에 관한 내용을 세 가지 부류로 구분하였다는 의미이다.

'경'은 불타의 가르침을 편찬한 것인데, 불교의 가장 권위 있는 책이라는 의미이다. 이는 불타의 가르침을 문자로 옮겨 적은 것이다. '율'은 불교인들이 지켜야 할 실제생활의 규범과 승가의 공동생활을 위한 행동지침이다. 이것은 한꺼번에 불타가 제정한 것이 아니고, 일에 따라 그때그때 정한 것을 뒤에 다시 정리한 것이다. '논'은 후대의 불교인이 '경'이나 '율'을 해석한 것을 가리키는 것이다.

위에서 소개한 '경' 중에서 초기불교경전은 아함경阿含經이다. '아함'은 산스크리트어 '아가마āgama'의 음역이다. 이는 가르침 또는 전해진 것이라는 뜻을 가지고 있다. 인도에서는 본래부터 전해오던 성인聖人의 말씀을 '아가마'라고 불렀는데, 불교에서는 불타가 열반에 드신 지 100~200년 뒤에 전해져 내려오던 석가모니 불타의 가르침을 모두 모아서 '아가마'라고 부른 것이다. 그러므로 '아함경'은 전해져 내려온 사실이 분명한 경전이고, 권위 있는 경전이라는 뜻을 포함하고 있다.

아함경의 한역본은 4가지로 구분된다. 이것은 장아함경長阿含經, 중아함경中阿含經, 잡아함경雜阿含經, 증일아함경增一阿含經이다. 이 가운데 '장아함경'은 주로 장편의 경전을 모은 것인데, 30가지 경전이 이 속에 실려 있다. '중아함경'은 경전의 분량이 그렇게 길지도 짧지도 않은 중간 정도의 경전을 모은 것인데, 222가지 경전이 여기에 실려 있으며, '잡아함경'은 주로 단편의 경전을 모은 것인데, 여기에 1362가지 경전이 실려 있다. 그리고 '증일아함경'은 1에서 10까지 법수法數의 순서대로 경전의 내용을 분류한 것인데, 여기에 472가지 경전이 실려 있다.

한역본의 아함경과 상응하는 것으로 팔리어본의 니카야Nikāya가 있다. 이것은 장부(長部, Dīgha-nikāya) · 중부(中部, Majjhima-nikāya) · 상응부(相應部, Saṃyutta-nikāya) · 증지부(增支部, Aṅguttara-nikāya) · 소부(小部, Khuddaka-nikāya)로 이루어져 있다. 첫 번째의 '장부'는 34가지 경으로 이루어졌는데, 한역본 '장아함경'과 비슷하고, 두 번째의 '중부'는 길지도 않고 짧지도 않은 중간 정도의 분량의 경전 152가지가 실려 있는데, 이는 한역본의 '중아함경'과 비슷하다. 세 번째의 '상응부'는 모두 2875종류의 짧은 분량의 경전이 실려 있는데, 한역본의 '잡아함경'과 비슷하다. 네 번째의 '증지부'는 '증일아함경'과 같이 1에서 11까지의 법수法數로 경전의 내용을 정리한 것이고, 다섯 번째의 '소부'는 15가지 경전으로 구성되어 있는 것인데, 한역본의 '아함경'에는 없는 것이다.

III. 인도철학의 체계화

1. 시대적 배경

이 시기는 마우리야왕조에서 굽타왕조까지이다. 인도 최초의 통일왕국인 마우리야왕조가 성립하고, 그 뒤를 이어 쿠샤나제국과 안드라제국이 성립되었고, 굽타왕조에 이르러 인도 고전문화는 성숙되었다.

1) 마우리야왕조의 성립과 쇠퇴

마케도니아의 알렉산더 대왕은 B.C. 327년에 서인도에 침입하여 여러 곳을 식민지로 삼고 도시를 건설하였다. 그렇지만 장병들이 더 이상 행군하는 것을 거부하였기 때문에, 알렉산더 대왕은 군사를 돌이킬 수밖에 없었다. 그 당시 갠지스강의 평원에는 난다Nanda왕조가 지배하고 있던 마가다Magadha국이 최대의 세력을 떨치고 있었다. B.C. 317년경에 마가다 출신의 찬드라굽타Candragupta가 난다왕조를 무너뜨리고, 주위의 여러 제국을 자기 밑에 복종시키면서 마우리야Maurya왕조를 세웠다. 그는 인도에 남아 있던 그리스인들의 군사적 세력을 눌렀으며, 시리아왕 세레우코스 니카토르Seleukos Nīkatōr가 침입해오자 그와 평화조약을 맺어 영토가 매우 넓은 대제국을 건설할 수 있었다. 마우리야왕조가 성공할 수 있었던 요인은 우선 찬드라굽타의 재상 카우틸리야

Kauṭilya의 현명한 정책이 주효하였기 때문이고, 당시 인도의 곡창지대였던 마가다국이 재화가 풍부하였고 특수한 전차 등을 사용한 군사기술이 뛰어났기 때문이다.

찬드라굽타의 손자 아쇼카Aśoka왕은 중국의 진시황과 동시대 사람인데, 이때 마우리야왕조는 절정을 맞이하였다. 아쇼카왕은 인도 동남해안에 있는 칼링가Kaliṅga국마저도 정복했다. 마우리야왕조는 아쇼카왕 이후 세력이 쇠퇴했지만, B.C. 180년까지는 존속하였다. 이 왕조는 여러 국가와 외교적 교섭이 있었는데, 특히 이집트·시리아·그리스 등의 여러 나라와도 상당히 밀접한 외교관계를 가졌다.

마우리야왕조는 인도 역사상 가장 강력한 국가권력을 행사하였다. 예를 들면, 찬드라굽타는 인도 전역에 많은 공공도로(公路)를 깔았고, 도로 군데군데에 역(驛亭)을 설치하였고, 약 2킬로미터마다 기둥을 세워서 표시를 하였다. 그 뒤를 이어 아쇼카왕은 약 14킬로미터마다 우물을 파고, 여행자를 위한 휴게소를 설치했으며, 도로의 주요 교차점에는 국가의 창고를 세웠는데, 거기서 물자를 받아서 저장해 두었다가 비상시에 제공하게 하였고, 농산물을 많이 생산하기 위해서 운하를 파서 저수지를 만드는 등의 여러 중요한 활동을 하였다.

이와 같이 마우리야왕조는 인도 역사상 최초의 통일국가를 건설했다는 평가를 받고 있지만, 그 왕조의 관료체계는 정치의 상층부에만 적용되었기 때문에 철저한 중앙집권제를 이루지 못했고, 경제의 통제력도 강력하지 못했다. 그 근거로 왕조에서도 화폐를 발행하고 있었지만 각 지방에서도 다른 화폐가 유통되고 있었던 사실을 들 수 있다. 더구나 불교교단에 거대한 토지를 내려준 것도 경제적 기반을 약하게 만든 원인이라면 원인이었다. 그리고 언어의 측면에서도 통일국가라면 당연히 공용어가 있어야 하겠는데, 이런 것이 없었다.

B.C. 180년경에 푸샤미트라Puṣyamitra 장군이 마우리야왕조를 멸망시키고, 슝가Śuṅga왕조를 세웠는데, 마우리야왕조와는 달리 불교를 억압하고 바라문교의 제사를 부흥시켰다. 이 왕조 뒤에 칸바왕조(Kāṇva, B.C. 75~30년경)도 바라문교를 숭상한 왕조였다. 하지만 이 두 왕조의 지배 범위는 갠지스강 유역에 그쳤다.

2) 그리스인 · 샤카족 · 파르티아족의 침입

당시 서북인도에서는 그리스왕이 잇달아 침입하여 몇 개의 왕조를 세웠다. 이들의 국가조직에는 그리스적인 색채가 상당히 있어서, 화폐에도 그리스어와 인도의 속어가 함께 사용되었고, 왕들은 그리스적 교양을 가지고 그리스 신을 신봉하고 있었다. 그 중에는 불교를 받아들인 왕도 있었는데, 그 대표적 인물이 메난드로스(Menandros, B.C. 160년경)왕이다. 이 왕은 아프가니스탄에서 중부 인도까지 지배하고 있었는데, 표면적으로는 그리스신을 받들고 있었지만 속으로는 불교에 대한 애정이 있었던 인물이다. 그는 불교의 나가세나Nāgasena장로에게 가르침을 청하였고, 이 두 사람의 대화가 『밀린다팡하(Milindapañha, 那先比丘經)』로 전해지고 있을 정도이다. 한편 그리스인 중에 높은 관직에 있었던 사람이 힌두교의 비슈누신에 귀의하는 경우도 있었는데, 이 사람이 바수데바Vāsudeva신에게 바친 석주가 지금도 남아 있다.

그리스인의 뒤를 이어서 샤카(Śaka, 塞種)족이 침입했다. 이 샤카왕조의 맨 처음 왕은 마우에스(Mauēs, B.C. 120년경)였는데, 그는 스스로 '모든 왕王 중에서 왕'이라고 일컬었다. 샤카족이 침입해 온 뒤에는 파르티아Parthia족이 쳐들어왔는데, 이 왕조의 아제스Azēs왕은 B.C. 17~15년경에 서북인도를 지배하고 있었다. 샤카족과 파르티아족의 왕들은 표면적으로는 그리스신을 받들고 그리스어를 사용하였지만, 겸하여 인도의 속어도 사용했다. 그리고 인도적 관점에 따라서 '법(dharma)을 지키는 국왕'이라고 불렀던 왕이 많았다. 더구나 파르티아왕조의 구두브하라Guduvhara왕은 스스로 '신에게 맹세하는 자'라고 불렀는데, 그가 성聖토마스의 감화를 받아서 기독교를 받아들였다는 전설도 있다. A.D. 5세기경에는 남인도의 코친에 네스트리우스파의 교회가 있었다고 한다.

한편 이 당시 동남인도에서는 칼링가국의 카라벨라(Khāravela, B.C. 2세기)왕이 세력을 확장해서 인접 4개국을 정복하고 전륜성왕轉輪聖王이라고 불리었다. 그는 모든 종교를 인정하여 모든 종교의 신전을 수리하였는데, 특히 자이나교를 보호했다. 그 외에 인도 전역에 여러 개의 작은 나라가 존재하고 있었다.

3) 쿠샤나제국과 안드라제국

다음으로, 쿠샤나Kuṣāṇa족은 중앙아시아 유목민이었던 월씨족月氏族의 일파이다. A.D. 25년경에 쿠샤나족의 족장인 쿠주라 카드피세스Kujūla Kadphisēs가 월씨의 다른 4부족을 통합 지배하고, A.D. 60년경에는 서북인도를 공략하였다. 그의 아들 웨마 카드피세스Wema Kadphisēs

는 쿠샤나제국의 영토를 넓혀갔고, 그 후 카니슈카(Kaniṣka, A.D. 129~152년 재위)왕이 인도에 침입해서 북부인도 전역을 지배하고, 그 세력을 중앙아시아·이란에까지 뻗쳐서 아쇼카왕 이후 대제국을 건설한 왕이 되었다. 이 왕조는 A.D. 3세기 중엽까지 유지되었다.

이 제국은 영토가 넓었고, 중국·로마와도 정치적·경제적·문화적 교섭이 있었고, 제국의 영토 안에 남아 있었던 그리스문화의 영향을 받고 있었으므로, 동서의 문화를 포용하고 융합하는 성격이었고, 여러 가지 계통의 문화적 요소가 함께 존재하고 있었다. 그러므로 이들의 생활양식은 쿠샤나족인 것에다 중앙아시아적인 것과 그리스적인 것이 섞이게 되었고, 더 나아가서 인도의 고대문화에도 동화되어 갔다.

이런 점은 종교에서도 마찬가지이다. 예를 들면, 카니슈카왕 시대의 화폐에는 그리스·조로아스터교·힌두교의 신들이 새겨져 있고, 불타의 상像을 새긴 것도 약간 있었다. 이와 같이 쿠샤나제국의 왕들은 여러 종교를 인정하고 있었지만, 왕들이 스스로 신의 칭호를 사용하기도 하였다.

이 시대에는 외국과의 교섭도 활발하였다. 그래서 새로운 학술이 일어났는데, 이때 그리스·로마의 영향을 받아서 새로운 천문학이 인도에서 생겨났고, 의학도 발달하여 외과·내과로 분리되었고, 그 결과 A.D. 2세기경에는 차라카Caraka라는 유명한 명의가 활동하기도 하였다. 그리고 논리학도 당시 지식인 사이에서는 상식화되어 가는 추세였고, 예술방면에서 그리스조각의 영향을 받은 간다라Gandhāra의 불교미술도 이때 생겨난 것이다.

한편 남인도의 안드라Andhra제국은 인도적인 제국으로서 바라문교

(힌두교)를 국교로 삼아 바라문을 보호하였다. 안드라제국은 인도적이었기 때문에 과거의 인도와 그다지 다른 점이 없다고 할 수 있다. 쿠샤나와 안드라제국은 당시 인도의 양대 세력이었다고 평가할 수 있다. 이 두 제국은 여러 개의 소번후국小藩侯國으로 구성되었고, 이 소번후국들은 여러 신분의 사람으로 이루어졌는데, 일반적으로 사회적 지위와 신분이 세습되었다. 그리고 이것을 정당화하기 위해서 여러 종류의 법전이 편찬되었다.

4) 굽타왕조

쿠샤나와 안드라제국은 A.D. 3세기에 접어들자 점차로 쇠퇴하였다. 대신 많은 작은 국가들이 출현했는데, 이때 마가다국에서 일어난 찬드라굽타Candragupta1세가 A.D. 320년에 즉위하여 굽타Gupta왕조를 세웠다. 그 다음에 사무드라굽타Samudragupta는 A.D. 330년경에 즉위해서 인도 여러 곳을 정복해서 마우리아왕조 이후 처음으로 통일국가의 면모를 세웠다. 화려한 인도의 고전문화는 이 시대에 꽃을 피웠고, 천문학·수학도 거의 이 시대를 전후해서 발전했다. 그러다가 A.D. 5세기경에 흉노족(Hūṇa)이 침입해와서 굽타왕조는 점차 쇠퇴하였고, A.D. 6세기에 이르러서는 인도는 다시 여러 나라로 분열되는 형국이었다.

굽타왕조의 사회구성을 보면, 왕조에는 여러 소번후小藩侯가 밑에 있었고, 그 각각의 번후국의 안에서는 관리가 행정을 맡고 있었고, 신분의 차이는 고정화되어 있었으며, 직업은 대체로 세습되었고, 백성은 토지에 묶여 있었고, 화폐는 통일되어 있었다.

이와 같이 사회가 고정화되어 감에 따라, 이것을 뒷받침해주는 이론 체계가 등장하였는데, 그것이 바로 바라문교(힌두교)였다. 이 바라문교는 국교로 채택되었다. 바라문법전은 사회질서를 유지하기 위한 표준이 되었고, 학술·문예 방면에서도 바라문 교학이 사회의 전면에 나타나서 산스크리트어가 인도 전역에서 공용어로 사용되었다.

2. 불교철학의 체계화

초기불교 이후 부파불교, 대승불교, 밀교의 순서로 불교철학은 전개되는데, 부파불교와 대승불교에서 영향력이 있거나 개성이 강한 학파는 설일체유부 · 경량부 · 중관학파 · 유식학파이다. 여기서는 인도불교의 전개과정을 소개하면서 이 4가지 학파에 대해 알아보고자 한다.

1) 부파불교의 전개

(1) 상좌부와 대중부의 분열

진보적인 성향의 대중부와 보수적 성향의 상좌부로 나누어지게 된 것에 대해 두 가지 설명이 있다. 우선, 밧지족 출신 승려들이 계율에 대해 10가지 문제를 제기한 데서 생겨났다는 설명이고, 다른 주장은 마하데바(Mahādeva, 大天)가 아라한arahant에 대해서 5가지 문제를 주장한 데서 일어났다는 것이다. 이 내용을 순서대로 살펴보자.

우선, 밧지족 출신의 승려는 계율문제에서 더 자유스러운 해석을 내세웠다. 그 내용은 다음의 10가지이다. 첫째, 뿔로 만든 용기에 식염을 축적하는 관행(慣行, Kappa)인데, 이를 각염정角鹽淨이라고 한다. 둘째, 규정된 시간에서 태양의 그림자가 손가락 두 마디 정도 넘긴 때의

식사관행인데, 이를 2지정二指淨이라고 한다. 셋째, 다른 부락에 가서 음식을 취하는 관행인데, 이를 타취락정他聚落淨이라고 한다. 넷째, 동일한 교구 안의 다른 주처住處에서 포살회를 운영하는 관행인데, 이를 주처정住處淨이라고 한다. 다섯째, 곧 도착할 비구의 동의를 예상해서 정족수가 부족하더라도 의결을 행하는 관행인데, 이를 수의정隨意淨이라고 한다. 여섯째, 화상·아사리의 습관에 따르는 관행인데, 이를 구주정(久住淨: 오래 머문 사람의 관례에 따른다는 의미)라고 한다. 일곱째, 식사 후에도 응고하지 않은 우유를 마시는 행위인데, 이를 생화합정生和合淨이라고 한다. 여덟째, 발효하지 않은 야자즙을 마시는 관행인데, 이를 음도루가주정飮闍樓伽酒淨이라고 한다. 아홉째, 테두리에 장식이 없는 방석의 크기에 관한 관행인데, 이를 무연좌구정無緣坐具淨이라고 한다. 열째, 금·은을 받는 관행인데, 이를 금은정金銀淨이라고 한다.

이 10가지 사항 중에서 열 번째 금은을 받는 것이 가장 문제가 되었다. 이는 당시 시대상황이 바뀌었고, 그에 따라 계율문제를 어떻게 적용할지에 대해 견해를 달리한 것이다. 이 열 가지 일을 보수파에서는 잘못된 것이라고 판정했는데, 이에 많은 수의 승려가 불복했다고 한다. 여기서 상좌부와 대중부의 분열이 시작되었다.

위의 설명과 다른 전승이 있다. 그것은 마하데바(大天)가 아라한에 대해서 문제제기를 하면서 시작되었다. 그 내용은 다음과 같다. 첫째, 아라한에게도 아직 유혹이 있고(餘無誘), 둘째, 아라한에게도 모르는 것이 있으며(無知), 셋째, 아라한에게도 의심이 있고(猶豫: 의심하는 모습), 넷째, 아라한도 다른 사람의 도움으로 깨달음을 얻으며(他令入), 다섯째, 아라한도 소리로 인해서 깨달음에 도달한다는 것(道因聲故起)

이다.

이것은 상좌부교단에서 최고의 깨달음을 얻었다는 아라한을 비방하는 말이다. 이 말로 인해서 교단의 화합에 문제가 생기자, 당시의 왕은 중재를 하고자 하여 집회를 열어 표결에 붙였다. 그때 마하데바(大天)의 무리는 다수파가 되어서 스스로를 대중부라고 불렀고, 소수파로 전락한 장로長老들은 자신의 입장을 견지하면서 스스로를 상좌부라고 말했다. 여기서 상좌부와 대중부가 갈리게 되었다고 한다.

이 두 사건 모두에 관통하고 있는 것은 법을 중시하는 쪽(持法者)과 율을 중시하는 쪽(持律者)의 대립이라는 점이다. 우선, 율의 10가지 문제는 모두 그다지 큰 의미가 있는 것이 아니므로, 설사 율을 어긴다고 할지라도 큰 문제가 있다고 생각하지 않았기 때문에 벌어진 것이고, 마하데바가 아라한을 비판하고 있는 것도 다른 측면에서 보면, 율을 지키는 쪽의 우두머리인 아라한을 비판하고 있는 것이므로 이것도 율을 어떻게 볼 것인가의 연장선에 있다고 할 수 있다. 이렇게 보자면, 핵심이 되는 것은 율을 관대하게 이해할 것인지, 아니면 엄격하게 적용할 것인지 차이에서 상좌부와 대중부가 갈렸다고 볼 수 있는 것이다.[1]

처음에 상좌부와 대중부가 나뉘어진 뒤에 다시 18개 부파 또는 20개 부파로 더욱 나누어졌다. 세일론의 『디파밤사(Dīpavaṃsa, 島史)』에서는 18개 부파를 말하고 있고, 『이부종륜론異部宗輪論』에서는 20개 부파를 전하고 있다. 이 중에서 중요한 몇 개의 부파에 대해 살펴보고자 한다.

---

1 佐佐目教悟 外 공저, 권오민 역, 『인도불교사』(경서원, 1985년) p.60.

(2) 설일체유부

설일체유부(說一切有部, Sarvāstivāda)는 인도의 부파불교에서 가장 영향력이 있었던 부파이다. 설일체유부에 7가지 론(현재 한역본만이 전한다)이 있는데, 그 중 가장 포괄적이고 내용적으로도 중요한 것은 카티야야니푸트라(Kātyāyanīputra, B.C. 1세기경)의 『발지론(發智論, Jñāna-prasthāna-śāstra)』이다. 그 후 A.D. 2세기 초반에는 200권 분량의 방대한 주석서인 『대비바사론(大毘婆沙論, Mahāvibhāṣa-śāstra)』이 작성되었다. '비바사'는 방대한 가르침, 곧 '광설廣說'이라는 의미를 가지고 있다. 그리고 이는 카니슈카Kaniṣka왕이 협존자脇尊者에게 왕명을 내려 카슈미르Kaśmīra지방에서 제4차 결집을 행하게 하여 편찬한 것이라고 한다. 이 책은 설일체유부의 정통성을 확립하려고 하는 백과전서적인 작품이다.

그 뒤에는 요섬만을 주린 강요서綱要書가 유행하였다. 그래서 3세기 초에는 법승法勝의 『아비담심론阿毘曇心論』이 등장하였고, 강요서로서 가장 유명한 세친(世親, Vasubandhu)의 『아비달마구사론(阿毘達磨俱舍論, Abhidharmakośa-śāstra)』(줄여서 구사론이라고 한다)이 나타났다. 이 책은 설일체유부의 관점을 따르면서도 경량부의 관점을 가지고 있다.

설일체유부의 사상을 한 마디로 정리하면, '인공법유人空法有'의 가르침이다. 사람은 공空하지만, 사람을 구성하고 있는 요소(法)는 항구적으로 존재한다는 이론이다. 이것을 '삼세실유三世實有 법체항유法體恒有'라고 한다. 법의 나타남과 작용은 순간적인 현재뿐이나, 법의 체성(體性, svabhāva)은 과거・현재・미래에 실체(dravya)로서 항상 존재한다는 말이다. 이는 시간과 공간은 존재한다는 말이고, 이는 소박실재론에 비교할 수 있다. 초기불교의 세계관은 객관세계만을 말하는 것이 아니고, 그 객관세계를 바라보는 주관의 영역도 포함한 것이었다. 이런 세계관에는 장점도 있지만 단점도 존재한다. 다시 말해 모든 것이 마음에 따라 다르게 의미 부여될 수 있다는 것이다. 동일한 사물을 놓고 어떤 사람은 긍정적으로 바라보는가 하면, 다른 사람은 부정적으로 본다. 초기불교의 세계관에 따르면 이 경우 각각 다 의미가 있다고 한다. 그렇다면 세계에 대해서 객관적인 설명이 불가능하게 되고, 업의 법칙도 분명하지 않게 된다.

그리하여 설일체유부에서는 업業의 법칙을 인정하기 위해서 소박실재론의 세계관을 펼친다. 모든 것은 존재한다. 그래서 업도 존재한다. 만약 과거에 지은 업이 다만 순간에만 존재한다면, 현재・미래에 그 결과가 나타날 근거가 없어지는 것이고, 이는 업의 법칙을 부정하는 것이다.

이것과 아울러서 업業의 작용을 설명하기 위해서 무표색(無表色, avijñaptirūpa)을 말하고 있다. '무표색'은 외부에 드러난 신체적 행위와 언어적 행위가 그 행위가 끝난 뒤에도 사라지지 않고 계속적으로 남아 있으면서, 그 행위의 결과를 일으키게 하는 미세한 물질이다. 이것은 행위의 인因과 과果를 연결시켜주는 눈에 안 보이는 물질이라고 할 수 있다.

그리고 『구사론』에서는 법(존재)을 75종류로 구분한다. 현상계의 존재인 유위법有爲法이 72법이고, 생멸하는 변화를 떠난 존재인 무위법無爲法이 3법이다. 그리고 유위법 중에서 물질적 존재인 색법色法이 11법이고, 마음의 존재인 심법心法이 1법이며, 심법에 종속되는 마음작용인 심소법心所法이 46법이고, 마음과 물질적 존재에도 속하지 않는 심불상응법心不相應法이 14법이다. 그래서 모두 합해서 '5위75법'이라고 한다.

(3) 경량부

경량부(經量部, Sautrāntika)는 설일체유부에서 A.D. 2세기쯤 구마랄라타Kumāralāta에 의해서 독립한 부파이다. 이 부파에서는 논論의 권위를 부정하고, 불타의 말씀을 전한 경經만을 인정하였다.

경량부에서는 설일체유부의 '삼세실유三世實有 법체항유法體恒有'에 대해서 비판하고, '현재유체現在有體 과미무체過未無體'를 주장하였다. 이는 설일체유부에서 말하는 모든 법〔法體〕이 실체로 존재하는 것이 아니고 가명假名적이라는 것이다. 다시 말하자면, 개념이 실제로 존재하는 것이 아니라는 주장이다. 과거는 이미 지나간 것이고, 미래는 아직 오지 않은 것이기 때문에 바로 이 자리에서 현장의 경험을 중시하는 입장에서는 개념으로밖에 경험할 수 없는 과거와 미래를 인정하기 어렵다. 그에 비해, 과거와 미래에 대해 의미를 인정하려는 설일체유부의 입장은 개념이 실제로 존재한다고 보는 입장과 통하는 것이다.

그리고 경량부에서는 순간의 찰나성을 인정하기 때문에 외계에 있는 실재성을 인식할 수 있는지에 대해 회의적이었다. 우리가 지각하는 것은 대상 자체라기보다는 지나간 대상에 관한 인상印象들이다. 우리는 인상들에서부터 단지 추리에 의해서 대상 세계를 알 수 있을 뿐이다.[2]

---

2 이러한 입장은 칸트에서도 발견된다. 칸트는 물자체物自體는 상상할 수 있는 것이지만, 인식될 수 없는 것이라고 한다. 감성과 오성의 형식을 넘어서 있는 것이 바로

나아가 경량부에서는 인간 존재의 밑바닥에 어떤 기체(基體, āśraya)가 있다고 하는데, 그것을 '일미온一味蘊'이라고도 하고, '근본온根本蘊'이라고도 한다. 이는 미세한 의식으로서 윤회의 주체가 되는 존재이다. 이 식識은 업의 결과를 종자種子로 간직하고 있다. 종자가 나중에 힘을 발휘하게 되면現行 업보業報라는 열매를 맺게 된다. 이 종자들은 잠복기간동안 변하지 않은 채 존속存續하는 것이 아니고, 변화하면서 이어지는 것이고, 다시 말해 상속전변(相續轉變, saṃtati-pariṇāma)하면서 결과로 나타나는 것이다. 예를 들어, 갑돌이라는 인물이 있다고 하자. 과거의 갑돌이와 현재의 갑돌이는 분명히 다르다. 사소하긴 하지만 분명히 변화가 그 속에 있다. 그렇지만 과거의 갑돌이가 현재의 갑돌이가 아닌 것은 아니다. 갑돌이는 갑돌이인 것이다. 이 점에서 변화하면서 이어진다는 '상속전변'을 말하는 것이다.

경량부에서는 '종자설'을 가지고 설일체유부의 무표업(無表業, avijñapti)[3]을 대신하고자 하였다. 이러한 경량부의 사상은 뒤에 출현할 유식사상에 여러 가지로 영향을 주었다고 평가받고 있다. 경량부와 설일체유부의 차이점을 표로 정리하면 다음과 같다.

물자체이다.(『철학개론』, 고려대출판부, 1986년 7판 p.78)

3 무표업無表業은 무표색을 근본으로 하여 선악善惡의 업을 짓는 것이다. 이는 다른 사람에게 보일 수 없는 것이다. 다른 사람이 볼 수 있는 업은 표업表業이라고 한다.

설일체유부說一切有部	경량부經量部
삼세실유三世實有 법체항유法體恒有	과미무체過未無體 현재유체現在有體
외계의 실재성을 인식할 수 있다.	외계의 실재성을 추론에 의해서 알 수 있다.
무표색無表色을 통해서 업業의 작용을 설명한다.	종자설種子說・일미온一味蘊・근본온根本蘊을 통해서 업業의 작용을 설명한다.

(4) 대중부

대중부(大衆部, Mahāsāṃghika)는 진보주의를 표방하여 상좌부와 대립한 부파이다. 대중부에서는 새로운 불타관을 주장하였다. 불타佛陀는 모두 출세간적出世間的이고 유루법(有漏法: 번뇌가 있는 존재)이 없으며, 불타의 말은 모두 설법이 되고, 불타의 몸・위력・수명은 끝이 없으며, 물음에 답할 때 생각이 필요 없는 분이고, 한 순간의 마음에 모든 법을 안다고 대중부에서 주장한다.

한편, 보살(菩薩, Bodhisattva)에 대해서도 말하는데, 보살은 중생을 이롭게 하려는 마음이 강하기 때문에 악취(惡趣: 나쁜 세상)에 태어나기를 원하고, 마음대로 태어나기도 한다고 한다.

그리고 대중부에서는 모든 중생의 심성心性은 본래 깨끗하지만 객진客塵같은 번뇌에 의해서 더럽혀질 뿐이라고 말하고 있다. 대중부의 사상은 대승의 사상과 비슷한 점이 많아서 대승불교 형성에 영향을 준 것으로 평가되고 있다. 대승불교에 대해서는 뒤에 설명하겠지만, 대중부와 대승불교의 이념을 간략히 비교하면 다음의 표와 같다.

대중부大衆部	초기대승불교의 이념
불타관: 뛰어난 능력이 있다.	불타관: 구제자로서 뛰어난 능력을 가짐.
보살사상의 원형	보살사상: 범부보살과 대보살에 대한 신앙
중생의 심성은 본래 깨끗하다. 다만 번뇌에 더럽혀져 있을 뿐이다.	모든 중생은 부처가 될 수 있다.
출가자 중심불교	재가자 중심불교

이렇게 비교하면, 대중부와 초기대승불교의 이념은 상당히 비슷함을 알 수 있다. 차이점이 있다면, 대보살신앙이 대중부에서는 아직 나타나지 않았다는 점과 대중부는 출가중심불교라고 한다면 적어도 초기대승불교는 이념적으로는 재가중심불교라는 점에 있다. 따라서 대중부가 대승불교 형성에 어떤 영향을 준 것은 분명하다고 하겠다.[4]

4 대승불교의 원류에 대해서 3가지 관점이 있다. 우선, 부파불교에서 발전했다고 보는 것이다. 이는 주로 대중부에서 대승불교로 발전했다고 보는 쪽이다. 둘째, 불전문학佛典文學, 곧 찬불승讚佛乘 계통이 발전해서 대승불교에 영향을 주었다는 입장이다. 불전문학에서는 불타의 덕을 찬탄하고 있는데, 이런 점이 부파불교를 초월해서 대승불교에 영향을 주었을 것이라고 추정된다. 셋째, 불탑신앙佛塔信仰에서 대승불교의 원류를 찾을 수 있다는 견해이다. 대승불교는 처음 시작할 때는 출가중심의 불교가 아니고 재가신도 중심의 불교였는데, 이 재가신자들이 활동할 수 있는 공간이 바로 불탑이었을 것이라고 가정한다.(平川彰 著, 이호근 역, 『인도불교의 역사 (상)』, 민족사, 1991년 재판, pp.280~296 참조)

이 가운데서 불탑신앙에서 대승불교의 원류를 찾을 수 있다는 주장에 대해 폴 윌리엄스는 비판한다. 그 이유는 히라가와 아키라(平川彰)의 주장이 너무 많은 가정에 근거해 있고, 또 쇼펜Schopen은 중요한 초기 대승불교경전에서 불탑숭배에 대한 거부감을 나타낸다고 하면서 히라가와의 견해를 비판하고 있기 때문이다.

2) 대승불교의 등장과 그 특징

대승불교가 일어나게 된 배경으로 3가지를 생각해 볼 수 있다. 교리적으로는 대중부의 영향을 가정할 수 있고, B.C. 1세기쯤에 활발해진 힌두교의 움직임도 그 하나의 원인이고, 이런 힌두교의 움직임에 제대로 대응하지 못한 전통불교교단의 안이함에서도 그 원인을 찾을 수 있다. 그 중 가장 중요한 것은 바라문교에서 대중화해 가서 힌두교로 탈바꿈하려는 움직임이라고 평가할 수 있다. 그 내용을 살펴보자.

(1) 바라문교의 대중화 노력

마우리야왕조 시대에 불교의 흥성에 대해서 바라문교에서는 3가지 방면에서 그들의 기반을 다져갔다. 첫째, 불교와 같이 해탈을 추구하는 종교체계로 바꾸어 가는 것이고, 둘째, 인도원주민들의 토착신앙을 흡수하려고 노력하는 것이며, 셋째, 출가하지 않은 일반인을 위한 사회규범을 만드는 것이다. 이는 불교에서 비교적 등한시해 온 분야이기도 하다.[5]

이러한 바라문교의 새로운 흐름을 반영하고 있는 문헌이 A.D. 200년쯤에 완성되었다고 추정되는 『라마야나Rāmāyaṇa』와 『마하바라타Mahābhārata』이다. 이 두 작품은 서사시敍事詩로 이루어져 있다. 특히

특히, 경전 자체에 대한 숭배가 나타나게 되면 그것은 불탑숭배와 대비되는 경향이 있다고 한다.(폴 윌리엄스 지음, 조환기 옮김, 『서양학자가 본 대승불교』, 시공사, 2000년, pp.37~40)

5 길희성, 『인도철학사』(민음사, 1984년) p.78.

『마하바라타』는 인도 고전문화를 집대성한 것이라고 부를 수 있을 정도로 그 내용이 풍부하다. 이는 종교, 철학, 법률, 정치, 윤리, 신화, 역사 등의 분야에서 백과전서와 같은 기능을 하고 있다. 이 『마하바라타』에서 철학적으로 중요한 부분은 제6권에 포함되어 있는 『바가바드기타』와 제12권의 『해탈법품(解脫法品, Mokṣadharma-parvan)』이다. 『해탈법품』의 내용은 체계화된 것이 아니고, 잡다한 사상이 여러 가지 모양으로 반복해서 나타나고, 심지어는 서로 모순되는 경향이 있기도 하다. 그렇지만 주요 사상의 흐름은 상키야와 요가학파의 사상이라고 할 수 있다. 후기 우파니샤드에서도 상키야와 요가철학의 단서가 발견되었는데, 그것이 『해탈법품』에서 더욱 구체화되어서, 뒤에 상키야와 요가학파로 발전하게 된다. 여기서는 『바가바드기타』에 대해 집중적으로 검토하고자 한다.

①『바가바드기타』의 3가지 요가사상

『바가바드기타Bhagavad-Gītā』는 힌두교의 바이블로 불릴 정도의 중요한 문헌이다. 『바가바드기타』는 원래 바수데바Vāsudeva라고 하는 인격신을 숭배하던 중인도中印度의 서부에 있는 바가바타Bhāgavata파에 의해서 만들어진 독립적인 시편詩篇인데, 나중에 『마하바라타』에 흡수된 것으로 추정된다.

'바가바드Bhagavad'란 말은 '숭배할 만한 자' 혹은 '지극히 존귀한 자'라는 의미이고, '기타Gītā'는 '노래' 혹은 '가르침'이라는 뜻이다. 이 바가바타Bhāgavata파가 거주하던 지방에 크리슈나Kṛṣṇa라는 영웅이 있었는데, 이 영웅이 신격화되어서 지존至尊과 같은 위치가 되었고,

이 바가바드신앙이 널리 퍼져 바라문 문화의 중심지라고 할 수 있는 중인도 동부에까지 영향을 주게 되었다. 그 결과 바수데바와 크리슈나신은 비슈누Viṣṇu신과 같은 존재라고 보게되었고, 그래서 『바가바드기타』에서 중심에 서 있는 크리슈나는 비슈누의 화신으로 간주하게 된 것이다.

원래 『마하바라타』는 바라타Bhārata족의 사촌인 판다바Pāṇḍava 형제와 카우라바Kaurava형제가 왕위를 놓고 싸운 것을 이야기하고 있는 것인데, 모두 18권으로 이루어져 있다. 『바가바드기타』도 이 서사시 『마하바라타』 6권에 속해 있으므로, 이 왕위쟁탈전의 한 내용을 장식하고 있다. 그 배경이 되는 내용을 간단히 살펴보자. 판다바 5형제 중에서 셋째이고, 크리슈나의 친구인 아르주나Arjuna는 그의 사촌인 카우라바 형제와 전쟁을 벌이려고 한다. 그 순간 그는 용기를 잃고 만다. 차라리 죽으면 죽었지 동족을 죽이지 못하겠다고 고백을 하자, 아르주나의 수레잡이로 있던 크리슈나가 아르주나에게 무사(武士, Kṣatriya)로서 의무인 싸움을 해야 한다고 설득을 시도한다. 이것이 『바가바드기타』의 형식적인 시작이다.

『바가바드기타』는 체계적인 철학을 담고 있는 작품이라기보다는 실천적 성격이 강한 종교적 작품이고, 또한 요가의 고전이라고 할 수 있다. 그리고 이 저술은 인도에서만이 아니고 전세계적으로 널리 읽히고 있는 경전이다. 이 책에서는 3가지 요가를 말하고 있다.

첫째, 지知의 요가(jñāna-yoga)이다. 이는 상키야학파와 같이 영원한 정신으로서 참자아(puruṣa)와 물질적이고 현상적인 자아(prakṛti)를 구분하는 것이고, 또는 우파니샤드와 같이 '범아일여梵我一如'의 진리와 신神을 아는 지혜를 의미하기도 한다.

둘째, 신애信愛의 요가(bhakti-yoga)이다. 이는 신에게, 특히 비슈누Viṣṇu신에게 온 정신을 집중하고, 그에 대한 믿음과 사랑과 헌신에 의해서 구원을 받는다는 것이다.

셋째, 행行의 요가(karma-yoga)이다. 이는 윤리와 해탈간의 긴장관계를 해소하기 위한 것이다. 참다운 체념은 '행위를 전혀 하지 않는 체념'이 아니라 '행위하는 가운데에서 체념'하는 것이다. 여기서는 행위를 하지만 욕망 없이 순수한 마음으로 행위하는 한, 업보를 부르지 않는다는 것을 말하고 있다.

②비슈누신과 쉬바신

비슈누Viṣṇu신은 베다시대에는 세 걸음으로 우주를 건너가는 태양신이었다. 그러다가 힌두교가 성립 조짐이 보이면서 브라흐만·쉬바Śiva·비슈누의 3대신이 성립하였다. 여기서 브라흐만은 우주의 창조를 맡고, 쉬바는 파괴를 맡고, 비슈누신은 유지를 맡고 있다.

비슈누신이 세계의 악을 몰아내고 정의를 회복하기 위해서 지상에 부활한다는 '아바타라(avatāra, 權化)'사상도 같은 시기에 나타났다. 보통 열 가지 '권화'를 말하는데, 가장 중요한 영웅신 크리슈나Kṛṣna는 뒤에 비슈누의 화신이 된다.

크리슈나는 피리를 불어 여신을 매혹시켰다고 한다. 그래서 크리슈나는 사랑하는 부인 라다 혹은 그 밖의 여인과 어울려 있는 모습으로 묘사되곤 한다. 12세기 이후에는 박티bhakti신앙의 기반 위에서 사람들을 에로스적 신비사상으로 몰고 간 주인공이기도 하다.

쉬바신 신앙은 인더스문명과 연결되어 있다. 그는 요가수행자로 표현되기도 하는데, 쉬바신의 명상에 의해서 이 세계가 유지된다고 한다. 그리고 세계의 창조적 힘으로서 남근의 상징을 통해서 숭배되기도 하는데, 이 남근숭배는 인더스문명의 유적에서 그 시원을 찾아볼 수 있다. 비슈누신와 쉬바신에 대해서는 비슈누파와 쉬바파의 베단타학파를 서술하는 대목에서 한번 더 자세히 설명하고자 한다.

③ 바라문교의 사회윤리체계 확립

바라문교에서는 『천계경(天啓經, Śrauta Sūtra)』, 『가정경(家庭經, Gṛhya Sūtra)』, 『의무경(義務經, Dharma Sūtra)』을 편찬하였다. 『천계경』에서는 베다적 의식의 규범을 취급하고 있고, 『가정경』과 『의무경』에서는 재가자들의 사회생활의 의미를 규정하고 있는데, 특히 『의무경』에서는 사회구성원으로서 지켜야 하는 사회적 의무와 의례적 규범들을 상세하게 규정하고 있다.

이러한 『의무경』이 더 발전하여 고대 인도인의 생활규범을 체계적으로 규정해 놓은 법전이 탄생하게 되었고, 그 대표적인 것이 『마누법전(Mānava-dharma-śastra)』과 『야즈냐발키야법전(Yājñavalkya-smṛti)』이다. 이러한 법전들은 마우리야왕조 이후에 경제적 · 사회적으로 더욱 복잡해져 가는 사회적 상황에 대처하고, 불교를 포함한 바라문교에 반대되는 세력에 대응하기 위해서 제시된 것이다.

여기서 특히 주목할 것은 생生의 4주기설이다. 제1기는 범행자(梵行者, brahmacārin)의 생활인데, 집을 떠나 스승의 지도 아래 베다의 학문을 배우고 금욕적인 생활을 하는 시기이다. 제2기는 재가자(在家者,

gṛhastha)의 생활인데, 결혼을 하고 본능적 욕망과 부富를 추구하는 생활을 하는 시기이다. 제3기는 임서자(林棲者, vānaprastha)의 생활인데, 이는 숲에 들어가 은거하면서 명상과 금욕의 생활을 하는 시기이다. 제4기는 포기자(抛棄者, saṃnyāsin)의 생활인데, 이 사람은 사회적 유대를 완전히 끊고 현세의 생애를 포기한 삶을 산다. 이때에는 오로지 해탈의 세계만을 추구한다. 바라문교에서는 이를 통하여 재가적 삶과 해탈을 추구하는 출가자의 삶을 조화하려고 하였다.

(2) 대승불교의 등장

대승불교는 앞에서 소개한 B.C. 1세기에서 A.D. 1세기쯤에 활발한 힌두교의 움직임에 대항하기 위해서 새롭게 일어난 불교혁신운동이다. 이는 당시의 전통불교가 독선적이고 고답적인 태도를 지키고 있는 점에 대해 반성하는 차원에서 제기된 것이다. 전통불교의 수행자들은 마을에서 떨어진 지역에 있는 커다란 승원僧院에서 살면서 조용히 명상을 하고, 복잡한 교리에 몰두하고 있었다.

이런 태도를 비판하면서 새로운 불교운동을 일으킨 것이 바로 대승불교이다. 여기서 대승(大乘, Mahāyānā)이란 큰 수레라는 뜻이다. 이는 대승의 가르침이 모든 중생을 이상理想의 세계인 피안彼岸의 세계로 날라주는 큰 수레와 같다는 의미이다. 이것을 위해서 난행도難行道와 이행도易行道를 제시하고 있다. '난행도'는 스스로 수행을 해서 부처가 되는 자력自力신앙이라면, '이행도'는 부처님의 자비에 의지해서 구제받는 타력他力신앙이다.

그리고 대승불교를 주장하는 사람은 자신의 이익뿐만 아니라 모든 중생을 이롭게 하는 이타행利他行, 곧 '자리이타自利利他'를 강조한다. 이것이 대승불교에서는 회향(廻向, pariṇāmanā)의 실천으로 나타나기도 한다. 회향은 자신이 얻은 공덕(功德, puṇya)을 자기 자신만을 위한 것이라고 생각하지 않고, 모든 중생을 구제하는 쪽으로 활용한다는 것이다. 이것도 대승불교 특유의 자비정신이 드러난 것이라고 할 수 있다. 이러한 대승불교의 이상을 잘 표현할 수 있는 인간상이 보살菩薩이다.

보살은 보리살타(菩提薩埵, bodhi-sattva)의 줄인 말이다. 보리살타는 보리(bodhi: 깨달음)를 추구하는 유정(有情, sattva)이라는 뜻이고, 혹은 깨달음을 본질로 하는 자라는 뜻이다. 보살은 자신을 구원하기보다 남부터 구원한다는 자비(慈悲, karuṇā)의 원(願, praṇidhāna)을 세워서 열반에 태어나지 않고 생사의 세계에 태어나기를 원한다.

이러한 보살이 닦아야 할 덕목은 6바라밀(波羅密, pāramitā)이다. '바라밀'은 완성 혹은 도피안到彼岸이란 뜻이다. '완성'은 깨달음을 완성했다는 의미이고, '도피안'은 피안 곧 열반에 도달하는 전체의 과정을 의미하는 것이다. 이 기준에 따르면 아주 사소한 수행도 모두 '도피안'에 포함되고, 바라밀에 들어가는 것이다.

그리고 6바라밀은 보시(布施, dāna), 지계(持戒, śīla), 인욕(忍辱, kṣānti), 정진(精進, vīrya), 선정(禪定, dhyāna), 지혜(智慧, prajña)이다. '보시'는 자기의 소유물을 필요한 사람에게 주는 것이고, '지계'는 계율을 잘 지키는 것이고, '인욕'은 괴로움을 받아들여 참아내는 것이다. '정진'은 부지런히 노력하여 게으르지 않는 것이고, '선정'은 산란한 마음을 가라앉히고 고요히 관조하는 것이다. 그리고 '지혜'는 모든 존재의 공空을 깨닫는 것이다. 이것이 가장 중요한데, 그것은 지혜바라밀에 근거해서 5가지 바라밀이 제대로 성립할 수 있기 때문이다.

한편 보살이라는 개념에는 2가지 의미가 있다. 첫째는, 범부凡夫보살인데, 이는 깨달음을 구하는 사람이라는 의미이고, 둘째는, 대보살大菩薩이다. 우선 범부보살은 누구라도 부처가 되겠다는 원願을 세워서 정진한다면, 그 사람이 바로 보살이라는 의미이다. 그 다음, 대보살은 대승경전에 나오는 미륵(彌勒, Maitreya)·보현(普賢, Samantabhadra)·문수(文殊, Mañjuśrī)·관세음(觀世音, Avalokiteśvara) 등을 지칭하는 말이다. 이 보살들은 현재 중생을 교화하고 있으며, 이미 수행을 완성한 존재이기도 하다. 이렇게 이 보살들은 수행을 완성하고 중생을 교화한다는 점에서 범부보살과는 그 차원이 다르다고 할 수 있다. 그래서 대승불교에서는 이 보살들에 대한 신앙이 강조되고 있다.

대승경전에 따르면, 이 보살들은 수없이 많고, 우주 곳곳에서 활동하고 있으며, 스스로를 위해서 열반을 구하지 않고, 고통받는 다른 사람을 위해서 봉사하고 있다고 한다. 그 봉사하는 모습은 여러 가지인데, 그 중에서도 앞에서 말한 대보살들이 신앙의 대표적 대상이다.

이들 중에서 가장 먼저 등장한 보살은 '미륵'이다. 미륵은 미래에 나타난다는 미래의 부처님인데, 다음 생生에 부처가 되는 것이 결정되어 있고, 현재는 보살로서 도솔천兜率天에 거주하고 있다고 한다. 이 '미륵'도 불교도에게 부처님과 같이 존경을 받은 존재이다. 이것을 계기로 해서 여러 대보살이 등장하였다. 자비를 상징하는 관세음보살, 지혜를 상징하는 문수보살, 실천행을 상징하는 보현보살 등이 대승경전에서 각각 묘사되었다. 이러한 대보살의 출현은 대승불교에서 타력他力신앙의 길을 연 계기가 되었다.

또한, 대승불교에서는 불타관佛陀觀에서도 큰 변화가 있었다. 대승불교에서는 불타의 개념이 일반화하였고, 구제자로서 뛰어난 능력을 가진 불타가 강조되었다. 그 중에서도 특히 아촉불(阿閦佛, Akṣobhya Buddha) · 아미타불(阿彌陀佛, Amitābha Buddha) · 약사여래(藥師如來, Bhaiṣajya-guru Buddha)가 많은 사람이 귀의하는 대상이었다. 그리고 우주의 곳곳에서 수없이 많은 불타가 살아서 활동하고 있다고 한다. 이는 부파불교에서 불타가 열반에 들어가서 중생이 살고 있는 생사의 세계와는 아무런 관계가 없다고 말한 것과는 대조가 된다.

이런 점에 착안해서 대승불교에서는 3신설(三身說, trikāya)을 주장한다. 첫째, 화신(化身, nirmāṇakāya), 또는 응신應身은 중생의 교화를 위해 태어난 역사적인 불타이고, 둘째, 보신(報身, saṃbhogakāya)은 보살이 원願을 일으킨 뒤에 오랫동안 수행하여 얻은 불타이고, 여기에는 그 불타가 머무는 정토淨土도 포함된다. 셋째, 법신(法身, dharmakāya)은 모든 불타의 근거가 되는 진여眞如를 뜻하는 것이다.

이렇게 불타에 대한 관념도 '구제자'로 바뀌어가고, 대보살에 대한 신앙이 강조됨에 따라 불상佛像과 보살상菩薩像을 제작하기 시작하였다. 특히, 중부인도의 마투라Mathurā시와 서북인도의 간다라Gandhāra 지방이 그 제작의 중심지였다.

마투라시는 아쇼카왕 때부터 전해오는 인도미술 전통을 계승하고 있는 곳이었고, 간다라지방은 부처님의 형상을 그리스의 신상神像들과 비슷하게 표현하는 경향이 있는 곳이었다. 이는 알렉산더 대왕이 인도에 침입한 이후에 간다라지방에 성행했던 그리스문화인 '헬레니즘'에 영향을 받은 것으로 생각된다. 이때서야 비로소 인도에서 처음으로 인간

형체로 묘사된 불상을 제작하게 되었다. 더 나아가서 간다라지방에서는 '불상'을 아폴로신상과 비슷하게 제작했으며, 특히 인체를 아주 섬세하고 아름답게 표현하였다. 따라서 이러한 것은 그리스 미술양식을 빌려서 불교정신을 표현한 것이라고 평가할 수 있다.

여기에 덧붙일 점은 불타의 유골이나 사리를 모신 탑(stūpa)을 숭배하는 것과 아울러 대승경전의 숭배가 행해졌다는 점이다. 대승경전을 탑 안에 모시고 숭배하였고, 이와 함께 경전을 지니고(受持)・읽고(讀誦)・베껴 쓰는(寫經) 행위에 많은 공덕이 있다고 권장되었다. 이는 부파불교의 엄격한 출가수행과는 다른 신앙의 방법이었고, 더구나 큰 경제력이 없는 사람도 누구나 공덕을 쌓을 수 있는 기회를 제공하는 것이기도 하였다. 여기서 부파불교 교단의 사회경제적 기반과 대승불교의 사회경제적 기반이 다르다는 점이 선명하게 부각되는 것이다. 이제까지 소개한 대승불교의 내용을 표로 정리하면 다음과 같다.

보살菩薩의 이념	자리이타自利利他 - 회향사상
보살 수행의 난행도難行道	범부보살의 6바라밀 수행
보살 수행의 이행도易行道	대보살의 신앙 - 불타관의 변화 - 불상과 보살상의 제작 - 경권신앙

3) 전기 대승불교경전의 이해

대승경전은 형식상 불타가 말한 것으로 되어 있지만, 실제로 석가모니 불타가 말한 것이라고 보기는 어렵다. 그렇지만, 대승경전에서 말하는 내용이 불타의 깨달음의 경지를 말한다고 볼 수 있으므로, 이런 점에서 불타의 말씀이라고 해석할 수 있다.

이러한 대승불교에 대해 용수(龍樹, Nāgārjuna, 2~3세기)를 기점으로 해서 그 이전을 전기 대승불교, 용수 이후를 후기 대승불교로 구분할 수 있다.[6]

전기 대승불교경전은 크게 다섯 가지로 구분할 수 있다. 첫째, 공空사상을 강조하고, 전통불교교단을 소승불교라고 비판하는 반야경전 계열이고, 둘째, 극락정토에 왕생함을 주장하는 정토경전 계열이며, 셋째, 소승小乘과 대승大乘의 대립을 조화시키려는 법화경전 계열이고, 넷째, 대승의 수행과정에 대해 집중적으로 설명하는 화엄경전 계열이며, 다섯째, 재가불교의 이상향으로서 유마거사를 그리고 있는 『유마경』이다. 이에 대해서 살펴보자.

---

6 이렇게 전기와 후기로 구분하지 않고 주제별로 구분할 수도 있다. 그 경우, 대승불교에는 5가지 조류가 있다고 할 수 있다. 첫째, 반야경전 계열과 『유마경』에서 공空을 말하고 있는 흐름이고, 둘째, 정토淨土경전 계열에서 정토를 밝히고 있는 점이고, 셋째, 『법화경』의 삼승三乘을 일승一乘으로 회통시키는 관점이고, 넷째, 『화엄경』에서 수행의 단계를 밝히고 있는 견해이고, 다섯째, 여래장 계열 경전과 유식 계열의 경전에서 밝히고 있는 유有의 관점이다.
앞에서 말한 대승불교를 보는 5가지 관점은 결국 공空과 유有의 관점으로 돌아간다. 『법화경』에서 밝히는 통일의 원리와 『화엄경』에서 말하는 수행단계는 대승불교의 양날개가 될 수 있고, 정토사상은 대중을 구원하기 위한 수단으로 볼 수 있다. 이 점에서 볼 때, 이러한 경전을 강조하고 있는 중국불교의 교판론敎判論도 나름대로의 의미가 있다고 할 수 있다. 또 다른 기준은 출가出家와 재가在家로 구분하는 것인데, 『유마경』과 『승만경』이 재가계열의 대표적 경전이라고 할 수 있다.

(1) 금강경

반야경전에 속하는 경전은 매우 많다고 할 수 있다. 제일 먼저 성립되었다고 볼 수 있는 8천 송頌의 『소품반야경』이 있고, 그것이 확대되어 2만5천 송의 『대품반야경』이 성립되었고, 더 많은 분량으로는 10만 송의 반야경이 있고, 짧은 것으로는 『금강경(金剛經, Vajracchedikā-prajñāpāramitā-sūtra)』과 『반야심경』이 있다. 여기서는 반야경전의 사상을 대표할 수 있는 『금강경』에 대해 살펴보고자 한다.

『금강경』은 공(空, śūnya)사상을 근본으로 하는 반야부 계통에서 널리 읽히고 있는 경전이라고 할 수 있다. 이 경전의 산스크리트어의 제목을 그대로 한역하면 '금강반야바라밀다경金剛般若波羅蜜多經'이지만, 줄여서 '금강경'이라고 한다. 이 경전의 사상에 대해서 4단락으로 나누어서 접근하고자 한다. 첫째, 청정한 마음을 일으키는 도리, 둘째, 청정한 마음에 근거한 착한 행동, 셋째, 청정한 마음에 근거한 착한 행동의 복덕, 넷째, 여래의 새로운 개념이다.

㉠ 청정한 마음을 일으키는 도리

『금강경』에서는 청정한 마음을 낼 것을 말한다. 청정한 마음이란 빛깔色에 집착해서 생겨난 마음도 아니고, 소리·향기·맛·촉각·법(法: 관념의 대상)에 집착해서 생겨난 마음도 아니다. 어디에도 집착하지 않고 생겨난 마음이 바로 청정한 마음이다. 그리고 이러한 청정한 마음을 얻었을 때, 언어에 대한 집착이 사라진다.

일반적으로 범부는 언어와 실제가 서로 대응한다고 믿는다. 예를 들어 '책상' 같은 단어는 언어와 그 실제가 일치한다. 그러나 '황금의 산'이란 말은 개념으로는 존재하지만, 그 개념에 상응하는 실제의 사물이 존재하는 것은 아니다. 그런데도 범부는 '황금의 산'이란 말을 들으면, 그 말에 상응하는 대상이 실제로 존재할 것이라고 믿고, 그것에 집착하여 그것을 구하기 위해 애쓴다.

따라서 중생이냐 부처냐 하는 차이는 언어에 대해 어떤 태도를 보이느냐에 달려 있다고 해도 지나친 말이 아닐 것이다. 부처는 언어에 대해 집착하지 않는다. 언어란 사물의 실제를 왜곡하는 것이지만, 언어를 통하지 않고는 진리를 전달할 수 없으므로, 어쩔 수 없이 언어를 사용할 뿐이다. 이것이 바로 『금강경』에서 말하는 즉비卽非의 논리이다. 이것을 『금강경』에서는 "A는 A가 아니다. 그러므로 A라고 한다"라고 표현한다. 이 말을 다시 풀이해보자. A라는 단어는 중생이 집착하는 것과 같이 존재하는 것은 아니다. 그래서 "A는 A가 아니다" 라고 말한다. 그렇지만 언어를 통하지 않고서 진리를 전달할 수는 없으므로, 일단 부정해서 집착심을 없앤 다음, 그 단어를 사용한다. 그래서 "그러므로 A라고 한다"라고 말하는 것이다. 이 대목을 『금강경』에서는 다음과 같이 말한다.

"수보리야! 어떻게 생각하느냐? 보살이 불국토를 장엄莊嚴하느냐?"
"아닙니다. 세존이시여! 무슨 까닭인가 하면, 불국토를 장엄한다는 것이 장엄이 아니니, 이것을 장엄이라고 이름하기 때문입니다."
"그러므로 수보리야! 모든 보살마하살이 이와 같이 청정한 마음을 내야 할 것이다. 곧, 빛깔(色)에 집착해서 마음을 일으키지 말고, 소리・향기・맛・촉각・법(法: 관념의 대상)에 집착해서 마음을 일으키지 말라. 다만 집착하는 바 없이 마음을 일으켜라!(應無所住而生其心)"

㉡ 집착하지 않는 착한 행

『금강경』에서는 위에서 말한 청정한 마음에 기초해서 어떤 것에도 집착하지 않고 착한 행동을 할 것을 권하고 있다. 예를 들면, 보시는 남에게 자신의 재산을 주는 착한 행동이지만, 단순히 보시만을 행하지 말고, 이러한 착한 행동에도 집착하지 말라고 한다. 이 부분에 대해 『금강경』에서는 다음과 같이 말한다.

"다시 수보리야! 보살은 법(法: 대상)에 대해 머문 바(집착하는 바) 없이 보시를 행해야 한다. 말하자면, 빛깔(色)에 집착하지 않고 보시를 행해야 하고, 소리·향기·맛·촉각·법에 집착하지 않고 보시를 행해야 한다. 수보리야! 보살은 이와 같이 보시를 행해야 하니, 상(相: 모습)에 집착해서는 안 된다."

그리고 이런 점은 우주의 모든 중생을 다 구제하더라도, 이 모든 중생을 내가 구제하였다는 생각을 내어서는 결정코 안 된다는 것으로 이어진다. 왜냐하면, 내가 이 모든 중생을 구제하였다는 생각을 내면, 아상(我相: '나'라는 생각)·인상(人相: 나는 사람이어서 축생과는 다르다는 생각)·중생상(衆生相: 중생이란 관념으로 사는 것)·수자상(壽者相: 태어나면서 일정한 목숨을 가지고 있다는 생각)이 있게 되고, 이 4가지 상이 있으면 보살이 아니기 때문이다.

ㄷ 집착하지 않는 마음에서 생기는 복덕

그러면 왜 모습에 집착하지 않고 보시를 행해야 하는가? 그 이유는 그렇게 보시를 행하면, 그 결과 얻는 복덕福德이 헤아릴 수 없이 많기 때문이다. 허공을 헤아릴 수 없듯이 무주상보시(無住相布施: 모습에 집착하지 않는 보시)의 복덕도 헤아릴 수 없는 것이다. 그리고 무주상보시의 복덕이 헤아릴 수 없는 정도로 많은 이유는 보시를 행하는 사람이 복덕에 집착하지 않기 때문이다. 이것을 『금강경』에서는 "복덕을 받지 않는다(不受福德)"이라고 말한다.

그리고 이 점에서 한 걸음 나아가서, '무주상보시'에서만 이런 복덕을 얻는 것이 아니라, 『금강경』에서 말하는 진리를 깨달으면, 헤아릴 수 없는 복덕을 얻는 것으로 이어진다. 항하(恒河: 갠지스강)의 모래 수효만큼의 삼천대천세계를 일곱 가지 보배로 가득 채워서 보시하더라도, 이 『금강경』의 4구게四句偈 등을 잘 이해하고 다른 사람을 위해 설명해서 얻는 복덕보다 못하다고 한다. 여기에 바로 민중종교의 극치를 엿볼 수 있다. 이는 엄청난 재물의 보시보다 소박한 민초의 한 순간 진정한 신심이 더 뛰어남을 밝히고 있는 것이다.

ㄹ 모든 중생의 행동을 굽어보는 여래

여래如來는 오는 것도 없고 가는 것도 없는 분이다. 그러니 이런 분에 대해서 오거나 · 가거나, 앉거나 · 눕거나 한다고 말한다면, 이 사람은 여래의 의미를 모르는 사람이다. 이것이 『금강경』에서 말하는 일반적인 여래의 의미이지만, 여기서 한 걸음 더 나아가서 『금강경』에서는 뛰어난 능력을 가진 여래를 말한다. 다시 말해서, 『금강경』에서 말하는 이

희유한 도리에 대해 신심 내는 사람을 여래는 모두 알고 있고, 보고 있다고 하는 것이다. 이 점에서 뛰어난 능력을 가진 여래로 그 의미가 바뀌고 있음을 확인할 수 있다.

(2) 무량수경

이 경전은 『관무량수경觀無量壽經』·『아미타경阿彌陀經』과 함께 정토삼부경이라고 알려진 것이다. 이 『무량수경無量壽經』에서는 아미타불이 극락세계를 건설한 원인과 염불念佛을 통해서 극락세계에 태어남을 말하고 있다. 그래서 위의 세 경전 중에 가장 중요한 경전이라고 할 수 있다.

『무량수경』의 한역본으로 현존하는 것은 다음의 다섯 가지이다. 첫째, 지겸支謙이 223~226년에 번역한 『대아미타경大阿彌陀經』, 둘째, 강승개康僧鎧가 252년에 번역한 『무량수경無量壽經』, 셋째, 백연白延이 256~259년에 번역한 『무량청정평등각경無量清淨平等覺經』, 넷째, 보리유지가 693~713년에 번역한 『무량수여래회無量壽如來會』 2권(『대보적경大寶積經』 제5회), 다섯째, 법현法賢이 982~1001년에 번역한 『대승무량수장엄경大乘無量壽莊嚴經』이다. 그 외에 산스크리트어본本과 티베트어역본이 있다. 그리고 한역본 중에 널리 읽히는 경전은 강승개가 번역한 작품이다.

한편, 『무량수경』의 내용은 2단락으로 나누어서 접근할 수 있다. 첫째, 법장보살의 본래의 원願이고, 둘째, 극락정토에 태어나는 사람에 대한 것이다.

㉠ 법장보살의 본원

법장(法藏, Dharmakāra)보살이 세운 48원을 본원本願이라고 한다. 이는 전생前生에 세운 원이라는 의미이다. 이러한 48원을 내용에 따라 분류하면 3종류로 정리할 수 있다. 첫째, 극락에 태어나고자 하는 사람을 정신적인 면과 육체적인 면에서 이상적인 인격으로 실현시키겠다는 원이고, 둘째, 극락에 태어나고자 하는 사람을 인도하겠다는 원이며, 셋째, 정토의 이상적인 모습에 대한 것인데, 이는 불타의 이상적인 모습을 실현하겠다는 원이다. 이 가운데에서 『무량수경』에서 여러 번 말하는 것은 첫 번째 종류의 원이다. 그렇지만 종교적 실천의 관점에서 볼 때 중요한 것은 두 번째 종류의 원이고, 그 중에서도 18·19·20원이 중요한 의미를 갖는다.

'18원'은 중생이 극락세계가 존재한다는 것을 믿고, 극락세계를 좋아해서 지극한 마음으로 아미타불을 열 번만 염念하면, 극락정토에 태어날 수 있어야 한다는 것이다. 그런데 만약 중생이 열 번을 염念했는데도 극락정토에 태어나지 못한다면, 법장비구는 깨달음을 취하지 않겠다는 비장한 각오를 밝히고 있다. 그리고 염念의 의미에 대해 중국 정토종의 대성자 선도善導는 소리내어 아미타불을 부르는 칭명염불稱名念佛로 해석하고 있다.

'19원'은 보리심을 일으켜 극락정토에 태어나기를 구하는 사람에게는 그 사람이 목숨 마칠 때, 아미타불이 많은 무리를 거느리고 나타나서 맞이한다는 것이다. 그리고 '20원'은 아미타불의 이름을 듣고서 극락정토에 마음을 두고 착한 행동을 한 사람은 극락정토에 태어날 수 있다는 것이다.

㉡ 극락정토에 태어나는 사람의 등급

『무량수경』에서는 극락정토에 태어나는 사람을 세 단계로 나누고 있다. 첫째 단계의 사람은 출가수행자이다. 이 사람은 엄격한 금욕생활을 하고, 아미타불을 염念하는 마음이 중단되지 않는 사람이다. 이런 사람은 목숨을 마칠 때 아미타불이 와서 맞이한다. 그리고 극락세계에서는 불타와 가까이 있으면서 물러나지 않는 신심을 가진 보살이 된다.

둘째 단계의 사람은 출가생활을 감당하지 못하는 재가불자이지만, 착한 행동을 하고 극락정토에 태어나고자 염念하는 마음이 하루 동안 계속된 사람이다. 이 사람이 목숨을 마칠 때 아미타불의 화신化身을 보고 극락세계에 태어난다. 그러나 극락세계에 가자마자 불타를 뵙지는 못하고, 극락세계의 변두리에서 500년 정도 살다가, 그 후에야 불타를 뵙고 지혜를 얻을 수 있다.

셋째 단계의 사람은 첫 번째 경우와 같이 출가하여 엄격한 금욕의 생활을 하지도 못하고, 두 번째 경우와 같이 착한 행동을 하지도 못했지만, 애욕을 끊은 상태에서 극락정토에 태어나고자 하는 마음을 10일 동안 중단하지 않은 사람이다. 이 사람은 목숨을 마칠 때 꿈에서 아미타불을 뵙고 극락세계에 태어난다. 그러나 불타를 직접 뵐 수는 없고, 500년이 지나서 불타를 뵙고 지혜를 얻는다.

(3) 유마경

『유마경(維摩經, Vimalakīrtinirdeśa-sūtra)』은 재가의 거사인 유마힐維摩詰을 중심 인물로 등장시켜, 재가를 중심으로 해서 대승의 가르침을 편 경전이다. 산스크리트어 경전의 이름을 한역하면 '유마힐소설경維摩

詰所說經'인데, 이는 유마힐 거사가 말한 경전이라는 의미이다. 이것을 줄여서 '유마경'이라고 한다. 또한 이 경전을 '불가사의해탈경不可思議解脫經'이라고도 한다.

한역본에는 3종류가 있는데, 그것은 구마라집鳩摩羅什이 번역한 『유마힐소설경』 3권(406년), 지겸支謙이 번역한 『유마힐경』 2권(223~253년), 현장玄奘이 번역한 『설무구칭경說無垢稱經』 6권(650년)이다. 티베트어역본本도 있으며, 산스크리트어본은 남아 있지 않지만 다른 문헌에 단편이 인용되어 있다. 한역본 가운데 티베트어역본과 가장 일치하는 것은 현장이 번역한 것이고, 티베트어역본은 산스크리트어본과 아주 가까울 것으로 추정된다. 구마라집이 번역한 것에는 인간적 현실을 긍정하는 내용이 많이 들어가 있는데, 이는 구마라집의 의역意譯이라고 여겨진다.

이 경전에서는 유마거사가 부처님의 십대제자의 소승적 행동을 꾸짖고, 대승의 최고 가르침인 '불이不二의 가르침'을 침묵으로 나타낸 것을 골자로 한다. 유마거사는 재가자이지만 출가자와 마찬가지로 계율을 지키고, 처자가 있지만 청정행을 닦고, 유흥장에 출입할지라도 그곳에서 사람을 인도하고, 다른 종교의 가르침을 수용할지라도 불교에 대한 신심을 무너뜨리지 않았다고 한다. 이는 유마거사가 재가의 생활을 하면서도 출가수행자보다 더 뛰어난 종교적 실천을 하고 있음을 보여주는 것이다. 이 점이 바로 『유마경』에서 말하고자 하는 이상적理想的 인간상人間像이다.

(4) 법화경

『법화경(法華經, Saddharmapuṇḍarīka-sūtra)』은 경전 중의 왕이라고 말해질 정도로 불교 경전 중에서 널리 읽히고 있는 경전이다. 『법화경』의 여러 원전을 소개하면 다음과 같다. 첫째, 산스크리트어본(여러 가지가 있는데, 사본이 발견된 지방에 따라 네팔계, 카슈미르계, 중앙아시아계로 구분된다), 둘째, 축법호 번역(286년)의 『정법화경正法華經』 10권, 셋째, 구마라집 번역(406년)의 『묘법연화경妙法蓮花經』 8권, 넷째, 사나굴다闍那堀多 등이 번역한(601년) 『첨품묘법연화경添品妙法蓮花經』 7권, 다섯째, 티베트어역본 등이다.

이 가운데에서 한역경전으로 가장 널리 읽히는 경전은 구마라집이 번역한 『묘법연화경』이고, 이것에 일부분을 보충하고 정정한 것이 『첨품묘법연화경』이다. 『정법화경』은 난해한 번역으로 알려져서 잘 읽히지 않는다.

여기서는 구마라집이 번역한 『묘법연화경』에 근거해서, 『법화경』의 사상에 대해서 알아보고자 한다. 그것은 다음과 같은 3가지 관계에서 접근할 수 있다. 곧 일승의 가르침, 그것을 말하는 불타, 그리고 그것을 듣는 중생의 관계이다. 나아가 이것에 근거해서 『법화경』의 실천관과 이상적 인간상이 등장한다.

㉠ 일승의 가르침 · 영원한 불타 · 중생의 관계

『법화경』사상의 핵심은 「방편품」에 있는데, 여기서는 성문聲聞 · 연각緣覺 · 보살菩薩을 내용으로 하는 삼승의 가르침이 결국에는 궁극적 가르침인 일승一乘으로 돌아가는 것을 말하고 있다. 다시 말하자면,

모든 가르침이 다른 것 같지만, 요점은 중생을 모두 불타가 되게 하려는 데 있다는 것이다. 그런 점에서는 모든 가르침이 일승의 가르침으로 귀결되는 것이다. 이렇게 불타의 가르침이 표면적으로는 서로 다르고 대립되어 있는 듯이 보여도, 그 핵심은 일승으로 돌아간다고 한다면, 이 점은 일승의 가르침을 말하는 불타나 그 일승의 가르침을 듣는 중생에게도 연결되는 것이다.

일승의 가르침은 궁극적인 가르침이므로 이것을 말하는 불타도 그에 상응하는 능력을 갖추고 있어야 한다. 그래서 「여래수량품」에서 불타는 이미 오래 전에 성불成佛하였지만 중생을 위해서 방편으로 성불하고 열반에 들어가는 모습을 보인 것이라고 한다. 이렇다면 불타는 영원한 불타이다. 나아가 불타는 영원히 존재하는 불타일 뿐 아니라 그 지혜의 힘이 매우 뛰어나고, 그 방편의 힘도 매우 뛰어난 분으로 「여래수량품」에서 묘사되어 있다.

또한 이 일승의 가르침을 듣는 중생도 모두 불타가 되어야 한다. 이 일승의 가르침이 궁극의 가르침이므로 어떤 중생이든지 이 가르침을 듣는 중생들도 결국 불타가 될 수 있어야 한다. 이 점을 「제바달다품」에서 말하고 있다. 제바달다는 석가모니 불타를 해치려고 한 사람이다. 이런 극악한 죄를 범한 사람도 오랜 세월 뒤에 불타가 될 것이라고 한다. 그리고 「제바달다품」에서는 여인도 불타가 될 수 있음을 말하고 있다. 사가라 용왕의 딸이 겨우 여덟 살인데, 이미 불타가 되었음을 밝히고 있다.

그리고 「법사품」에서는 『법화경』을 간직하고 독송한 공덕으로 모두 불타가 될 수 있음을 밝힌다. 『법화경』의 한 게송이나 한 구절을 듣고 마음속에서 기뻐하였다면, 이 공덕으로 미래에 불타가 될 것이라고 한다. 이는 아주 조그마한 공덕으로 아주 큰 결과를 얻을 수 있음을 말하는 것이다. 이것도 앞의 「제바달다품」에서 밝힌 것처럼 모든 중생이 불타가 될 수 있음을 말하는 것이다.

이렇게 일승의 가르침이 궁극의 가르침이라면, 이것을 말하는 불타도 궁극의 불타이어야 하고, 이 가르침을 듣는 중생도 궁극에는 모두 불타가 되어야 한다. 이와 같이 가르침과 불타와 중생, 이 세 가지가 서로 관련되어 있다. 이것이 『법화경』에서 말하는 핵심적 내용이다.

ⓛ『법화경』의 실천관과 이상적 인간상

앞에서 말한 내용에 근거해서 『법화경』의 실천관과 이상적 인간상을 엿볼 수 있다. 『법화경』의 실천관은 「안락행품」에 나오는데, 여기서는 네 가지 실천행을 밝히고 있다. 그것은 인욕하는 마음과 공空을 관조하는 것, 자비의 마음을 가질 것, 『법화경』을 부지런히 연설할 것 등이다. 이것에 대해 살펴본다.

첫째의 실천행은 두 가지로 구분된다. 하나는 보살은 인욕의 마음을 가질 것을 말하는 것이고, 다른 하나는 세간의 권위 있는 자와 가까이 하지 말고, 고요히 공空을 관조하라는 것이다. 둘째의 실천행은 이 『법화경』을 설법하기 위해서는 다른 사람에 대해 근거 없는 비난이나 칭찬을 삼가 해야 한다는 것이다. 셋째의 실천행은 『법화경』을 간직하고 독송하는 사람의 마음자세가 어떠해야 하는가에 대한 것이다. 그것은 질투하거나 아첨하는 마음을 품지 말고, 모든 중생에게 자비의 마음을 품으라는 것이다. 넷째의 실천행은 『법화경』의 진리를 믿지 않는 사람에게 『법화경』의 내용을 전하는 것이다.

『법화경』의 이상적 인간상은 「상불경보살품」에 나오는데, 이 품의 주인공인 상불경보살常不輕菩薩은 만나는 모든 사람을 다 공경한다. 그 이유는 모든 사람이 궁극에는 불타가 될 것이기 때문이다. 그런데 이 상불경보살은 여러 사람에게 핍박을 받는다. 그렇지만 상불경보살은 이러한 핍박에도 아랑곳하지 않고 꿋꿋하게 모든 중생들을 공경한다. 이처럼 모든 중생에 대해 공경하는 사람이 『법화경』에서 말하는 이상적 인간상이다.

다른 각도에서 보자면, 이는 모든 사람이 불타가 된다는 점에서 다 고귀한 존재임을 말하는 것이다. 이것이 『법화경』에서 명확하게 표현된 것은 아니라 해도, 인권에 대한 존중의식과 연결되어 있다. 인간은 모두 불타가 될 수 있으므로 출신가문이나 성별이나 지위에 상관없이 모두 평등하다.

(5) 화엄경

『화엄경(華嚴經, Mahāvaipulya-buddha-avataṃsaka-sūtra)』은 대승불교의 근본인 보살행을 조직적으로 말한 경전이다. 현존하는 한역본에는 다음의 3가지가 있다. 첫째, 불타발타라(佛陀跋陀羅, Buddhabhadra)가 418~420년에 한역한 『대방광불화엄경』(약칭 60화엄경)이고, 둘째, 실차난타實叉難陀가 695~699년에 한역한 『대방광불화엄경』(약칭 80화엄경)이며, 셋째, 반야般若가 795~798년에 한역한 『40화엄경』이다. 이는 60화엄과 80화엄의 맨 마지막 품品인 「입법계품」에 해당하는 것이다. 한편 『화엄경』의 사상은 크게 두 부분으로 나누어서 접근할 수 있다.

첫째, 불타가 되는 수행단계이고, 둘째, 그것을 선재(善財, Sudhana)동자의 구도 행적으로 묘사하는 부분이다.

㉠ 보살의 수행계위

『화엄경』에서 보살이 불타가 되는 길을 50단계로 나누어서 설명하고 있다. 그것은 10신十信, 10주十住, 10행十行, 10회향十廻向, 10지十地의 단계이다. 이 중에서 10신은 범부의 단계이고, 10주·10행·10회향은 범부에서 현인賢人으로 들어가는 단계를 말한 것이며, 10지는 성인聖人의 단계를 밝힌 것이다. 그리고 10주·10행·10회향은 이해(解), 실천(行), 원願을 각각 밝히는 단계이고, 10지는 성인의 과果를 말한 단계라고도 구분할 수 있다. 이에 대해 자세히 살펴보자.

첫째, '10신'은 열 가지 믿음을 성취하는 단계이다. 이는 보살행의 시작이자 불도佛道를 수행하는 출발점이다. 그래서 『화엄경』에서는 "믿음은 도道의 으뜸이고 공덕의 어머니이니, 믿음은 모든 착한 법을 낳게 한다(信爲道元功德母 長養一切諸善法)"라고 하였다. 둘째, '10주'는 열 가지 믿음을 성취한 다음에, 보리심에 대해서 결정된 믿음을 일으키고 그 결과 믿는 마음이 견고한 상태이다. 셋째, '10행'은 10주에서 보살행을 더 닦아나가는 단계이다. 이는 다른 사람을 이롭게 하는 보살행이 더욱 깊어지는 단계이다. 넷째, '10회향'은 앞의 10행과 같이 중생을 이롭게 하는 보살행을 닦아나가는 단계이다. 다섯째, '10지'는 성인聖人의 단계를 밝힌 것이다. 이는 첫 번째 환희지歡喜地에서 시작해서 열 번째 법운지法雲地에서 끝난다. 자세히 말하자면, 환희지는 깨달음을 향하여 마음이 단박에 열리어 환희가 충만한 경지이고, 여기서 깨달음이 점차로 발전하여, 법운지에 이르러 보살행을 완성한다는 것이다.

㉡ **선재동자의 구도행**

「입법계품」에서는 선재동자善財童子의 구도 행적을 말하고 있다. 선재동자는 문수보살의 권유를 받아서 남쪽으로 구도의 여행을 떠난다. 선재동자는 53선지식을 차례로 방문하여 가르침을 받았으며, 마지막으로는 보현보살에게 가르침을 받는다. 그런데 선재동자에게 가르침을 준 53선지식은 출가한 승려만이 아니다. 그 가운데에는, 재가의 신자・불교 이외의 다른 종교를 믿는 수행자, 곧 외도外道 등의 모든 신분의 사람이 포함되어 있다. 여기서 '보살행'이란 출가・재가의 구별을 초월하고, 나아가서는 종교・계급・신분・연령의 구별을 넘어선 보편적인 '실천행'임을 알 수 있다.

4) 후기 대승불교경전의 이해

후기 대승불교경전은 용수 이후부터 밀교경전이 성립하기 이전까지 성립된 경전이다. 이 시기의 경전은 바라문교의 영향을 받아, 불교의 최고경지에 대해 긍정적인 언어로 묘사하고 있다. 이 시기의 경전은 불성佛性을 적극적으로 긍정하고, 열반을 긍정적인 언어로 표현한다. 이 시기를 대표하는 경전으로 다음의 5가지 경전을 살펴보고자 한다. 첫째 『대방등여래장경』, 둘째 『승만경』, 셋째 『열반경』, 넷째 『해심밀경』, 다섯째 『능가경』이다.

(1) 대방등여래장경

『대방등여래장경大方等如來藏經』은 여래장(如來藏, tathāgatagarbha)사상 계통의 경전에서 가장 먼저 성립된 것이다. 이 경전에서는 모든 중생들이 탐욕·성냄·어리석음 등의 온갖 번뇌에 빠져 있어도, 그 안에는 여래의 지혜와 여래의 안목이 갖추어져 있음을 말하고 있다. 이것이 여래가 될 수 있는 성품이 간직되어 있다는 여래장의 의미이다. 이 경전에는 불타발타라(佛陀跋陀羅: 覺賢)의 한역본과 불공不空의 한역본이 있고, 티베트어역본도 현존한다.

이 경전에서는 여래장의 의미를 9가지 비유로 묘사하고 있다. 그 중에서 몇 가지만 살펴보고자 한다. 첫째, 연꽃 속에 감추어져 있는 법신法身에 대한 비유이다. 이는 천안天眼을 가진 사람이라면 아직 피지 않은 연꽃 속에서 여래의 법신이 결가부좌하여 앉아 있음을 알고 있다는 것이다. 그래서 만약 시든 꽃잎을 제거하면, 바로 법신이 나타난다는 것을 이 사람은 알고 있다.

둘째, 꿀벌이 지키고 있는 잘 익은 꿀의 비유이다. 잘 익은 꿀이 벼랑 끝의 나무에 붙어 있고, 그것을 많은 벌들이 지키고 있지만, 지혜의 방편을 가진 사람은 그 벌들을 내쫓고 그 꿀을 취한다. 그와 같이 중생도 꿀이라고 비유할 수 있는 법신을 가지고 있다는 것이다.

셋째, 껍질을 벗기지 않은 벼의 비유이다. 껍질을 벗기지 않은 벼에 대해 어리석은 사람은 쓸모 없다고 생각해서 버리지만, 그러나 이것을 방아에 찧어 껍질을 제거하면 맛있게 먹을 수 있는 쌀이 된다. 중생의 존재도 껍질을 벗기지 않은 벼와 같이 현재는 쓸모가 없지만, 수행하면 누구나 부처가 될 수 있다는 것이다.

넷째, 진흙에 떨어진 순금의 비유이다. 순금이라도 진흙에 떨어지면 그 광채를 발휘할 수 없다. 이와 같이 중생도 순금이라는 불성을 가지고 있지만, 진흙이라는 번뇌에 휩싸여서 제대로 활용되지 못한다는 것이다.

(2) 승만경

『승만경勝鬘經』은 재가여인이 석존을 대신해서 말한 경전이다. 그러므로 앞에서 소개한 『유마경』과 함께 재가불교를 주장한 대표적 경전으로 꼽히고 있다. 이 경전의 한역본으로는 두 가지가 있다. 첫째, 구나발타라求那跋陀羅가 436년에 번역한 『승만사자후일승대방편방광경(勝鬘獅子吼一乘大方便方廣經, Śrimālādevīsiṃhanāda-sūtra)』이고, 둘째, 보리유지菩提流志가 706~713년에 번역한 『대보적경大寶積經』의 제48회 승만부인회가 『승만경』의 다른 번역본이다. 그리고 티베트어역본도 현존한다. 현재 널리 읽히고 있는 경전은 구나발타라 번역본이다.

우선 경經의 이름이 나타내는 것은 승만(Śrīmālā)부인이 일승의 대방편을 널리 전개시키기 위해 사자후한 것을 수록했다는 것인데, 보통 줄여서 '승만경'이라고 한다. 『승만경』의 사상에 대해서 3가지로 나누어서 접근할 수 있다. 첫째, 여래장사상이고, 둘째, 사성제를 2가지로 구분하는 것이고, 셋째, 3가지 실천강령이다.

첫째, 여래장사상은 중생에게 여래가 될 수 있는 가능성이 간직되어 있다는 것인데, 『승만경』에서는 이것이 여래의 경계이고, 2승二乘인 성문과 연각이 알 수 있는 것이 아니라고 한다. 또한, 여래장은 자성청정심自性淸淨心인데, 이것이 번뇌에 물든 것은 불가사의不可思議한 일이다. 이것은 여래장공지如來藏空智인데, 여기에 2가지가 있다. 우선 공여래장空如來藏인데, 이는 모든 번뇌를 벗어난 것이고, 그 다음 불공여래장 不空如來藏인데, 이는 번뇌를 벗어났을 때, 뛰어난 불법佛法의 작용을 간직하게 되는 것이다.

둘째, 2가지 사성제四聖諦는 작성제作聖諦와 무작성제無作聖諦인데, 이는 여래장의 경계는 2승인 성문·연각이 알 수 없는 것과 연결되는 것이다. 여기서 '작성제'는 한량이 있는 사성제(有量四聖諦)이고, '무작성제'는 한량이 없는 사성제(無量四聖諦)이다. 따라서 작성제는 2승의 경지이고, 무작성제는 여래장을 이해하는 보살의 경지이다. 이처럼 사성제를 2가지로 구분한다는 점에서 『승만경』사상의 특징을 발견할 수 있다.

셋째, 여래장 사상의 진리를 구하는 사람은 다음과 같은 실천강령을 지켜야 한다고 『승만경』에서는 말한다. 그것은 3가지로 요약할 수 있다. "우선 올바른 진리를 알아서 지혜를 얻겠습니다. 그 다음, 바른 진리를 얻은 뒤에는 중생을 위해 그 진리를 말하겠습니다. 마지막으로, 그 바른 진리를 지키기 위해서 몸·생명·재산도 바치겠습니다."

(3) 열반경

여래장의 의미를 불성佛性이라는 단어로 바꾸어서 폭넓은 사상을 전개한 경전이 『열반경涅槃經』이다. 『열반경』의 산스크리트어본은 현존하지 않고, 몇 개의 단편만이 발견되었을 뿐이다. 한역본과 티베트어역본에는 각기 전체 번역과 부분 번역이 있다. 한역본의 전체 번역본은 담무참曇無讖이 번역한 『대반열반경大般涅槃經』 40권(421년)인데, 이것을 북본北本이라 하고, 이 담무참 번역본을 기초로 해서 중국의 남쪽에서 다시 『열반경』 36권을 번역했는데, 이것을 남본南本이라고 한다.

이 경전의 사상은 3가지로 간추릴 수 있다. 첫째, 법신法身은 항상 머물러서 없어지지 않는다는 것이다. 다시 말해서, 석가모니 불타가 80세에 열반하셨지만 불타의 근원은 바로 법신이므로 없어지지 않고, 항상 머무른다는 것이다. 둘째, 열반은 항상하고(常)・즐겁고(樂)・진정한 자아이고(我)・청정하다(淨)는 것이다. 이것은 법신이 항상하다는 것에 덧붙여서 제시된 것이다. 이는 초기불교의 무상無常・고苦・무아無我를 뒤집는 것이다. 셋째, 모든 중생이 불성을 가지고 있다는 것이다. 앞에서 불타의 근원은 법신法身이라고 했는데, 이 점을 중생에게 적용하면, 모든 중생이 불타가 될 수 있는 불성을 가지고 있다는 것이다.

(4) 해심밀경

『해심밀경解深密經』은 불타의 깊고 깊은 가르침을 풀이한 경전이라는 의미이다. 산스크리트어 원전은 현재 존재하지 않고, 티베트어역본은 남아 있다. 한역본으로 널리 읽히고 있는 것은 현장玄奘이 번역한 『해심밀경』 5권(647년)인데, 보리유지菩提流支가 번역한 『심밀해탈경深密解脫經』 5권(514년)과 부분적인 번역본도 존재한다.

『해심밀경』의 목표는 대승과 소승의 가르침을 종합하여 새로운 가르침을 제시하려는 데 있다. 이 경전의 5장에서는 '3시교三時教'를 주장한다. 제1시時는 불타가 소승을 위해서 사성제를 가르친 시기이고, 제2시는 대승을 위해서 공空의 가르침을 말한 시기이다. 그렇지만 이것도 완성되지 않은 가르침이다. 제3시는 대승과 소승을 종합한 제3의 가르침이다. 이것이 완성된 가르침이라고 주장한다.

이 경전의 3장에서는 아뢰야식阿賴耶識을 말하고 있고, 4장과 5장에서는 삼성삼무성三性三無性을 전하고 있는데, 이는 뒤의 유식학파를 설명할 때 함께 말하고자 한다.

제6장에서는 실천방법을 말하고 있는데, 그것은 지관止觀이다. '지止'는 마음을 고요하게 하는 것이고, '관觀'은 대상을 관찰하는 것이다. 이 관觀을 수행하고 있을 때, 수행자 앞에 나타난 대상은 마음이 나타난 것이라고 한다. 다시 말해서 유식唯識이라고 한다. 이는 모든 대상이 마음을 떠나서 바깥 세계에 존재하는 것이 아니라는 의미이다.

(5) 능가경

『능가경(楞伽經, Laṅkāvatāra-sūtra)』은 산스크리트어본도 존재하고, 티베트어역본도 남아 있고, 한역본도 3종류나 있다. 한역본의 3종류는 구나발다라求那跋多羅가 번역한 『능가아발다라보경楞伽阿跋多羅寶經』 4권(443년), 보리유지菩提流支가 번역한 『입능가경入楞伽經』 10권(513년), 실차난타實叉難陀가 번역한 『대승입능가경大乘入楞伽經』(700~704년)이다. 산스크리트어본과 티베트어역본은 내용이 아주 일치하고, 한역본 중에서는 실차난타가 번역한 『대승입능가경』이 산스크리트어본의 내용과 비교적 일치한다.

『능가경』에서는 여래장如來藏과 장식(藏識, 아뢰야식)을 동시에 말하고 있다. 여래장인 장식藏識은 본래의 성품은 청정하지만 객진客塵에 물들어서 오염된 것이다. 여기서 여래장과 장식藏識을 구분하면, 여래장은 선善과 불선不善의 근거가 되는 것이고, 장식藏識은 허위의 나쁜 번뇌에 물들어 있는 존재이다. 만일 수행자가 여래장의 5법五法・3성三性・8식八識・2무아二無我의 구조를 안다면, 지혜를 얻어 해탈의 경지로 나아갈 것이라고 한다.

또한 『능가경』에서는 5법五法・3성三性・8식八識・2무아二無我로 모든 불교이론을 포괄할 수 있다고 주장하는데, 이 개념들은 유식학파에서 나온 것이므로 『능가경』에서 유식사상을 도입하고 있음을 알 수 있다.

여기서 '5법'은 명名・상相・분별分別・정지正智・여여如如인데, 이는 유식 계열의 논서인 『유가사지론』에서도 언급하고 있는 것이다. '명名'은 임시로 세운 것인데 중생이 이러한 사실을 모르고서 마음이 번뇌에 빠진다는 것이다. '상相'은 안眼・이耳・비鼻・설舌・신身・의意의 6가지 감각기관으로 지각하는 대상을 말하는 것이다.

'분별分別'은 이름(名)을 통해서 대상을 인식하는 것이다. 예를 들면 코끼리라는 이름을 통해서 그 대상이 실제로 존재한다고 믿는 것이다. 그렇지만 토끼뿔의 경우에는 이름은 존재하지만 그에 상응하는 대상은 존재하지 않는다. 이것이 바로 분별의 속성이다.

'정지正智'는 명名과 상相을 바르게 인식하여 마음의 존재방식이 중도中道임을 아는 것이다. 그리하여 불교 이외의 사상인 외도外道와 소승의 가르침에 떨어지지 않는다.

'여여如如'는 앞에서 말한 정지正智에 근거해서 명名과 상相을 바르게 인식해서 명名・상相・식識의 바른 모습을 아는 것이다. 그때 모든 분별과 집착이 사라지는데, 이것을 바로 '여여如如'라고 한다. 이는 진리의 세계를 있는 그대로 묘사한 것이다.

'3성'은 망상으로 존재한다고 착각하고 있는 망계성妄計性・연기에 의해 존재하는 연기성緣起性・사물의 온전한 모습인 원성성圓成性을 말하는데, 이는 유식학파에서 주장하는 변계소집성・의타기성・원성실성과 같은 것이다. 한편 5법 중에서 명名과 상相은 '망계성'에 해당하고, 분별分別은 '연기성'과 연결되고, 정지正智와 여여如如는 '원성성'에 상응한다.

'8식'은 유식학파에서 주장하는 8가지 식識을 의미하는데, 이는 모두 '망계성'에 속한다. '2무아'는 인무아人無我와 법무아法無我를 지칭하는데, 인아人我와 법아法我에 대한 집착에서 벗어나는 것이 '2무아'이다. '인아'와 '법아'에 대한 집착은 망상성에 속하고, 이 2가지 자아에 대한 집착에서 벗어나는 '2무아'는 '원성성'에 포함된다.

5) 중관中觀학파의 사상

중관中觀학파(Mādhyamika)의 창시자는 용수(龍樹, Nāgārjuna, A.D. 2~3세기)이다. 그는 남인도 사람인데, 대승의 공사상에 입각해서 여러 실재론적 견해를 논파하고 있다. 그의 저서 중에 중요한 것은 『중론(中論, Mūlamadhyamaka-kārikā)』, 『십이문론十二門論』, 『공칠십론(空七十論, Śūn-yatāsaptati)』인데, 이 저서들은 공사상에 입각해서 실재론적 견해를 깨뜨리는 데 주안점을 둔 작품이다. 그리고 『회쟁론(廻諍論, Vigraha-vyāvartanī)』은 공사상에 입각해서 불교 이외의 사상을 비판하는 저서이고, 『대지도론大智度論』은 『대품반야경』의 주석서이고, 『십주비바사론十住毘婆沙論』은 『화엄경』의 「십지품」의 주석서이고, 『대승이십론大乘二十論』은 화엄의 유심唯心사상을 담고 있는 저서이다.

용수의 제자 제바(提婆, Āryadeva)는 『백론百論』을 저술하였는데, 『중론』, 『십이문론』, 『백론』이 중국삼론종의 기본 논서가 되었다. 그 뒤 중관학파는 귀류논증파(歸謬論證派, Prāsaṅgika)와 자립논증학파(自立論證派, Svātantrika)로 구분되었다. 이 중 자립논증학파를 경량부의 자립논증파(Sautrāntika-Svātantrika)와 유가행의 자립논증파(Yogācāra-Svātantrika)로 나누는 것은 티베트의 전통적 분류법이고, 유가행중관파만 따로 구분해서 후기 중관파의 중요한 위치를 부여하는 것은 일본학계의 구분이다. 또 이런 구분을 받아들이지 않고 8세기 이후의 중관파로 구분한 저서도 있다.

(1) 용수의 중관사상

㉠ 팔불중도八不中道

팔불중도는 공(空, śunya)사상을 말하는 것이다. 이는 상대적인 개념을 부정해서 집착 없는 세계로 인도하고자 하는 것이다. 팔불중도는 다음과 같이 표현된다. "생하는 것도 아니고 없어지는 것도 아니며(不生不滅), 단절된 것도 아니며 항상 있는 것도 아니며(不斷不常), 같은 것도 아니고 다른 것도 아니며(不一不異), 가는 것도 아니고 오는 것도 아니다(不來不去)."

팔불중도는 8가지 부정으로 이루어진 것이지만, 요점은 두 극단을 배제한다는 중도中道로 돌아온다는 것이다. 모든 판단이나 명제는 결국에는 '긍정'이나 '부정'으로 돌아간다. 아무리 말이 많더라도 무엇을 긍정하거나 부정하는 것으로 정리된다는 것이다. 예컨대, 국회청문회에서 증인신문을 할 때를 생각해 보자. 곤란한 질문이 나오면, 증인은 말을 흐리면서 장황하게 말을 많이 하는 경우가 있다. 이때 나오는 질문이 바로 "그래서 증인은 그 일을 했다는 것입니까, 하지 않았다는 것입니까?"이다. 이처럼 모든 판단이나 명제는 긍정이나 부정으로 정리되는 것이다. 그런데 중도는 이 지점에서 긍정이나 부정을 넘어서라는 것이다. 긍정이나 부정은 우리가 판단하는 기준인데, 이 기준마저 넘어서야 진리의 세계에 들어갈 수 있다는 것이고, 팔불중도는 이 중도의 정신을 4가지 짝에 맞추어서 설명한 것에 지나지 않는 것이다.

여기서 불생不生을 말하고 있는 부분을 자세히 살펴보면, 스스로 생겨나는 것(自生)도 아니고, 다른 것에 의지해서 생겨나는 것(他生)도 아니며, 자기와 남 이 두 가지가 합쳐져서 생기는 것도 아니며(共生), 아무 원인 없이 생겨나는 것(無因生)도 아니라는 것이다. 이것을 요약하면, 연기緣起하는 것은 자성自性이 없고, 이것이 공空이라고 할 수 있다.

이 내용을 다시 살펴보자. 이 세상의 경험할 수 있는 사물 중에 자기 스스로 생겨나는 것은 없다. 반드시 다른 것과 관계 맺어서 생긴다. 초목은 여러 조건이 잘 어울려야 자랄 수 있는 것이지 뛰어난 품종의 나무라고 해서 물도 없고 햇빛도 없는 불모지에서 혼자의 힘으로 생존할 수는 없다. 이처럼 어떤 형이상학적 실체가 만물 속에 존재한다면, 그 만물은 스스로 생겨나야 할 것인데, 우리의 경험 속에서는 그런 사물을 발견할 수 없으므로 만물은 자생自生이 아니라는 것이다.

그러면 이런 식의 반론이 제기될지도 모른다. 자생自生은 아니라고 해도 타생他生은 가능한 것이 아니가? 라는 반론이다. 자기 안에 있는 형이상학적 실체가 아니고 바깥에 존재하는 형이상학적 실체에 의지해서 만물은 생겨날 수 있다는 주장이다. 이에 대해 『중론』에서는 자自와

타他의 구분이 임의적이라고 반박한다. 다른 것이라고 주장하는 것도 현재 나의 입장에서 볼 때 다른 존재이지, 그 해당하는 존재의 입장에서 보자면 그것도 자기 자신이지 다른 존재가 아니라는 것이다. 그러므로 자생自生이 부정된다면 당연히 타생他生도 부정된다고 한다.

그러면 이번에는 자自와 타他가 만나서 생긴다는 공생共生은 가능한 것이 아닌가?라는 반론을 할 수 있다. 이 주장은 언뜻 보면 상당히 일리 있어 보인다. 그렇지만 이 주장에서는 형이상학적 실체를 인정하고 있다는 점을 잊어서는 안 된다. 이런 입장은 『중론』에서는 수용되지 않는다. 『중론』에서는 자自와 타他가 부정되었는데, 어떻게 부정된 자自와 타他가 만나서 만물을 생기게 하는 일이 가능하겠는가?라고 반박한다.

그렇다면 아무 원인 없이 만물이 생겼다(無因生)는 말인가? 경험을 통해서 볼 때 아무 원인 생기는 사물은 없다. 반드시 그만한 이유와 근거가 있다.

『중론』에서 만물이 생긴다는 것을 4가지 관점에서 비판하는 것은 잘못된 견해를 제거하기 위해서이다. 당시 인도철학의 형이상학을 신봉하고 있는 사람에게 그대의 견해가 옳은 것인지 한번 따져보라고 제시한 것이다. 만물은 형이상학적 실체에 근거해서 생겨나는 것도 아니지만 그렇다고 아무 원인 없이 자기 마음대로 생겨나는 것도 아니다. 이렇게 형이상학의 색안경을 벗고 분명하게 사물을 바라볼 때 진리의 세계가 나타난다는 것이 바로 『중론』에서 용수가 전달하고자 하는 요점이다.

㉡ 진제眞諦와 속제俗諦

진제(眞諦, paramārtha-satya)는 사물의 바른 모습이 공空함을 깨닫는 것인데, 이는 언어의 표현을 벗어난 궁극의 입장이다. 그리고 이를 제일의제第一義諦라고 하기도 하고, 승의제勝義諦라고 하기도 한다. 속제(俗諦, saṃvṛti-satya)는 세속제世俗諦라고도 하는데, 이는 현상계의 인과관계를 긍정하는 입장이고, 또한 언어로 표현된 진리를 의미하는 것이다. 언어는 지식전달의 수단이고, 이는 사회의 관습과 약속의 범위에서 진실이지만, 궁극적인 의미의 진리라고 할 수는 없다. 그래서 불타는 2제二諦에 의지해서 가르침을 전했다고 한다. 다시 말해서, '속제'에 의지하지 않으면 존재의 바른 모습을 말할 수 없고, '진제'인 '제일의제'에 근거를 두지 않으면 열반을 깨달을 수 없다고 하였다.

일상생활에서 보자면, 속제와 진제의 구분은 당연한 것이다. 언젠가 필자는 오색약수터의 물맛을 본 적이 있었는데, 참으로 좋았다. 이는 진제에 속한다. 누군가 물맛이 어떠냐고 필자에게 물었다면 아주 좋았다고 말할 수밖에 없다. 이는 속제에 속한다. 그런데 이 경우 다른 약수터의 물맛과 어떻게 다른지 명확하게 전달되지 않는다. 왜냐하면, 다른 약수터의 물맛은 어떠냐고 필자에게 물었다면 그때도 필자는 좋았다, 아주 좋았다고 말할 수밖에 없기 때문이다. 이처럼 언어는 우리의 일상생활의 경험도 다 제대로 전달하지 못한다. 그렇다고 해서 언어를 사용하지 않을 수도 없다. 그러므로 우리는 언어가 실제를 왜곡할 가능성에 끊임없이 주목하면서 사려 깊게 언어를 사용해야 한다. 이것이 2제설이 주는 교훈이다.

㉢ 중도의 관점을 불타의 가르침에 적용한다

중도의 의미에 대해 용수는 다음과 같이 말한다. 인연으로 생기는 존재를 나는 공空이라고 말한다. 이것도 가명假名이니, 이것이 중도의 의미이다(因緣所生法 我說卽是無(空) 亦爲是假名 亦是中道義). 모든 사물은 서로 연관되어 있어서 사물의 실체라고 할 수 있는 자성이 없다. 그래서 공空이다. 그런데 공空에도 집착해서는 안 되므로 이 공空도 공空하다. 그래서 공空의 이름도 빌린 이름(假名)일 뿐이다. 여기서 중도中道의 길이 열리는 것이다.

이 내용의 의미를 다시 한 번 살펴보자. 모든 것은 서로 관계 맺고 있고, 그래서 그 속에는 형이상학적 실체가 존재하지 않는다. 이것이 불교의 공空의 가르침이다. 그러면 이 공의 가르침을 어떤 입장으로 접근해야 할 것인가? 앞에서 설명했듯이, 공空이라는 표현도 결국은 속제의 영역에 속할 수밖에 없다. 이것도 임시로 언어를 빌려서 설명한 것에 지나지 않는 것이고, 불교의 궁극적 경지는 아니다. 따라서 공이라는 표현에 빠져서는 안 된다. 공이라는 표현도 언어에 의한 임시적 표현(假名)이라는 것을 알 때 비로소 진리를 제대로 볼 수 있다는 것이다. 『중론』에서 다른 학파에 대해 비판의 칼을 휘둘렀는데, 이제 그것이 불교의 이론에도 적용되고 있다. 불교의 가르침에도 집착하지 말라는 것이 불교 가르침의 진수이고, 불교의 마지막 경지이다.

(2) 중관파의 전개

㉠ 귀류논증파

귀류논증파(歸謬論證派, Prāsaṅgika)에서는 상대방의 주장에 잘못된 부분이 있음을 지적하여, 그 주장이 잘못된 것임을 논증한다. 사실 언어에 의한 모든 주장은 완벽할 수 없고, 어딘가에 약점이 있기 마련이라는 것이 '귀류논증파'의 생각이다. 이들은 이런 입장에 서서 공사상을 드러내려고 하였다. 따라서 이들은 자기 주장을 내세우지 않는다. 만일 자신도 주장을 한다면, 그것도 잘못을 범할 수 있기 때문이다. 이 점을 중국의 중관학파 삼론종의 대성자 길장(吉藏, 549~623)은 삿된 것을 깨뜨리는 것이 그대로 바른 것을 드러내는 것이라는 '파사현정破邪顯正'을 말하였다. 그리고 월칭(月稱, Candrakīrti, A.D. 600~650년경)은 "스스로에게 종(宗: 주장)이 없기 때문이다"라고 하였다.

이러한 귀류논증파의 시조는 불호(佛護, Buddhapālita, 470~540년경)로 추정되고, 그 뒤를 월칭이 이었다. 그는 『중론』의 주석서인 『프라산나파다(Prasannapadā, 淨明句論)』를 저술하였는데, 이 저술에서 논리를 사용해서 상대방의 주장을 비판한다. 그러나 그것은 상대방의 논리를 사용해서 상대방을 비판하는 것이지, 자신이 스스로 논의를 세우는 것은 아니다. 『프라산나파다』는 용수의 『중론』에 주석을 붙인 것 중 산스크리트 문헌이 남아 있는 유일한 것이다.

그리고 월칭의 저서 『입중론(入中論, Madhyamakāvatāra)』과 그가 스스로 주석을 단 『입중론소(入中論疏, Madhyamakāvatārabhāṣya)』는 티베트어로 남아 있고, 이는 중관의 철학을 대승의 수행체계와 연결시킨 것으로 평가받고 있다. 『입중론』과 『입중론소』는 오늘날 티베트 승가대학에서 중관연구를 위한 공식적인 교재로서, 티베트에서 중관연구에 매우 큰 비중을 차지하고 있는 저술이다.

적천(寂天, Śāntideva, 700년 전후에 활동)을 귀류논증파로 구분하기도 하는데, 그의 저서 『보리행론(菩提行論, Bodhicaryāvatāra)』(宋의 天息災 譯)은 『입중론』과 같이 보살이 불성佛性에 도달하는 길을 서술하고 있는 것이지만, 세계정신문학의 하나가 될 정도의 시적인 섬세함과 정열적인 면에서 『입중론』과 구분된다. 그리고 타인에 대한 봉사도 강조하였다. 다시 말해, 이 세상에서 한 사람이라도 빈곤에 괴로워하고 있는 사람이 있다면, 그것은 불타의 덕을 손상시키는 일이고, 불타를 예배한다는 것은 의례의 행위만이 아니고 타인에게 봉사하는 데 있다는 것이다. 그의 말을 들어보자.

"나는 모든 살아 있는 사람 중에서 등불을 구하는 사람들을 위해서 등불이 되고, 침대를 구하는 사람들을 위해서는 침대가 되고, 노복을 구하는 사람들을 위해서는 노복이 된다." "오늘날 여러 여래를 숭상하기 때문에 이 세상에서 나는 온 몸으로 노복이 된다. 사람들이여! 나의 머리 위에 발을 얹어 놓아라."

그밖에 그의 저서로 『대승집보살학론(大乘集菩薩學論, Śikṣāsamuccaya)』(宋의 法護 등 譯), 『대승보요의론(大乘寶要義論, Sūtrasamuccaya)』(宋의 法護 등 譯) 등이 있다.

㉡ 자립논증파

자립논증파(自立論證派, Svātantrika)는 공空의 사상을 논리에 의해서 적극적으로 나타내려고 한 학파이다. '스바탄트리카Svātantrika'는 다른 힘을 빌리지 않고 자력으로 활동한다는 의미이고, 한문으로는 자립(自立: 스스로 세우다)·자기(自起: 스스로 일어나다)로 번역된다.

이 학파를 대표하는 인물은 청변(淸辯, Bhāvaviveka, 500~570경)이다. 그는 『중론』에 대한 주석서인 『반야등론(般若燈論, Prajñāpradīpa)』(티베트어역, 한역)과 인도철학에 대한 최초의 백과사전으로 평가되는 『중관심론송(中觀心論頌, Madhyamakahṛdaya-kārikā)』과 『중관심론송』에 대한 청변 자신의 주석서 『중관심론주사택염(中觀心論註思擇焰, Tarkajvālā)』(티베트어역, 산스크리트 단편, 한역본은 없음)이 전한다.

그는 불호佛護의 입장에 대해 평가하기를 "인因과 유喩를 말하고 있지 않기 때문에 논증식의 형식이 아니다. 그리고 다른 사람의 반론에 대해 대답하지 않는다. 상대방의 잘못을 지적하고 있을 뿐인데, 그의 논법을 사용한다면 다른 주장도 성립하게 되는 모순에 빠지게 된다"라고 한다.

이런 관점에서 청변은 귀류논증법으로는 부족하고, 독립된 추론으로 공空을 논증해야 한다고 생각하였다. 물론 그도 공성空性은 논리적 사고가 미치지 못하는 것임을 잘 알고 있었다. 그래서 승의勝義의 관점에서는 논리학을 부정하고, 세속의 관점에서 공성을 논리로 설명하려 한 것이다. 바로 이 점에 그의 독자성이 있다.

이러한 그의 입장은 동시대의 진나(陳那, Dignāga, 480~540)에 영향을 받은 것이다. 진나는 논리학을 발전시켰는데, 그 영향을 받아서 중관의 공사상을 논리적으로 해명하려고 하였다. 당시는 논증식이 유행하고 있던 시대였기 때문이다. 또한 그는 세속의 관점에서는 바깥 대상세계가 존재한다고 보고 있기 때문에 '경량부 중관파'라고 분류되기도 한다.

㉢ 유가행중관파

A.D. 8세기 이후 유가행파는 법칭 등의 논리학 계통을 제외하고, 학문의 계보가 거의 단절되었다. 그에 비해 중관파는 많은 학자가 배출되면서 융성하였다. 이 시기의 중관파에 대해서 연구가 없는 것은 아니지만, 전체적인 모습을 알기 위해서는 좀더 시간이 필요하다.

적호(寂護, Śāntarakṣita)는 유가행중관파(瑜伽行中觀派, Yogācāra-Mādhyamika)의 대표자, 또는 8세기 중관파의 대표적 인물이라고 평가할 수 있다. 그는 『진리강요(眞理綱要, Tattvasaṃgraha)』(산스크리트본, 티베트어역), 『중관장엄론(中觀莊嚴論, Madhyamakālaṃkāra)』(자신의 주석도 포함되어 있음, 티베트어역) 등의 많은 저서를 남겼다. 이 중 『진리강요』는 중관파의 입장에서 인도의 여러 철학, 불교 안의 여러 학파와 학설에 대해 비판하는 내용을 담고 있는 것이다. 이와 같은 비판을 통해서 여러 사상을 전망해 보는 것은 청변 등의 중관파의 학문적 태도를 계승한 것이지만, 적호는 여기서 한 걸음 더 나아가서 각각의 사상에 대해서 일정한 평가와 질서를 부여한다.

그래서 그는 『중관장엄론』에서 대표적인 불교학설을 유부, 경량부, 유식학파, 중관파의 4단계로 구분하고, 유부에서 경량부, 유식학파, 중관파의 순서대로 학설이 뛰어나고, 중관파에 들어가는 전제로서 다른 학파를 인정하고 있다. 이러한 점은 다른 학파에 대해 부정적 입장에 섰던 앞의 중관파와 다르고, 특히 대승에 속한 유가행파에 대해 융합적인 입장을 취하고 있다. 그래서 '유가행중관파'라고 부르기도 한다. 그렇지만 적호는 청변의 자립논증파의 계통을 계승하고 있고, 법칭의 논리학과 인식론으로부터 방법의 측면에서 강한 영향을 받고 있다. 또한 유식설唯識說에서는 호법護法학파의 유상유식有相唯識보다는 안혜安慧학파의 무상유식無相唯識을 높이 평가하고 있다. 스스로 무상유식의 입장에 서 있다고 밝히고 있다. 그는 만년에 티베트에 초빙되어 사무에사寺의 건립에 노력을 하였다.

그의 제자 연화계(蓮華戒, Kamalaśīla)는 스승의 저서 『진리강요』와 『중관장엄론』에 대해서 주석서를 썼고, 그밖에 『중관명론(中觀明論, Madhyamakāloka)』과 3부로 이루어진 『수습차제론(修習次第論, Bhāvanākrama)』이라는 저술이 있다. 『수습차제론』은 중관파의 수행단계를 잘 보여주는 저술이다. 그도 티베트에 들어가 중국에서 온 선승禪僧 마하연(摩訶衍, 大乘和尙)과 논쟁을 벌이기도 하였다. 전해 오는 이야기에 따르면 그는 불교를 적대시하는 사람에 의해서 살해되었다고 한다.

6) 유식唯識학파의 사상

유식학파는 A.D. 4세기 초의 인물로 추정되는 미륵(彌勒, Maitreya, 약 270~350)에서 시작되었다고 한다. 미륵의 뒤를 이어서 유식사상을 크게 발전시킨 사람은 무착(無著, Asaṅga, 310~390)과 세친(世親, Vasubandhu, 4~5세기)이다.

무착은 처음에는 소승불교에 속해 있었으나 미륵을 만나서 대승불교로 바꾸었다고 한다. 여기에 재미있는 이야기가 전한다. 무착은 하늘세계의 도솔천(兜率天, Tuṣita)에 있는 미륵보살 만나기를 몇 년 동안 간절히 원했다. 그러나 미륵보살을 직접 만나지 못하자, 이에 무착은 실망하여 선정 닦기를 포기했다. 그리고는 길을 가다가 괴로워하는 개를 보고 그 개를 위해 몸을 바쳤는데, 그러자 그 개가 미륵으로 변했다고 한다. 미륵은 언제나 그와 함께 있었지만, 자비로운 성자聖者의 눈을 가져야만 볼 수 있었던 것이다.

미륵은 무착을 도솔천으로 데리고 가서 5종류의 논서를 가르쳤다고 한다. 그것은 『현관장엄론(現觀莊嚴論, Abhisamayālaṃkāra)』, 『중변분별론(中邊分別論, Madhyāntavibhāga)』, 『법법성분별론(法法性分別論, Dharmadharmatāvibhāga)』, 『대승장엄경론(大乘莊嚴經論, Mahāyāna-sūtrālaṃkāra)』, 『보성론(寶性論, Ratnagotravibhāga)』이다. 이 중에서 『현관장엄론』과 『보성론』은 동일한 사람의 저작이라고 생각되기 어렵다고 평가된다.

세친은 유식사상을 더 발전시키고 완성시킨 인물이다.[7] 세친도 처음에는 소승을 공부해서 『구사론(俱捨論, Abhidharmakośa)』이라고 하는 소승교학의 명저를 저술하였는데, 형인 무착의 영향을 받아서 대승불교

7 세친世親에 대해서 여러 가지 학설이 있다. 1951년 오스트리아의 후라우와르너Frauwallner는 2명의 세친이 있다고 주장하였다. 한 명의 고古세친(A.D. 320~380)은 무착無着의 동생이고, 또 다른 한 명의 신新세친(A.D. 400~480)은 소승불교의 『구사론』을 저술하였다고 한다. 후라우와르너의 제자인 슈미트하우젠Schmithausen은 후라우와르너의 주장에 근거하면서 더욱 확장하였다. 『구사론』의 저자인 신新세친이 자신의 사상적 경향을 더욱 발전시켜서 『성업론』, 『유식이십론』, 『유식삼십송』을 저술하였다고 주장한다. 이종철 교수는 이러한 견해를 소개하면서 『구사론』의 저자 세친의 저술을 구체적으로 검토한다. 그래서 『구사론』의 저자 세친이 『석궤론釋軌論』, 『연기경석緣起經釋』을 더 저술하였다고 주장한다. 그리고 저술 시기를 『구사론』 → 『석궤론』 → 『성업론 』 → 『연기경석』의 순서라고 정리하였고, 『석궤론』부터 대승사상의 경향을 나타내 보인다고 주장한다. (이종철, 「와수반두(世親)의 저작 및 사상적 귀속문제」, 『불교학연구』 6호, 2003년 6월)

로 바꾸었다고 한다. 그의 독자적 저술로 『대승성업론大乘成業論』, 『불성론佛性論』, 『유식이십송(唯識二十頌, Viṃśatikā)』, 『유식삼십송(唯識三十頌, Triṃśikā)』이 있고, 『법화경法華經』, 『무량수경無量壽經』, 『십지경十地經』에 대한 주석서를 저술하였으며, 형 무착의 저서인 『순중론順中論』, 『현양성교론顯揚聖敎論』, 『대승아비달마집론大乘阿毘達磨集論』, 『섭대승론攝大乘論』에 주석서를 저술하기도 하였다.

이 뒤의 주요 논사로 안혜(安慧, Sthiramati)와 호법(護法, Dharmapāla)을 들 수 있다. 이 두 논사는 A.D. 6세기경에 활동한 사람이고, 중관의 자립논증파의 청변과 거의 동시대 인물이며, 저술을 통해서 논쟁을 하였다. 안혜와 호법은 유식학파 내에서 입장을 달리하는 대표적 논사이다.

안혜의 학파는 '발라비대학'과 관련이 있다. 발라비대학은 6세기에 덕혜(德慧, Guṇamati)가 설립한 것인데, 그는 안혜의 스승으로 '날란다대학'을 떠난 인물이다. 안혜의 주요 저술은 『유식삼십송』의 주석서 『유식삼십론석唯識三十論釋』과 『중변분별론』의 주석서 『중변분별론소疏(Madhyāntavibhāga-ṭīkā)』이다.

호법은 32세로 요절하였지만, '날란다대학'의 학풍을 대표하는 인물이라고 할 수 있다. 현장(玄奘, 600~664)은 '날란다대학'에서 유식을 연구하였고, 중국에 돌아오자마자 호법의 해석을 따르는 법상종法相宗을 세웠다. 중국 법상종의 근본논서는 『성유식론成唯識論』인데, 이 논서는 세친의 『유식삼십송』과 그에 대한 인도 10대 논사의 주석이 소개되어 있다. 그렇지만 내용의 중심은 호법의 주장에 근거하고 있다.

유식사상을 대표하는 저술은 『유식삼십송』이므로, 여기서는 이 저술의 내용을 8식설과 3성3무성설을 중심으로 살펴보고, 그 다음 유식학파의 논쟁에 대해 간단히 언급하고자 한다.

(1) 8식설

제8식을 아뢰야식(阿賴耶識, ālaya-vijñāna)이라고 하는데, '아뢰야ālaya'라는 말은 '창고'라는 말이다. 이는 모든 업業이 이 아뢰야식에 '종자種子'의 형태로 간직되어 있다는 것이다. 그래서 '장식藏識'이라고 하기도 한다. 또는 업의 결과(익는다는 의미의 '熟')라는 의미에서 '이숙식異熟識'이라고 하기도 하며, 모든 식의 근본이 되기 때문에 '근본식根本識'이라고 하기도 한다. 우리의 인식이 이루어지는 것을 살펴보면, 아뢰야식 안에 저장되어 있는 종자가 싹을 틔워서 성숙하여 나타나는 것을 다시 분별하는 것이다. 이 주장은 모든 것을 제8식인 아뢰야식이 만들었다는 관념론으로 발전할 수 있다. 이 주장에는 찬성과 반대의 논의가 있다.

이 내용을 예를 통해 다시 살펴보자. 40살이 넘으면 자신의 얼굴에 책임을 져야 한다는 말이 있듯이, 자신이 행한 업은 사라지지 않고 아뢰야식에 저장되어 영향력을 발휘한다. 선생님에게는 선생님의 향기가 나고, 사기꾼에게는 사기꾼의 기운이 느껴진다. 이처럼 남의 눈은 속일 수 있는지 몰라도 자신이 행한 업은 종자로 남아 영향력을 서서히 발휘한다는 것이 유식의 가르침이다.

제7식은 마나식이라고 하는데, 이는 아뢰야식을 상대로 하여 아집을 일으켜 '나'라는 견해(我見), '나'라고 하는 어리석음(我痴), '나'라고 하는 자만심(我慢), '나'라고 하는 애착심(我愛)을 일으킨다.

6식은 안眼·이耳·비鼻·설舌·신身·의意의 6근六根에 의지해서 각각의 대상을 인식하는 것이다. 우리의 인식은 아뢰야식, 마나식, 6식의 세 단계를 거쳐서 이루어지는 것이다.

(2) 3성3무성설

변계소집성(遍計所執性, parikalpitasvabhāva)은 실제로 존재하지 않는 대상을 존재한다고 잘못 생각하는 것이다. 예를 들면, 밤에 길을 가다가 '새끼줄'을 보고서 뱀인 줄 잘못 알았다면 이 '뱀'이라고 잘못 본 대상이 바로 변계소집성이다. 그리고 의타기성(依他起性, paratantrasvabhāva)은 다른 것의 인연에 의지해서 존재하는 것이다. 앞의 예에서는 '새끼줄'이 의타기성에 해당한다. 그리고 원성실성(圓成實性, pariniṣpannasvabhāva)은 의타기성을 제대로 보아 사물의 바른 모습을 깨닫는 것이다.

그런데 변계소집성은 원래부터 없는 것이고(相無自性), 의타기성은 다른 존재에 의지해서 존재하는 것이므로 실체인 자성이 존재하지 않는 것이며(性無自性), 원성실성은 사물의 바른 모습이 원래부터 공空임을 말하는 것이다(勝義無自性).

변계소집성에 대해 예를 통해 알아보자. 모계사회에서는 여성으로 태어나는 것이 특권이 되겠지만, 가부장사회에서는 여성으로 태어나면 여러 가지로 손해를 입는다. 똑 같은 여성이지만 어떤 논리로 포장하느냐에 따라 정반대의 결과가 생긴다. 이런 종류의 논리가 바로 진실이 아닌 변계소집성에 속하는 것이다.

(3) 유식학파에서 발생한 논쟁점

중국의 유식학파 섭론종攝論宗의 창시자 진제(眞諦, Paramārtha,

499~569)는 아뢰야식이 없어졌을 때, 스스로 청정하게 비추는 제9식 아마라식(阿摩羅識, amala-vijñāna)이 남는다고 한다. 이 식은 영원하고 궁극적이고 진실한 실재이다. 그에 비해 호법을 따르는 현장의 법상종에서는 아뢰야식이 없어지는 것은 오염된 아뢰야식이 사라지는 것일 뿐, 남아 있는 순수한 의식은 아뢰야식과 같은 것이라고 한다. 이러한 논쟁은 인도에서는 거의 알려진 것이 없고, 다만 7세기 신라 원측의 『해심밀경소』에서 진제는 안혜와 같은 학파라고 주석한 것만이 남아 있을 따름이다. 이 논쟁은 발라비학파와 날란다학파 사이에 생겨난 분열의 하나라고 알려져 있다.

이것 말고도 호법과 안혜학파 사이에는 또 다른 논쟁이 있었다. 호법 계통에서는 식전변識轉變을 중시한 반면, 안혜 쪽에서는 식전변은 없으며, 이는 잘못된 인식의 결과라고 하였다.

우선 호법은 4분설四分說을 주장하였다. 보는 주관의 견분見分, 보여지는 대상인 상분相分, 이처럼 전변하는 식 자체를 스스로 점검하는 자증분自證分, 그리고 이 자증분을 다시 검증하는 증자증분證自證分이 4분分이다. 그러나 안혜의 입장에서 보자면, 청정한 식識의 무분별적 흐름만 있을 뿐이고, 식識은 다른 부분으로 나뉘어지지 않는다.

3. 힌두교의 체계화: 6파철학의 성립

6파철학의 공통된 성격으로 3가지를 들 수 있다.[8] 첫째, 각각의 학파는 그 학파를 연 사람이 있지만 실제로는 긴 세월을 거치면서 여러 명의 학자가 서서히 그 학파의 체계를 완성한 것이라는 점이다.

둘째, 각 학파는 '수트라sūtra'라고 불리는 근본경전이 있고, 이 경전에 절대적 권위를 주고 있다. 따라서 수트라가 성립된 다음에는 각 학파의 철학자는 독자적 학설을 세우지 않고, 수트라의 내용을 후학에게 전하거나 해설하는 정도에 머물렀다. 그 대신, 자기가 속한 학파의 우월성을 내세우기 위해서 다른 학파를 공격하기도 하고, 또는 다른 학파가 공격해 오는 것에 대해서 자기가 속한 학파를 보호하는 데 전념하였다. 그 당시 인도에서는 독창성이 미덕이 아니었고, 오히려 중요한 점은 전통에 대한 충실성이라고 할 수 있었다. 그래서 방대한 분량의 주해서註解書가 나타나고, 다시 이 주해서에 대한 주석인 복주復注, 그리고 복주에 대한 다시 주석하는 복복주復復注가 생겨났다. 독창적인 사고는 이러한 복주를 통해서 등장하였다. 따라서 인도사상사의 전개는 이들 주석 문헌에 있다고 해도 지나친 말이 아닐 것이다.

---

8 早島鏡正・高崎直道 외, 정호영 역, 『인도사상의 역사』(민족사) pp.106~107.

셋째, 각 학파는 각각 다른 접근 방법을 취하고 있지 않다. 각 학파는 우파니샤드에서 밝혀진 업業과 윤회輪廻의 사상을 출발점으로 하고 있고, 이러한 업과 윤회에서 벗어나는 해탈을 궁극적 목적으로 하고 있으며, 철학적 사색이라고 하는 것은 이 해탈을 얻기 위한 하나의 수단일 뿐이다. 인도에서 철학은 지식을 위한 것이 아니고, 종교적 목표를 이루기 위한 종교적 관심에 토대를 두고 있다. 이 점은 불교·자이나교 등 비정통파에도 적용되는 것이다.

앞에서 공통점을 살펴보았는데, 6파철학의 차이점도 분명히 존재한다. 크게 바라보면, 차이점은 6파철학의 입장을 원인 속에 결과가 있다는 '인중유과론因中有果論'과 원인 속에 결과가 없다는 '인중무과론因中無果論'으로 구분할 수 있다.[9] 차이점에 대한 내용을 미리 표로 정리하

9 '인중유과론'은 결과는 눈에 보이지 않지만 잠재적으로 존재하고 있는 원인에서 생겨난 것이라고 생각하는 것이다. 간단히 말해서, 결과가 원인 속에 이미 존재한다고 하는 말이다. 인중유과론도 2가지로 구분할 수 있는데, 하나는 상키야Sāṃkhya학파·요가Yoga학파의 전변설轉變說이고, 다른 하나는 불이론적 베단타학파의 가현설假現說이다. 여기서 '전변설'은 결과는 원인의 참다운 변형이라는 입장이고, '가현설'은 결과는 원인의 거짓된 나타남이라는 견해이다. 예를 들면, 항아리가 진흙의 변형이라고 보는 입장은 전변설이고, 진흙만이 진실이고 항아리는 거짓이라는 견해는 가현설이다. 그리고 같은 '인중유과설'의 상키야학파와 요가학파의 차이점은 상키야학파는 신神을 인정하지 않고, 요가학파는 신을 인정하고 있는 데 있다. '인중무과론'은 결과 속에 원인이 포함되어 있지 않다는 입장이다. 여기에 바이셰쉬카Vaiśeṣika학파·니야야Nyāya학파·미맘사Mīmāṃsā학파가 포함된다. '인중무과론'을 주장하게 되면, 원자설을 받아들이는 경향이 있는데, 이들은 세계는 영원한 원자들의 결합에 의해서 이루어진다는 견해를 취하고 있다. 바이셰쉬카학파·니야야학파가 미맘사학파와 다른 점은 신을 인정하는가, 아닌가에 있다. 미맘사학파는 원자들의 결합에 관여하는 '창조신'을 인정하고 있지 않다. 그에 비해 바이셰쉬카학

면 다음과 같다.

<table>
<tr><td rowspan="2">인중유과론: 결과가 원인 속에 존재한다.</td><td>전변설: 상키야학파와 요가학파(상키야학파는 신을 인정하지 않지만 요가학파는 신을 인정한다.)</td><td>순수식으로서 푸루샤를 자아로 인정</td></tr>
<tr><td>가현설: 불이론적 베단타학파</td><td>브라흐만과 아트만의 동일성을 자각하는 것이 진정한 자아이다.</td></tr>
<tr><td rowspan="2">인중무과론: 결과 속에 원인이 포함되지 않는다.</td><td>신을 인정: 바이셰쉬카학파와 니야야학파</td><td rowspan="2">쾌락과 고통과 기쁨과 슬픔이 제거된 상태에서 완전히 평온한 상태가 이상적 자아이다.</td></tr>
<tr><td>신을 인정하지 않음: 미맘사학파</td></tr>
</table>

6파철학은 3부분으로 구분할 수 있다. 상키야학파와 요가학파, 바이셰쉬카학파와 니야야학파, 미맘사학파와 베단타학파이다. 존재론으로 구분하자면, 상키야학파와 요가학파에서는 2원론을 주장하였고, 바이

파에서는 처음에는 신에 대해 명확한 입장이 없었는데, 뒤에 업보業報에 따라 그 결과를 받을 수 있게 하기 위해서, 원자들의 활동을 조정하는 창조신의 존재를 수용한다.

자아에 대한 관점도 '인중유과설'과 '인중무과설'에 관련된다. '인중유과설' 중에서 전변설을 취하는 상키야와 요가학파에서는 프라크리티에서 벗어난 순수한 푸루샤를 회복하는 것이 자아를 회복하는 길이고, 이때 푸루샤는 순수식純粹識이다. 한편, '가현설'의 입장을 택하는 불이론적 베단타학파에서는 아트만과 브라흐만의 동일성을 자각하는 것이 진정한 자아를 찾는 길이고, 이때 진정한 자아를 찾았다는 것은 순수한 희열을 동반한다. 이에 비해 '인중무과설'을 주장하는 바이셰쉬카학파·니야야학파·미맘사학파는 모든 쾌락·고통·기쁨·슬픔이 제거된 상태에서 의식조차 없는 완전히 평온한 상태가 자아의 이상경이다.

세쉬카학파와 니야야학파에서는 다원론을 말하였고, 베단타학파에서는 여러 가지 주장이 있는데, 이 가운데 불이론적 베단타학파에서는 일원론을 내세웠다.[10]

덧붙여 『바가바드 기타』도 이 시기에 완성되었다. 그 내용에 대해서는 앞에서 대승불교와 관련해서 설명하였으므로 여기서는 생략한다.

1) 상키야학파

상키야(Sāṃkhya, 數論)학파의 철학은 2원론이다. 진정한 자아 푸루샤 puruṣa와 현상적인 자아・물질인 근원인 프라크리티prakṛti를 말하고 있다. 일반적으로 평범한 사람은 '프라크리티'를 진정한 자아로 생각하고 있는데, 이것은 잘못이고, 진정한 자아는 '푸루샤'라는 것이 상키야학파의 주장이다. 이러한 프라크리티와 푸루샤를 구별할 줄 아는 것이 고통에서 해탈하는 길이다.

상키야학파를 '수론數論'이라고도 하는데, 그 이유는 '25체諦'를 말하고 있기 때문이다. 현상계의 근원인 프라크리티에서 육체와 세계가 전개되어 나오는 것을 '24체諦'로 설명하고, 여기에 진정한 자아, 푸루샤를 합친 것이 '25체諦'가 된다. 상키야학파를 이해하는 첩경은 바로 이 '25체'의 내용을 파악하는 것이다.

상키야학파에서는 세계는 해체(解體, pralaya)와 진화(進化, sarga)의 과정을 반복한다고 한다. 해체의 상태에서는 만물은 '프라크리티' 속에

---

10 일원론, 2원론, 다원론의 철학은 서양철학에서도 발견된다. 데카르트는 2원론을 주장하였고, 스피노자는 일원론을 말하였고, 라이프니츠는 다원론을 내세웠다.

잠재적으로 존재하고 있다가, 진화하는 과정에서 모든 현상이 순서대로 나타난다는 것이다. 그러면 '프리크리티'는 어떤 것이고, 왜 만물은 진화를 하고, 무엇이 해체와 진화를 되풀이하게 하는지 상키야학파의 주장을 경청해 보자.

(1) 프라크리티의 전개과정

프라크리티prakṛti는 푸루샤puruṣa를 제외한 세계의 모든 현상이 발생하는 근거가 되는 것인데, 이것을 미현현(未顯現, avyakta)이라고 말하기도 한다. 이는 여러 사물들이 분명한 모습을 갖추기 전의 가능성의 세계를 지칭하는 것이다. 그리고 이것은 그 자체로는 어떠한 원인도 가지고 있지 않지만, 이것에서부터 세계의 모든 것이 생겨 나오는 질료적質料的 차원에서 바라본 원인(upādāna-kāraṇa)이고, 그래서 제1원인(pradhāna)도 되며, 무한한 창조적 힘(śakti)이라고도 정의할 수 있는 것이다. 이 입장을 인중유과론(因中有果論, satkārya-vāda)이라고 부른다. 인중유과론은 결과가 원인 속에 이미 존재한다는 주장이다.

이 프라크리티는 사트바sattva · 라자스rajas · 타마스tamas의 3요소(guṇa)로 이루어져 있다. 이 세 요소는 눈에 보이지 않지만, 결과를 가지고 추리된 것이다. 우선, 사트바는 지성知性 · 가벼움 · 즐거움 · 빛남 · 흰 색깔이라는 속성을 가지고 있고, 라자스는 힘 · 끊임없는 운동 · 고통 · 빨간 색이라는 속성을 간직하고 있고, 타마스는 질량 · 무거움 · 저지沮止 · 무지無知 · 무감각無感覺 · 까만 색이라는 속성을 지니고 있다. 세계 만물의 차이는 프라크리티의 이 3가지 요소가 어떤 비율로 결합되어 있느냐에 달려 있는 것이다. 만약 이 3가지 요소가 같은 비율로 섞여 있어서 완전한 평형상태(sāmyāvastha)를 이루고 있다면, 프라크리티는 미현현未顯現의 상태에 있게 된다.

그렇다면 어찌하여 프라크리티의 평형상태가 깨지는가? 프라크리티는 단지 푸루샤의 곁에 있게 되어서(puruṣa-saṃnidhi-mātra) 그 결과 평형상태가 깨지게 된다고 한다. 마치 자석이 철을 끌어당기듯이, 이 둘은 서로가 접촉(saṃyoga)하고 있어야, 그때에 비로소 세계가 진화하기 시작한다.

이 접촉에서 제일 먼저 영향을 받는 것은 운동의 속성을 가지고 있는 '라자스'이고, 그 다음에 '사트바'와 '타마스'도 움직이기 시작하면 세계는 전개하기 위한 일보를 내딛는 것이다.

제일 처음에 나타나는 것이 '붓디buddhi'이다. 이는 앞에서 말한 프라크리티의 3요소 중에서 사트바의 지배를 받는 것이다. 이것을 우주론적으로 보자면, 붓디에서 물질적 세계가 전개하여 나오기 때문에 '위대한 것(mahat)'이라고 부르고, 심리적 차원·개인적 차원에서 보자면, 모든 것을 인식할 수 있는 기관으로 파악되는데, 이때에는 '지성知性'이라고도 부른다.

붓디는 푸루샤와 비슷한 성품을 가지고 있는데, 푸루샤와 가장 가까운 존재이기 때문에 푸루샤와 프라크리티의 중개 역할을 담당하고 있다고 한다. 그리고 붓디는 프라크리티에서 생겨난 것이므로, 그 자체로는 식(識, cit)의 성품을 가지고 있지 않다. 대신 붓디는 식의 성품을 순수식純粹識인 푸루샤의 반사작용을 받아서 갖게 된다. 이러한 붓디는 비유하면 거울과 같아서, 푸루샤의 빛이 있을 때에만 다른 물건을 비추어 보게 되고, 그때에야 비로소 인간의 인식·경험·정신활동 등이 가능하다. 붓디가 빛을 반사할 수 있는 것은 앞에서 말한 대로, 그것이 사트바로 이루어진 것이기 때문이다. 따라서 경험 · 인식의 주체는 '푸루샤'만도 아니고 '붓디'만도 아니고, 이 둘의 교섭이라고 해야 할 것이다.

붓디에서 아함카라(ahaṃkāra, 我慢)라는 개체화의 원리가 나온다. 푸루샤는 자신을 아함카라로 착각하여 스스로를 행위의 주체로 생각하게 된다. 여기서 자아의식自我意識 · 아집我執 · 교만(驕慢, abhimāna)이라는 아함카라의 주요 심리적 기능이 생겨 나온다. 우주론적으로 볼 때, 아함카라도 중요한 원리이다. 아함카라의 지배적 성품이 사트바 · 라자스 · 타마스인가에 따라 다른 방향으로 전개한다.

우선 '라자스'는 주로 운동의 성품을 가지고 있으므로, 그 자체로는 독립적인 전개를 하지 않고 사트바와 타마스를 도와주는 기능을 담당한다. 그 다음 사트바의 힘이 강해지면, 아함카라에서 내적 감각기관인 마나스(manas, 意根)과 5지근(五知根, jñāna-indriya)과 5작근(五作根, karma-indriya)이 전개된다. 여기서 '5지근'은 보고 · 듣고 · 만지고 · 맛보고 · 냄새 맡는 기능을 가리키는 것이고, '5작근'은 말하고 · 손을 움직이고 · 발을 옮기고 · 배설하고 · 생식하는 능력을 지칭하는 것이다. 또 한 가지 주의해야 할 점은, 근(根, indriya)은 눈에 보이는 육체적 기관을 의미하는 것이 아니고, 그 기관을 통해서 작용하는 보이지 않는 힘(śakti) 등을 뜻하는 것이다. 이는 추론(推論, anumāna)을 통해서 아는 것이지 지각(知覺, pratyakṣa)할 수 있는 대상이 아니다. 이상 살펴본 것 중에서 붓디 · 아함카라 · 마나스를 심리기관(antaḥ-karaṇa)이라고 하고, 나머지 10근根을 외적기관(bāhya-karaṇa)이라고 말한다.

중량重量의 성격을 가지고 있는 타마스의 힘이 우월해지면, 아함카라에서 5유(五唯, tanmātra)가 나온다. '5유'는 음音·촉觸·색色·미味·향香의 본질을 이루는 미세한 물질이다. 이 '5유'의 결합에 의해서 5대(五大, bhūta)가 생겨난다. 구체적으로 말하면, 음音의 본질에서 공(空, ākāśa)이 나오고, 음音과 촉觸의 결합에서 풍(風, vāyu)이 전개되고, 음音·촉觸·색色의 결합에서 화(火, tejas)가 생겨나고, 음音·촉觸·색色·미味의 결합에서 수(水, ap)가 나오고, 음音·촉觸·색色·미味·향香의 결합에서 지(地, kṣiti)가 생겨나는 것이다. 여기서도 '5유'의 존재는 '5대'의 존재를 통해서 추리되는 것이다. 이렇게 해서 제1차적인 진화(進化, sarga)의 과정은 끝마치게 된다. 이상의 내용을 정리하면 다음과 같다.

프라크리티 → 붓디→ 아함카라(我慢) → 마나스(意根)와 5지근知根과 5작근作根
↳ 5유五唯 → 5대五大

이상과 같이, 프라크리티는 그 내적 균형이 무너진 후 붓디로 발전하고, 붓디에서 아함카라가 나오는데, 이 아함카라에서 11개의 근根으로 향해 가는 내적 전개와 '5유'에서 '5대'로 진출해 가는 외적 전개로 나타나게 된다. 이때 현상세계는 그 모습을 드디어 드러내게 되는 것이다. 여기서 아함카라와 '5유'는 더욱 전개될 수 있는 가능성이 있는 것이므로 무결정자(無決定者, aviśeṣa)라고 하고, 11개의 근根과 '5대'는 이미 결정되어진 것이기 때문에 결정자(決定者, viśeṣa)라고 부른다. 그리고 붓디·아함카라·마나스는 '5유'와 함께 인간의 세신(細身, liṅga-śarīra)을 이루는데, 이 '세신'은 인간의 육체가 없어지는 때에도 계속 존재하는 것이고, 윤회의 주체가 되는 몸이다.

이 '세신'에는 과거와 현재의 삶을 통해서 형성된 정신적 성향이 고스란히 간직되어 있다. 그것은 8가지 성향인데, 덕(德, dharma)·악(惡, adharma)·지혜(智慧, jñāna)·무지(無知, ajñāna)·격정(激情, vairāgya)·무욕(無欲, avairāgya)·초자연적인 힘(aiśvarya)·약함(anaiśvarya)이다. '세신'은 이러한 8가지 성향에 따라 알맞은 형태로 다시 태어난다. 마치 연극배우가 여러 가지 배역을 맡듯이, 세신도 여러 형태의 몸으로 태어난다.

(2) 푸루샤

프라크리티가 세계의 질료적 원인이지만 결과는 아닌 것이었다면, 푸루샤puruṣa는 원인도 아니고 결과도 아닌 것이다. 푸루샤는 영원하고, 무한하고, 부분과 성질을 가지고 있지 않는 것이다. 이것은 순수한 식識이고, 방관자傍觀者여서 결코 대상화가 될 수 없는 존재이다. 이것은 인간의 지식이 성립되는 데 그 기초가 되는 것이지만, 지식에 영향을 받는 것은 아니다. 왜냐하면 지식은 대상에 따라 그때그때 변하는 것이기 때문이다. 이 지식에 의해 변화를 경험하는 것은 '붓디'이고, 푸루샤는 그 대상이 아닌 것이다. 그리고 이것은 우파니샤드의 아트만과 브라흐만과는 달리 그 수효가 무수히 많지만 본질적인 면에서는 차이가 없는 개별자적個別者的 존재이다.

이 푸루샤는 추론推論에 의해 알려지는 존재이다. 이것이 존재하고 있는 점에 대해 상키야학파에서는 다음의 세 가지로 증명하고자 한다.

첫째, 물질세계에는 앎이 없으므로 앎을 경험하는 원리를 필요로 한다. 다시 말해서, 대상은 앎을 행사할 수 있는 주체를 필요로 하는데, 이것이 푸루샤이다. 둘째, 인간은 윤회의 세계에서 벗어나고자 하는 종교적 갈망을 가지고 있는데, 이것을 위해서라도 물질의 세계와 다른 어떤 것이 존재해야 한다는 것이다. 셋째, 프라크리티에 의해서 전개되는 과정에서 발견되는 수단과 목적의 일치는 어떤 의식적 존재를 위한 것이다. 프라크리티에서 전개된 현상세계는 하나의 수단이고, 이것은 어떤 목적에 봉사하기 위한 것이라고 본 것이다. 이 학파에서는 푸루샤를 자연 질서의 계획자로 이해하고 있지는 않지만, 의도적 질서의 혜택을 받은 의식적 존재라고 보고 있다.

(3) 해탈론과 지식론

상키야학파에서 '속박'은 푸루샤와 붓디를 구분하지 못하고 혼동하는 무지無知 때문에 생기는 것이다. 앞에서 말한 대로, 붓디는 사트바의 성질이 주로 많이 있기 때문에 아주 섬세한 것이고, 이것이 푸루샤의 빛을 반사해서, 마치 붓디 자신이 의식이 있는 것처럼 생각한다. 이러한 무지로 인해서 붓디가 겪는 모든 마음의 상태를 푸루샤가 체험하고 있는 것으로 착각하고 있다.

그러므로 해탈을 위해서는 푸루샤와 붓디를 구분하는 분별지(分別智, viveka-jñāna)가 필요하다. 이러한 '분별지'의 가능성은 붓디에서 찾을 수 있다. 그 이유는 프라크리티는 푸루샤의 해방이라는 영적靈的 목표를 위해서 활동하고 있으므로, 이 프라크리티는 본래부터 푸루샤를 속박하려는 존재가 아니기 때문이다. 따라서 해탈과 속박도 프라크리티의 안의 일이고, 그 기능의 핵심은 붓디가 쥐고 있다.

그래서 일단 붓디에게 '분별지'가 생기기만 하면, 붓디를 중심으로 한 인간의 인식과 행위는 멈추게 되고, 푸루샤도 그 본래의 모습인 독존(獨存, kaivalya)의 상태에 머무르게 된다. 『수론송(數論頌, Saṃkhya-kārikā)』의 저자 이슈바라크리슈나Īśvarakṛṣṇa는 "프라크리티는 매우 수줍은 무희와 같아서 일단 푸루샤라는 방관자가 자기 춤을 쳐다보고 있다는 의식이 생기면, 춤을 추지 않게 된다"고 말한다. 푸루샤는 프라크리티를 보고 나면 모든 흥미를 잃어버리고, 프라크리티는 푸루샤에게 보여졌다고 생각하면 모든 행위를 그치는 것이다.

지식론을 살펴보면, 상키야학파에서는 타당한 지식의 방법으로 지각(pratyakṣa, 現量), 추론(anumāna, 比量), 성언량(聖言量, śabda)을 인정하고 있다. 이 점은 뒤에 소개할 요가학파에서도 마찬가지이다. 여기서 중요한 것은 '성언량'이다. '성언량'은 신뢰할 만한 사람의 말을 타당한 인식의 방법으로 받아들이겠다는 것인데, 여기서 타당한 인식방법의 대상은 천계성전天啓聖典이라고 알려져 있는 베다이다. 이는 베다의 말은 곧 진리라는 것을 함축하고 있으므로, 베다에 기초한 사성계급을 옹호하겠다는 입장으로 연결된다. 여기서 상키야학파가 인도의 정통파에 속하는 입장을 읽을 수 있다고 필자는 생각한다. 그리고 이러한 비판은 상키야학파의 형이상학을 함께 받아들이고 있는 요가학파에도 적용할 수 있다.

(4) 상키야학파에 대한 비판적 고찰

그러면, 왜 서로 다른 푸루샤와 프라크리티가 접촉해야 하는가? 그것은 푸루샤와 프라크리티가 서로를 필요로 하기 때문에 만나는 것이라고 한다. 푸루샤는 해방(apavarga) · 향수(享受, bhoga)를 위해서 프라크리티가 필요하고, 프라크리티는 자신을 보고 즐기는 자로서 푸루샤가 필요하다고 한다. 비유하면, 장님과 절름발이가 서로를 의지하는 것과 같다.

그러나 이러한 설명은 설득력이 부족하다는 평가를 받고 있다. 왜냐하면, 상키야학파는 푸루샤와 프라크리티가 서로에게서 벗어날 때 해탈을 이룰 수 있다고 보고 있기 때문이다. "서로 떨어져 있어야 좋은 관계인데 왜 굳이 만나야 하는가?"라는 의구심을 잠재우기에 상키야학파의 설명은 그 설득력이 약하다. 더구나 전혀 이질적인 2개의 형이상학적 실재가 어떻게 만날 수 있는지에 대해서도 풀이해야 할 의무가 상키야학파에는 있다. 그래서 상키야학파에서는 이 둘의 접촉은 실제의 접촉이 아니라, 접촉하는 것같이 보일 뿐이라는 설명(saṃyogābhāśā)을 제시하고 있다. 이러한 2원론의 약점은 서양철학인 데카르트 2원론적 철학에서도 발견된다.[11]

---

11 데카르트는 신神을 무한無限실체로 인정하고, 정신과 물체를 유한有限실체로 인정하였다. 그리고 나서 정신의 속성은 '사유'이고, 물체의 속성은 '연장', 곧 뻗쳐 있음, 공간에 놓여져 있음이라고 한다. 그래서 정신과 물체는 전혀 관계할 수 없는 독립된 실체라고 주장하였다. 이렇게 되면, 정신과 물체의 결합을 설명할 수 없게 된다. 인간의 경우, 분명히 정신과 신체(물체)가 결합하고 있다. 이것을 설명하기 위해서, 데카르트는 정신과 신체(물체)가 서로 결합할 수 있는 장소로 뇌의 송과선松果腺을 인정하였다. 그러나 일단 정신과 신체(물체)가 결합하게 된다면, 데카르트의 이원론적 입장은 무너지게 된다. (이와자끼 다께오岩崎武雄 지음, 허재윤 옮김, 『서양철학의 흐름』, 이문출판사, 1997년 10판, pp.141~142 참조)

동양철학에서도 같은 모습이 나타난다. 주자학의 이기이원론理氣二元論이 한국에

(5) 상키야학파의 전개과정

상키야학파의 전개과정은 전기와 후기로 구분할 수 있다. 전기는 이원론적 철학이 형성되었다면, 후기에는 일원론적이고 유신론적 경향이 강하게 나타나게 되었다.

상키야학파의 창시자는 카필라(Kapila, B.C. 350~250년경)라고 전해져 왔다. 그 후계자 아수리Āsuri, 판차쉬카(Pañcaśikha, B.C. 150~50년경), 바르샤가냐(Vārṣagaṇya, 雨衆, A.D. 250~350년경), 빈디야바신(Vindhyavāsin, 4세기) 등의 학자들이 불교에 대해 논쟁을 하였는데, 현재 이들의 저작은 거의 남아 있지 않고 단편만이 전할 뿐이다. 현재 남아 있는 최고의 원전은 이슈바라크리슈나(Īśvarakṛṣṇa, 自在黑, 4세기)의 『상키야카리카(Sāṃkhya-kārikā, 數論頌)』이다. 이 책은 모두 70절로 되어 있어서 『수론칠십(數論七十, Sāṃkhyasaptati)』이라고 불리기도 하며, 인도의 고전철학책 가운데 백미白眉로 꼽히는 뛰어난 작품이다. 그리고 이 작품은 560년경 진제(眞諦, Paramārta)에 의해서 주석과 함께 『금칠십론金七十論』으로 한역되었다.

8세기 철학자 가우다파다(Gauḍapāda, 만두키야 우파니샤드의 주석자와 동일인물인지 분명치 않음)의 주석서 『수론송소(數論頌疏, Sāṃkhya-kārikā-bhāṣya)』와 9세기 베단타철학자 바차스파티미슈라(Vācaspati-miśra)의 주석서 『수론진리월광(數論眞理月光, Sāṃkhya-tattvakaumudī)』이 있다.

들어와서는 임성주의 기일원론氣一元論과 기정진의 이일원화理一元化로 전개된다. 이는 2원론의 모습이 시간이 흐르면서 일원론으로 바뀌었음을 의미하는 것이다. (김형찬, 「이기론의 일원론화 연구」, 고려대대학원 철학과 박사학위논문, 1996년)

후기에는 14, 15세기에 카필라의 저서인 『수론해설경(數論解說經, Sāṃkhya-pravacana-sūtra)』이 제작되고, 이에 대해 16세기 후반 베단타 철학자 비즈냐나빅슈Vijñānabhikṣu가 주석서 『수론해설소(數論解說疏, Sāṁkhya-pravacana-bhāṣya)』를 썼는데, 그는 또한 상키야철학의 기본적 이론서 『수론정요(數論精要, Sāṁkhya-sāra)』를 저술하기도 하였다. 그는 상키야와 유신론적 베단타철학의 차이를 극소화하기 위해서 고심하였다.

후기 상키야 저술에는 '최고아'를 궁극의 원인으로 간주하는 유신론적 일원론의 경향이 나타났다. 또한 카필라의 저술이라고 말해지는 『진리결합(Tattvasamāsa)』도 출현했다. 상키야학파의 이론은 독자적인 학파로서 근세에까지 그 명맥을 유지하지는 못했지만, 상키야의 여러 이론은 베단타철학 등의 다른 학파에 흡수되었고, 인도인의 세계관에 큰 영향을 주었다.

2) 요가학파

요가Yoga학파와 상키야학파는 형이상학을 함께 하지만, 두 가지 점에서 다르다고 할 수 있다. 하나는 마음의 잠재적인 힘을 강조하는 것이다. 이는 무지無知를 적극적으로 주장하는 것으로 이어진다. 이 점에서 구체적인 수행방법을 제시하게 되고, 그것이 8지八支요가이다. 다른 하나는 유신론적有神論的 경향이 요가학파에서 발견된다는 점이다. 이는 초기 상키야학파에서는 신을 인정하지 않으려는 분위기와 대조되는 것이다. 이 내용을 살펴보자.

(1) 마음의 작용 · 무지無知 · 지식론

요가학파에서는 무지無知에 대해서 상키야학파보다 적극적으로 주장한다. 무지는 붓디의 상태를 푸루샤인 것으로 생각하는 것이다. 푸루샤는 본래 순수식純粹識이고, 아무런 활동을 하지 않고, 변화를 겪지 않는 존재이다. 그러나 대상에 따라 변하는 붓디와 혼동하기 때문에, 푸루샤 자체가 인식 · 경험의 주체로서 변화를 겪는 것으로 잘못 파악하고 있다. 마치 아무런 형태를 가지고 있지 않은 철구鐵球의 불이 둥근 형태를 가진 것처럼 보이고, 차가운 쇳덩어리가 뜨겁게 보이고, 달이 흔들리는 물결에 비치게 되면 달이 동요하는 듯하고 물 자체에 빛이 있는 것처럼 보이는 것과 같다.

요가학파에서는 마음(心, citta)의 잠재적 힘을 강조하고 있다. 그것은 우선 마음의 개념에 상키야학파와 약간 차이가 있기 때문이다. 요가학파에서는 붓디 · 아함카라 · 마나스를 합쳐서 마음이라고 부른다. 이러한 마음은 그 안의 전생에 경험한 여러 가지 자취(saṃskāra)와 인상(vāsanā)과 업業의 과보를 지니고 있는 윤회의 주체이다. 이렇게 마음의 잠재적인 면에 주목하게 되면, 상키야학파와 같이 단순히 '분별지'만을 강조하는 데 그치지 않고, 마음 안에 간직되어 있는 과거의 여러 습관적인 힘을 제거해야 하고, 더 나아가서 현재에도 업의 자취를 계속 만들어 내고 있는 마음의 작용이 그쳐야(citta-vṛtti-nirodha) 해탈이 가능하다고 보고 있다.

그러면, 마음의 습관적인 힘이라고 불리는 번뇌(煩惱, kleśa)에는 어떤 것이 있는가? 5가지가 있는데, 그것은 무명(無明, avidyā) · 아견(我見, asmitā) · 탐(貪, rāga) · 증(憎, dveṣa) · 현탐(現貪, abhiniveśa:

현세의 향락에 집착해서 죽음을 두려워하는 것)이다. 이 중에서 무명이 가장 힘이 세어서, 뒤의 4가지는 무명에서 생긴다고 한다. 이 5가지 번뇌에 의해서 사람은 업을 짓고, 업은 다시 마음에 자취와 영향을 남겨서, 사람은 그에 상응하는 업보業報를 받게 되는 것이다.

요가학파에서는 사람의 마음작용을 5가지로 구분하고 있다. 그것은 정지(正知, pramāṇa)·부정지(不正知, viparyaya)·분별지(分別知, vikalpa)·수면(睡眠, nidrā)·기억(記憶, smṛti)이다. 여기서 '정지'는 타당한 인식방법에서 생기는 지식인데, 요가학파에서 인정하는 타당한 인식방법은 지각(知覺, pratyakṣa)·추론(推論, anumāna)·증언(證言, śabda)이다. '부정지'는 적극적으로 틀린 지식을 말하는 것이고, '분별지'는 대상이 존재하지 않는데도 순전히 언어에 의해서 아는 지식을 말한다. 예를 들어 '토끼뿔'과 같은 것이다. '수면'은 인식하는 기능이 없을 때를 지칭하는 것인데, 이것도 마음작용의 하나로 보고 있다. '기억'은 마음 안에 남겨진 인상印象을 통해서 과거의 경험을 회상回想하는 것이다.

(2) 8지八支요가

앞에서 말한 마음의 작용과 마음의 습관적인 힘을 제거하기 위해서 요가학파에서는 구체적인 수행방법을 제시한다. 그것은 8단계로 이루어진 8지八支요가(aṣṭāṅga-yoga)로 금제禁制·권제權制·좌법坐法·조식調息·제감制感·집지執持·정려靜慮·삼매三昧이다. 이 중에서 처음 5가지는 뒤의 3가지를 위한 준비단계이며, 요가의 궁극목표는 모든 마음작용이 그친 삼매의 경지에 들어가는 것이다.

첫째, 금제(禁制, yama)는 5계戒를 지키는 것인데, 5계는 살생하지 않는 것, 진실을 말할 것, 도둑질하지 않을 것, 음행淫行하지 않을 것, 무소유이다.

둘째, 권제(權制, niyama)는 안과 밖을 청정하게 하고, 족함을 알고, 고행苦行을 하고, 배우고 익히고, 최고신에 전념하는 것이다. 일상생활에서 이와 같은 준비를 하고 나서 정신을 통일하는 수행에 들어간다.

셋째, 좌법(坐法, āsana)은 신체를 안정시키고 움직이지 않게 하는 방법이다.

넷째, 조식(調息, prāṇāyāma)은 호흡을 억제 조절하는 것이다.

다섯째, 제감(制感, pratyāhāra)은 감각기관에 가해지는 외적 대상의 영향력을 배제하는 것이다. 그리하여 마음을 편하게 하려는 것이다.

여섯째, 집지(執持, dhāraṇā)는 한정된 마음의 영역, 다시 말해 집중하는 대상에 마음을 제한시키는 것이다. 일상적 사고에서는 마음이 이 대상에서 저 대상으로 자꾸 이동하지만, '집지'의 단계에서는 마음을 지속적으로 한 대상에 집중하는 것이다.

일곱째, 정려(靜慮, dhyāna)는 선택한 대상에 대해서 마음이 아무런 장애 없이 흐르는 것이다. 이는 마음을 차분히 한 대상에만 집중시켜 '집지'의 단계에서 '정려'의 단계로 올라가는 것이다. 일상적 사고에서는 마음이 이곳 저곳으로 옮겨다니지만, '집지'의 단계에서는 그 빈도가 작아지고, '정려'의 단계에서는 옮겨다니는 것이 아주 없어지는 것이다. 이때 마음은 오직 한 대상만을 내용으로 한다. '정려'의 단계에서는 선택한 대상에 대해 여러 측면에서 연구하는 것이기에 아직 마음은 움직이고 작동한다고 할 수 있다.

여덟째, 삼매(三昧, samādhi)는 앞에서 말한 '정려'와 같은 속성을 가지고 있는 것이지만, 명상의 대상에만 의식이 있고, 마음 자체에는 의식이 없는 것이다. '정려'의 단계에서도 마음의 한 대상에 집중되지만, 자아의식이라는 방해물을 아직 제거할 수 없었다. 그러다가 '삼매'의 단계에 들어서면서 자아의식이 제거되어, 마음의 모든 자의식自意識은 사라지고, 대상은 본래 있는 그대로 왜곡되지 않고 드러나게 된다. 이 단계에서 주관과 객관의 융화가 일어난다. 여기선 더 이상 두 사물이 없으며, 오직 하나인 순수의식만이 존재할 뿐이다.

이러한 삼매를 유상삼매(有想三昧, savitarka samādhi)와 무상삼매(無想三昧, nirvitarka samādhi)로 나누기도 한다. '유상삼매'는 대상의 의식을 동반하는 삼매이고, 아직 대상에 속박되고 억제되어 있으며, 마음의 작용이 아직 잠재력을 가지고 있는 단계이다. 그래서 '유종자有種子삼매'라고도 한다. 그에 비해 '무상삼매'는 대상의 의식을 동반하지 않고 대상에 속박 당하는 일이 없으며, 마음의 작용에 남아 있는 잠재력도 완전히 제압된다. 그래서 '무종자(無種子, nirbīja)삼매'라고도 한다. 이 때 수행자 자신이 곧 대상이 된다. 그리하여 프라크리티와 구분되는 푸루샤의 존재를 인식하여 무지와 속박으로부터 절대적 자유를 획득한다. 이것이 독존(獨存, kaivalya)이다.

(3) 유신론적有神論的 입장

신神을 인정하는가 · 아닌가에 따라 상키야학파와 요가학파는 구분된다. 상키야학파는 신을 인정하지 않지만, 요가학파에서는 신을 인정하고 있다. 이 내용을 살펴보자.

상키야와 요가학파에서는 프라크리티의 전개과정 속에 질서와 합목

적성이 있음을 받아들이고 있지만, 지성知性을 가지고 있지 않은 프라크리티에서 어떻게 질서와 조화가 생기는가에 대해서 견해 차이가 생겼다. 상키야학파에서는 프라크리티가 푸루샤에 봉사하려는 경향이 있다고 하면서, 그 전개과정에서 외부의 힘, 다시 말해서 신을 인정하지 않는다. 그에 비해 요가학파에서는 프라크리티에게 목적을 부여한 존재를 긍정하고, 한 걸음 더 나아가서 개인이 행한 업에 의해서 각각 그에 상응하는 업보業報를 받게 하는 것은 '프라크리티'만으로는 설명이 되지 않는다고 한다. 그래서 전지전능全知全能한 신神 이슈바라Īśvara를 인정한다. 이 신은 자신의 영원한 의지에 근거해서 프라크리티의 전개과정을 잘 인도하고, 각자의 업에 상응하는 업보를 받게 해서 푸루샤의 이익을 보호해 준다.

한편 요가학파의 역사를 볼 때, 이러한 신의 관념에도 변화가 있다. 원래의 『요가수트라』에서는 '신'은 영원히 속박을 모르는 푸루샤로서 인정되고 있었고, 그래서 요가행자가 수행하는 명상의 대상이었을 뿐 실제적 기능과 활동은 하지 않는 존재였다. 그렇지만 『요가수트라』의 주석가들은 이렇게 비활동적인 신의 개념에 만족하지 않고, 신을 활동적인 존재로 바라보고자 하였다. 그래서 바사Vyāsa는 신을 미세한 물질로 몸을 삼아서, 종교적 교훈도 주고 은총을 내려서, 신을 믿는 사람이 구원을 얻는 데 도움이 되는 존재라고 보았고, 바차스파티미슈라Vācaspatimiśra는 세계의 주기적인 진화進化와 해체解體에 관여하고, 우주의 도덕적 법칙을 관장하고, 베다를 계시啓示하는 존재로 파악하고 있다.

(4) 요가학파의 전개과정

요가수행의 전통은 인더스문명에까지 소급할 수 있다고 한다. 인더스문명의 유적에서 발굴된 신상神像이 요가의 자세를 취하고 있기 때문에 이렇게 판단한다. 이것은 베다시대에 바라문이 제사를 지낼 때 초자연적인 힘과 지혜를 얻기 위해서 행한 고행(苦行, tapas)으로 나타났다. 다시 후대에 내려와서 『카타 우파니샤드』에서는 '요가'에 대해 구체적으로 언급했고, 『마하바라타』에 와서는 요가학파와 상키야학파는 2개의 철학 체계로 인정되고 있다. 이러한 전통이 요가학파의 성립에 기여하였다.

요가학파의 근본경전은 『요가수트라Yoga-sūtra』이다. 이는 파탄잘리Patañjali라는 B.C. 2세기경의 인물에 의해서 만들어졌다고 알려졌지만, 사실은 A.D. 4~5세기 작품으로 간주된다.[12] 『요가수트라』에 대한 주석으로 가장 오래된 것은 바사Vyāsa의 『요가수트라소疏(Yoga-sūtra-bhāṣya)』이다.[13] 이때에는 상키야와 요가학파는 같은 것으로 받아들여지고 있었다.

9세기에 이르러서 바차스파티미슈라Vācaspatimiśra는 바사의 주석에 『진리통효(眞理通曉, Tattvavaiśāradī)』라는 복주復註를 썼는데, 이 작품

---

12 J.H. Woods는 "*The Yoga System of Patañjali*"(Cambridge: Harvard Univ. Press, 1914)에서 이 파탄잘리와 B.C. 2세기의 문법학자 파탄잘리와는 다른 사람으로 보고 있는데 비해서, Dasgupta는 "*A History of Indian Philosophy*" Vol I p.238에서는 이 두 사람을 동일한 인물로 보고 있다. 이 글에서는 Woods의 견해를 따랐다.(길희성, 『인도철학사』 p.94 재인용)

13 Woods는 『요가수트라』의 연대를 300~500년경으로 보고 있고, 바사Vyāsa의 『요가수트라疏(Yoga-sūtra-bhāṣya)』는 650~800년경으로 잡고 있다. 하지만 이 대목에 대해 여러 가지 주장이 있다.(길희성, 『인도철학사』 p.94 재인용)

에 의해서 요가철학의 학설은 고정되었다. 보자라자Bhojarāja의 『브리티(Vṛtti, 판단)』와 『요가의 광채(Yoga-maṇiprabhā)』도 요가철학에 대한 간결하고 대중적인 저술이다. 16세기에는 비즈냐나빅슈Vijñānabhikṣu도 뱌사의 주석에 『요가평석(評釋, Yoga-vārttika)』이라는 주석서를 저술하였고, 요가철학의 강요서인 『요가정수강요(精髓綱要, Yogasāra-saṃgraha)』를 썼다.

3) 바이셰쉬카학파

바이셰쉬카(Vaiśeṣika, 勝論)학파에서는 세계의 구성 원리를 6범주 또는 7범주로 나누어서 분석한다. 그것은 '6구의'(句義, padārtha) 또는 '7구의'라고 부르는 것이고, 그 내용은 실체 · 성질 · 행위(운동) · 보편 · 특수성 · 내재內在 · 부존不存이다. 여기서 가장 중요한 것은 '실체'와 '보편'이다.

바이셰쉬카학파에서는 '실체'의 개념을 통해서 '다원론'을 말하고자 하고, '다원론'의 관점에서 바라보는 '자아'가 어떤 것인지 보여주고자 한다. 나아가 '다원론'을 주장한다고 해도, 비정통파와 같이 베다의 가치를 부정하는 것이 아니고, 베다의 입장을 옹호할 수 있음을 나타내고자 한다. 그것이 바로 '보편'을 통해서 바이셰쉬카학파가 전하고자 하는 골자이다. 나머지는 이 관계를 공고히 하기 위해서 설정된 것이다.

한편 바이셰쉬카학파의 '해탈' 개념은 각자의 도덕적 능력에 따라 형성된 눈에 보이지 않는 '불가견력不可見力'에서 벗어나는 것이다. 이때 자아는 진정한 자아의 본래 모습을 찾을 수 있다는 것이 바이셰쉬카학파의 주장이다.

(1) 6범주 · 7범주

바이셰쉬카학파에서는 세계의 구성 원리로 6범주 또는 7범주로 나누고 있다. 그 내용을 살펴본다.

첫째, 실체(dravya)에는 9가지가 있다. 이는 지(地, pṛthivī), 수(水, ap), 화(火, agni), 풍(風, vāyu), 공(空, 허공, ākāśa), 시간(時間, kāla), 공간(空間, diś), 의근(意根, manas), 자아(自我, ātman)이다. 여기서 지 · 수 · 화 · 풍은 '원자(paramāṇu)'로 이루어져 있는 것이고, 이 원자는 그 숫자가 무수히 많고, 부분을 가지고 있지 않기 때문에 더 이상 나눌 수 없고, 생성되는 것도 아니고 파괴할 수도 없는 영원한(nitya) 것이다. 이러한 원자에 의해서 만물이 구성되는 것이다. 또한 원자에는 지 · 수 · 화 · 풍을 구성하는 4가지 종류가 있고, 개개의 원자도 그 질과 양이 각기 다르다.

'공'은 원자로 구성되어 있는 것은 아니고, '소리'라는 성질이 어딘가에 속해 있어야 하므로, 이런 사실에 의해서 추론되는 실체이다. '시간'과 '공간'은 각각 하나이면서 영원하고 모든 것에 두루 존재하는 것이다. 이 두 가지도 '공'과 같이 추론에 의해서 알 수 있는 것이다. '시간'은 과거 · 현재 · 미래, 젊음 · 늙음을 인식하는 근거로 추리되는 것이고, '공간'은 여기 · 저기, 가깝다 · 멀다 등을 인식할 수 있는 근거로서 추론되는 것이다.

자아(영혼, ātman)는 인식현상의 밑바닥을 이루는 실체이다. 영혼에는 두 가지가 있다. 개인영혼(jīvātman)과 최고영혼(parātman, 신,

Īśvara)이다. 개인영혼은 그 수효가 많으며, 의근意根과 관계되어 있지만 않으면 고통과 욕망에서 자유로운 존재이고, 개인영혼은 그것이 들어 있는 사람의 몸에 따라 각각 다른 모습을 보인다. 그리고 개인영혼은 의지·욕망·기쁨·아픔 등의 여러 정신적 상태에 근본이 되는 실체인데, "나는 안다" "나는 아프다"라는 말을 통해서 자아가 의식에 속하는 실체임을 알 수 있는 것이다. 그에 비해 '신'은 모든 것을 다 아는 영혼으로서 모든 고통과 욕망에서 벗어난 존재이고, 그 수효도 하나이고, 세계의 '창조자'라고 추리되는 존재이다.

의근意根은 내적 감각기관(antarindriya)이다. 이는 눈·코 등의 외적 감각기관이 바깥대상을 인식하듯이, 자신의 상태를 인식하는 것이다. 외적 감각기관이 대상과 접촉하고 있는 경우에도 그 대상을 동시에 다 인식하지 못하는 것은 우리의 지각작용을 한 번에 하나씩으로 제한하는 의근이 있기 때문이고, 지각은 이러한 의근이 활동해야 비로소 이루어지는 것이다. 원자와 같이, 의근은 부분을 가지고 있지 않고 영원하며 통일적인 존재이다. 우리의 자아는 각자의 의근과 관계하고 있으며, 이 의근이 우리의 자아에다 개체성을 부여하는 것이다. 그리고 의근은 윤회의 과정을 통해서 '자아'를 동반한다.

둘째, 성질(guṇa)은 실체의 성질을 말하는 것이다. 바이셰쉬카학파에서는 24종류의 성질을 말하고 있다. 『바이셰쉬카 수트라』에서는 17가지를 거론하고 있었는데, 그 뒤에 7가지가 추가되었다. 그것은 색色, 미味, 향香, 촉觸, 성聲, 수數, 크기, 개별성, 결합, 분리, 근거리, 원거리, 지식, 쾌감(快), 고통(苦), 의욕, 혐오, 노력, 무거움, 유동성, 점착성, 성향, 공적(功績, dharma), 죄과(罪過, adharma)이다.

셋째, 행위(karma)는 실체의 행위이다. 여기에는 다섯 가지가 있다. 상투(上投, utkṣepaṇa), 하투(下投, avakṣepaṇa), 굴(屈, ākuñcana), 신(伸, prasāraṇa), 행(行, gamana)이다. 그런데 실체 중에서도 움직일 수 있는 것은 물체적 실체인 지地·수水·화火·풍風·의근意根이고, 공空·시간·공간·영혼과 같이 두루 존재하는 것은 움직일 수 있는 것이 아니다.

넷째, 보편(sāmānya)은 한 사물을 다른 이름이 아닌 그 이름으로 부르게 하는 공통적이고 본질적인 실재實在이다. 보편이 단지 우리 마음에 존재한다는 것은 유명론적唯名論的 입장인데, 바이셰쉬카학파에서는 보편은 객관적으로 사물에 내재하는 실재라고 한다. 이것은 실체·속성·행위의 범주에만 내재한다.

이와 같이 보편을 받아들이는 것은 서양 중세의 실념론實念論과 연관해서 생각해 볼 수 있다. 서양의 중세에서 교회는 단순히 신자信者나 지방교회가 모인 것이 아니고, 그것을 초월한 보편적이고 실재적인 존재이고, 지상에 있는 신神의 나라라고 생각되었다. 이러한 관점을 바이셰쉬카학파의 '보편'에다 적용하면, 이 주장도 베다에서 말하는 추상적 개념을 옹호하는 것으로 연결된다고 할 수 있다. 베다는 사성계급으로 표현되는 불합리한 사회질서를 지켜주는 이론서라고 할 수 있고, 베다에서 말하는 추상적 개념이 실제로 존재하는 것이라는 주장, 곧 보편을 받아들이는 것은 불합리한 사회질서를 옹호하는 데 기여하는 것이다.[14]

---

14 서양 중세철학의 '보편논쟁'의 내용은 다음과 같다. 플라톤이 말하는 '이데아'는 사물의 개념적 본질이고, 또한 보편자普遍者인데, 이것이 일부 스콜라철학자에게

다섯째, 특수성(viśeṣa)은 실체의 궁극적인 특수성과 차이점을 설명해 주는 것이다. 부분을 가지고 있는 사물은 그 부분들의 차이점에 의해서 특수성이 설명되지만, 실체는 부분이 없는 것이므로 고유한 '특수성'에 의해서만 설명될 수 있는 것이다.

여섯째, 내재(samavāya)는 실체와 성질과 같은 것을 연결시켜주는 개념이다. 이것은 사물간의 영구하고 떨어뜨릴 수 없는 관계이다. 그에 비해 '연결'은 사물과 사물을 이어주는 잠정적인 관계이다.

이상에서 살펴본 것처럼, '6구의' 중에서 가장 중요한 것은 '실체'와 '보편'이다. '성질'과 '행위'는 실체의 성질과 실체의 운동을 말하는 것이고, '특수성'은 실체의 차이성을 말해주는 것이고, '내재'는 실체에 성질이 포함되는 관계를 설명해주는 것이고, 또한 '보편'이 내재해 있음을 보증하는 장치이기도 하다.

그리고 '보편'은 『리그베다』에서 말하는 것과 같은 추상적인 개념들이 실재한다고 지탱해주는 강력한 이론적 무기이다. 여기서 바이셰쉬카학파가 여러 가지 실체를 인정하므로 다원론적 입장임을 알 수 있고,

---

수용되었다. 그 이유는 이 주장이 '원죄'와 '구원' 등의 개념을 잘 설명해 줄 수 있기 때문이다. 아담으로 인해서 인류가 타락하고, 그리스도로 인해서 인류가 구원을 받는다고 하는데, 그렇다면 인류라는 보편자가 성립하고, 그것이 인간의 본질을 이루고 있다는 것이 전제되어야 하고, 이러한 이유 때문에 '보편자'를 수용한 것이다. 이에 대해 반대하는 주장이 제기되었다. 이 주장은 보편이 실재가 아니고 이름에 불과하다는 것이다. 이 주장을 유명론唯名論이라고 한다. 인도철학의 바이셰쉬카학파처럼 보편을 주장하는 쪽이 정통이 되었고, '유명론'을 내세우는 쪽은 주류가 되지 못하였다.(이와자끼 다께오岩崎武雄 지음, 허재윤 옮김, 『서양철학의 흐름』, 이문출판사, 1997년 10판, pp.104~105 참조)

그렇다고 해서 그것이 인도 정통파를 대변하는 견해를 부정하는 것이 아니라고 필자는 생각한다.

이것을 다른 각도에서 접근해보자. 실체에 성질과 운동이 포함되어 있고, 그 반대편에 보편이 존재한다. 그러면 혹시 보편을 말한 것에 의해서 실체들의 차이점이 모호해질 우려가 있으므로 특수성을 제시한 것이고, 그리고 실체 · 성질, 실체 · 보편의 관계를 확실하게 지탱해주는 개념이 '내재'라고 할 수 있다.

일곱째, 부존(abhāva)은 A.D. 10세기 이후의 바이셰쉬카학파의 문헌에서 소개된 내용이다. 이는 무엇이 존재하지 않는다는 것은 부정할 수 없는 실재實在의 한 측면이라는 것이다. 여기에는 4가지가 있다. 전부존(前不存, prāgabhāva)은 어떤 사물이 생기기 이전에는 없었다는 것이고, 후부존(後不存, pradhvaṃsābhāva)은 어떤 사물이 파괴되거나 없어진 다음에는 존재하지 않는다는 것이고, 상호부존(相好不存, anyonyābhāva)은 한 사물이 다른 사물에는 존재하지 않는다는 것이고, 절대부존(絶對不存, atyantābhāva)은 토끼 뿔, 허공의 꽃과 같이 절대적으로 존재할 수 없는 것이다

이를 다시 예를 들어 설명한다. 여기 꽃병이 있는데, 꽃병은 만들어지기 이전에는 존재하지 않았으므로 이것은 '전부존'이고, 꽃병이 깨진 다음에는 존재하지 않으므로 이것이 '후부존'이고, 꽃병과 책상을 비교하면, 책상에 존재하는 특징이 꽃병에는 존재하지 하지 않고, 꽃병에 존재하는 특징은 책상에는 없으므로, 서로간에 구분이 된다. 따라서 꽃병에 있는 것은 책상에 없고, 책상에 있는 것은 꽃병에 없으므로 '상호부존'이라 한다. 그리고 '황금의 산'과 같이 상상의 존재는 절대적으

로 존재할 수 없으므로 '절대부존'이라 한다.

이렇게 '부존'에 대해 힘을 주어 말하는 이유는 우리 인식기관에 포착되지 않는다고 쉽게 없다고 하지 말라는 의미이다. 존재하지 않는다는 것은 만들어지기 이전이거나, 이미 만들어졌지만 파괴되어 버렸거나, 아니면 서로간의 차이점으로 부각되는 점이거나, 아니면 완전히 허구의 대상이거나 하는 것이다. 따라서 베다에서 말하는 가르침이 당장 인식기관에 의해서 확인되지 않는다고 해서 쉽게 '아니다, 없다'라고 하지 말고, 진지하게 다시 성찰할 것을 요구하는 것이다. 여기에서 바이셰쉬카학파의 전통에 대한 옹호적 발상을 다시 확인할 수 있다고 필자는 생각한다.

그러면, 여기서 바이셰쉬카학파의 원자론과 희랍의 레우키푸스 Leucippus와 데모크리투스Democritus의 원자론의 차이점에 대해 간단히 살펴보자. 이것은 5가지로 정리된다.[15]

첫째, 바이셰쉬카의 원자론은 양적으로도 다르고 질적으로도 다른데 비해서, 그리스의 원자론은 모두 동일하고 양적으로 그리고 수적으로 구분할 수 있을 뿐이다. 그리스의 원자론은 사물의 질적 차이는 원자의 수와 배열의 차이에서 생긴다고 하는 것이다. 다시 말하면, 바이셰쉬카의 원자론은 맛, 냄새, 색깔, 감촉과 같은 2차적 속성을 가진다고 하는데 비해서, 그리스의 원자론은 이런 2차적 속성을 가지고 있지 않다고 한다.

둘째, 바이셰쉬카의 원자론은 운동능력이 없다고 하는 데 비해서,

15 R. 뿔리간둘라 저, 이지수 옮김, 『인도철학』 pp.166~167.

그리스의 원자론은 운동이 원자에 본래 있는 것이라고 보고 있다.

셋째, 두 번째의 차이점이 세 번째의 차이점을 낳는데, 바이셰쉬카의 원자론에서는 운동능력이 없다고 하므로 원자를 운동시키는 주체를 요구하게 되고, 그에 비해 그리스 원자론에서는 원자에 운동능력이 본래부터 있다고 하므로 기계적인 설명을 하게 된다.

넷째, 바이셰쉬카의 원자론에서는 영혼과 원자가 서로 다른 것이지만, 그리스의 원자론은 영혼도 물질과 같이 원자가 모여서 이루어진 것이다.

다섯째, 바이셰쉬카의 원자론은 신을 세계의 동력인(動力因, the efficient cause)으로 보는 데 비해, 그리스 원자론은 도덕적・정신적인 것을 포함해서 모든 것을 원자의 상호결합에 의한 것이라고 보고 있다.

그리고 보편의 문제에 대해 다시 검토해 보자. 인도철학에서는 이 문제에 대해 3가지 입장이 있다.[16] 그것은 유명론唯名論, 개념론, 실재론이다. 첫째, '유명론'은 보편은 실재하는 것이 아니고, 공통되는 것은 다만 이름뿐이라는 입장이다. 다시 말해, 동일한 이름으로 제시되는 여러 사물 가운데 어떤 적극적인 본질이 존재하지 않는다는 것이나. 그래서 불교학파에서는 어떤 동물을 '말'이라고 부르는 것은 그 동물에 공통된 본질이 존재하기 때문이 아니고, 다른 동물과 다르기 때문에 붙인 것에 지나지 않는다고 한다. 다시 말해, 어떤 대상을 다른 대상으로부터 구분해주는 공통된 이름이라는 것이다.

둘째, '개념론'은 보편이란 그것이 예시하고 있는 특수와 독립된

---

16 R. 뿔리간둘라 저, 이지수 옮김, 『인도철학』 pp.171~172.

것이거나 초월한 것이 아니고, 보편은 실재와 함께 존재한다는 것이다. 이는 보편이 단지 이름이거나 상상의 산물이라는 주장에 반대하는 것이다. 여기에 자이나교와 불이론적不二論的 베단타가 속한다.

셋째, '실재론'은 바이셰쉬카학파의 주장인데, 보편은 실재하는 것이고, 특수로부터 독립적인 것이라고 한다. 바이셰쉬카학파에서는 보편과 특수가 동일하게 존재로서 의미가 있다고 주장한다.

(2) 신, 불가견력, 해탈, 지식론

바이셰쉬카학파에서는 초기에는 신을 인정하지 않은 경향이 강하였는데, 뒤에 세계의 도덕적 성격을 설명하기 위해서 받아들였다. 원자의 결합과 해체에 의해서 물질세계는 창조되고 사라진다. 이러한 원자의 결합과 해체는 맹목적이고 우연적인 과정이 아니고, 우주의 대주재자(大主宰者, Maheśvara)인 신이 창조하겠다는 의지와 파괴하겠다는 의지에 기초한 것이다. 그리고 개인은 그들의 도덕적 성과와 과실에 의해서 '불가견력(不可見力, adṛṣṭa)'이라는 보이지 않는 힘이 있게 되는데, 신은 개인이 그들의 '불가견력'에 의해서 거기에 합당한 경험을 하게 한다. 신은 원자를 창조하지는 않았지만, 지성이 없는 원자들이 도덕적 법칙에 따라 움직이게 만드는 존재이다.

앞에서 개인의 영혼을 속박하는 '불가견력'을 말했는데, '해탈'은 개인의 영혼에 감추어져 있는 이러한 '불가견력'이 다 없어진 상태이다. 이때 자아는 모든 속성을 떠나서 실제의 자아 그 자체로 존재한다. 다시 말해 자아는 아무런 생각이나 의지를 느끼지 않고, 어떠한 의식도 없는 상태가 된다.

바이셰쉬카학파에서는 지각(pratyakṣa, 現量)과 추론(anumāna, 比量)을 지식의 타당한 방법으로 인정한다. 바이셰쉬카학파는 베다의 권위를 인정하지만, 뒤에 소개할 니야야학파와 같이 베다를 독립된 타당한 지식의 방법으로 받아들이지 않는다. 성언량(聖言量, 성인의 말씀을 인식의 근거로 인정하는 것, śabda)을 추론의 한 종류로 간주한다.

(3) 바이셰쉬카학파의 전개과정

이 학파의 전개과정은 크게 전기와 후기로 구분할 수 있다. 전기는 근본경전이 성립되고 그에 대한 주석서가 정해진 시기인데, 이때 6구의 六句義가 성립되었다. 후기는 주석서에 대한 주석서가 작성되고, 7구의 七句義가 성립되고, 주재신을 받아들이고, 니야야와 바이셰쉬카학파가 함께 묶여서 다루어진 시기이다.

이 학파의 근본 경선은 가공의 인물로 추측되는 카나다Kaṇāda의 『바이셰쉬카 수트라(Vaiśeṣika-sūtra, 勝論經)』에서 출발한다. 이는 A.D. 1~2세기쯤에 작성된 것으로 추측된다. 내용은 간결한 격언이 중심을 이루고 있어서, 주석 없이는 이해하기 힘들다. 이 짐은 다른 학파의 근본경전도 마찬가지이다.

이 학파가 체계적인 성립을 본 것은 A.D. 500년쯤에 프라샤스타파다 Praśastapāda에 의해 저술된 『구의법강요(句義法綱要, Padārtha-dharma-saṃgraha)』이다. 이 책의 형식은 『바이셰쉬카 수트라』의 주석으로 되어 있지만, 실제 내용은 하나의 독자적 논서라고 볼 수 있다.

후기에 이 『구의법강요』에 대해서 4종류의 중요한 주석서가 쓰여졌다. 뵤마쉬바(Vyomaśiva, 900~960년경)의 『여허공(如虛空, Vyomavati)』,

슈리다라(Śrīdhara, 950~1000년경)의 『정리파초수(正理芭蕉樹, Nyāya-kandalī)』(991년 작성됨), 우다야나(Udayana, 1050~1100년경)의 『광휘연속(光暉連續, Kiraṇāvalī)』, 슈리밧사Śrīvatsa의 『릴라바티(Līlāvatī, 미의 화신)』(11세기)가 있다. 그리고 이 무렵에 쉬바디티야Śivāditya의 『칠구의론(七句義論, Saptapadārthī)』도 쓰여졌는데, 이 책의 내용은 니야야학파와 바이셰쉬카학파를 함께 섞어서 다룬 것이다.

특히 주목할 것은 혜월(慧月, Maticandra, 550~650년)이 『승종십구의론(勝宗十句義論, Daśapadārthaśāstra)』(玄奘 한역, 648년)을 작성했다는 것이다. 이는 한문으로 번역되어 전해지는 저술이다. 십구의十句義는 6구의에 보편적이면서 특수한 것(俱分), 가능력(有能), 무능력(無能), 무無를 추가한 것이다. 여기서 '보편적이면서 특수한 것'은 보편이 유성(有性)에 국한하고, 특수가 극단의 특수한 것(邊異)에 국한하였기 때문에 그 중간을 제시한 것이다. '가능력'은 실체·성질·운동이 결과를 일으키는 능력이고, 무능력은 실체·성질·운동이 결과를 일으키는 능력이 없는 것이다. '무無'는 이 시대부터 독립적인 원리(句義)로 인정되어 일반적으로 칠구의七句義로 인정받게 되었다. 그리고 『바이셰쉬카수트라』에 대해서 샹카라미슈라(Śaṅkaramiśra, 15세기)가 주석서 『우파스카라(Upaskāra, 도구)』를 저술하였다.

한편, 후대로 내려갈수록 니야야학파와 바이셰쉬카학파를 융합하려는 경향이 강해지고, 간결한 입문서가 작성되었다. 우선, 라우각쉬바스카라(Laugākṣi Bhāskara, 17세기초)의 『사색의 월광月光(Tarka-kau-mu-dī)』도 프라샤스타파나의 『구의법강요』에 의거해서 니야야와 바이셰쉬카학파를 혼합하려는 작품이다. 비슈바나타 판차나나(Viśvanātha

Pañcānana, 17세기초)는 『언어의 분별(Bhāṣāpariccheda)』과 그 자신의 주석서 『진리의 진주(Siddhānta-muktāvalī)』에서 카나다의 철학을 다루는데, 그는 신新니야야학파에 상당한 영향을 받았다. 안남바타(Annaṃbhaṭṭa, 16세기말)의 『사색의 강요綱要(Tarka-saṃgraha)』와 자가디샤(Jagadīśa)의 『사색의 감로甘露(Tarkāmṛta)』(A.D. 1635), 자야나라야나(Jayanārāyaṇa)의 『주해(註解, Vivṛti)』(17세기)는 이 학파에 대한 유용한 개론서이다.

4) 니야야학파

니야야(Nyāya, 正理)학파는 앞에서 소개한 바이셰쉬카학파와 형이상학을 거의 함께 한다. 니야야학파의 경전인 『정리경(正理經, Nyāya-sūtra)』에서는 니야야학파가 다룰 내용을 16가지로 말하고 있는데, 그 중 두 번째 내용은 바이셰쉬카학파의 6가지 또는 7가지 범주를 포괄하는 것이고, 나머지 15가지는 인식과 논리전개에 관계 있는 것들이다.[17]

---

17 『정리경』에서 말하는 16가지 내용의 개요는 다음과 같다. 참된 지식의 수단인 양(量, pramāṇa), 지식의 대상인 소량(所量, prameya), 불확실한 의심의 상태인 의혹(疑惑, saṃśaya), 토의가 지향하거나 피하려는 목적(目的, prayojana), 추리에 도움이 되는 적절한 예(例, dṛṣṭānta), 옳다고 받아들이는 정설(定說, siddhānta), 추리의 5가지 단계를 구성하는 '명제'인 지분(支分, avayava), 가설적 논법을 통한 논파(論破, tarka), 정당한 논의를 통하여 도달한 확실한 '지식'인 결정(決定, nirṇaya), 인식의 수단과 논리의 전개를 통하여 진리에 도달하려는 논의(論議, vāda), 승리만을 일삼는 옳지 않은 논쟁(論爭, jalpa), 상대방의 논파만을 목적으로 하는 논힐(論詰: 논하여 힐난함, vitaṇḍā), 추리의 과정에서 타당한 이유같이 보이지만 사실은 틀린 '이유'인 사인(似因, hetvābhāsa), 상대방의 주장이나 논리를 왜곡시켜 비난하는 궤변(詭辯,

그 중에서도 중요한 것은 타당한 인식을 가져오는 수단에 관한 것이다. 이 점이 니야야학파가 바이셰쉬카학파와 연결되면서도 독자의 이론을 구성하고 있는 대목이다. 니야야학파에서는 괴로움의 근원이 '그릇된 지식'에 있다고 보고, '올바른 지식'을 얻기 위한 인식방법에 관심을 집중한다.

(1) 지식론

니야야학파에서는 타당한 인식을 가져오는 수단으로 4가지를 인정하고 있다. 그것은 지각(現量), 추론(比量), 비교를 의미하는 비유량比喩量, 증언을 뜻하는 성언량聖言量이다.

① 지각

니야야학파에서는 지각(pratyakṣa)을 2가지로 구분한다. 보통지각(laukika-pratyakṣa)과 특수지각(alaukika-pratyakṣa)이다. 특수지각에서 베다를 옹호할 수 있는 지각이 제시된다. 이 점에서 정통파로서 니야야학파의 입장을 살펴볼 수 있다. 이 내용들을 살펴보자.

우선, '보통지각'은 감각기관과 대상의 접촉을 통해서 생기는 참다운 지각을 말하는 것이다. 감각기관이 6가지이므로 보통지각도 6가지가 있다. 이는 안眼·이耳·비鼻·설舌·신身의 5가지 외적 감각기관과 의근(意根, manas)의 내적 감각기관에서 생기는 지각이다. 여기서 의근은 외적 감각기관과 자아를 연결시켜 주는 중개자의 역할을 한다.

---

chala), 상대방을 혼란시키는 부당한 '논란'인 오난(誤難: 잘못 힐난함, jāti), 논쟁에서 상대방을 패하게 하는 약점(負處, nigraha-sthāna)이다.

다시 말하자면, 감각기관을 통해 들어온 외부세계에 대한 정보는 의근을 통해서 자아에 인상을 남긴다는 것이다.

또한 보통지각을 2가지로 구분하기도 하는데, 그것은 무분별적(無分別的, nirvikalpa) 지각과 분별적(分別的, savikalpa) 지각이다. '무분별적 지각'은 대상을 파악하는 데 아무런 의식이나 판단 없이 받아들이는 지각이고, '분별적 지각'은 의식과 판단을 가지고 대상을 인식하는 지각이다. 이 둘간에 순서가 있는데, 무분별적 지각이 먼저 이루어지고 나서 그 다음에 분별적 지각이 형성된다. 그리고 니야야학파에서는 재인식(再認識, pratyabhijñā)도 지각의 한 종류로 인정하고 있는데, 이는 어떤 대상을 전에 지각했던 어떤 것이라고 받아들이는 지각이다.

그 다음, 특수지각은 그 대상이 특수한 것이어서 보통의 지각과 다른 특별한 수단에 의해 감각기관에 주어지는 것이다. 특수지각에 3가지가 있다. 첫째, 보편상(普遍相, sāmānya-lakṣaṇa)의 지각이다. '보편상'은 한 종류에 공통된 성질이나 보편적인 모습을 말하는 것인데, 니야야학파에서는 이것을 두 종류로 구분하고 있다. 하나는 객관적으로 사물에 내재하고 있는 것이고, 다른 하나는 우리의 마음에 의해서 있다고 생각되어진 것이어서 실재로 존재하지는 않는 것이다. 그러므로 '보편상'을 인식한다고 하는 것은 바로 객관적으로 사물에 내재하고 있는 '보편상'이다.

따라서 니야야학파에서는 사물을 지각할 때, 특수한 점만을 받아들이는 것이 아니고, 그 특수한 모습에 담겨 있는 보편의 모습도 함께 수용한다고 말한다. 예를 들어, 어떤 사람을 보았을 때, 그 사람의 특수한 모습이나 성품만을 아는 것이 아니고, 그 사람 속에 있는 보편적 모습인 인간성도 알 수 있다는 것이다. 그러므로 보편은 실재하고 그 보편을 인식할 수 있다는 것이 니야야학파의 입장인 것이다.

둘째, 지상(知相, jñāna-lakṣaṇa)을 통한 지각이다. 이는 인식기관을 통해서 아는 것이 아니고, 과거에 경험한 지식을 통해서 앎이 이루어지는 것이다. 예를 들어, '독이 무거워 보인다' '얼음이 차가워 보인다'라고 할 때, '무겁다' '차갑다'라는 인식은 인식기관인 '눈'으로 지각되는 것이 아니고, 과거에 경험한 얼음의 지각을 기초로 해서 그렇게 판단한 것이다.

셋째, 요가의 수행(yogābhyāsa)을 통해서 얻어진 신통력에 의한 지각이다. 이는 과거와 미래의 사물들, 아주 작거나 숨겨진 것들을 직관적으로 인식하는 것이다.

이러한 특수지각을 통해서 베다에 대한 니야야학파의 입장을 알 수 있다고 필자는 생각한다. '보편상'의 지각은 개념이 실재하는 것이므로 베다에서 말하는 개념은 실제로 인식 가능한 것이라는 의미가 함축되어 있고, '지상知相'을 통한 지각은 베다를 접하고서 왠지 모르게 그럴 것 같다는 느낌이 드는 것을 옹호하기 위해서 제시된 것이라고 필자는 판단한다. 막연히 베다에서 말하는 것이 옳을 것 같다는 느낌을 인식기관을 통해서는 증명할 수 없지만, 이 경우 과거의 경험을 통해서 그런 느낌이 가능하다고 뒷받침하기 위해 제시된 특수지각이다. 여기서 니야야학파의 베다에 대한 옹호적 입장이 발견된다. 바른 인식을 주장하는 뒤편에 감추어져 있는 이데올로기의 성격을 직시할 필요가 있다. 그리고 요가의 수행을 통한 신통력을 인정한 것은 인도문화의 일반적 모습이라고 할 수 있는 것이다.

② 추론

추론(推論, anumāna)에 관한 이론은 니야야학파에서 가장 공功을 들인 부분이다. 여기서 말하는 '추론'이란 직접 인식하지는 못했지만 겉으로 드러나는 특징인 '표징表徵'과 '보편적 주연周延관계(vyāpti)'를 가지고 있는 사물을 간접적으로 알게 되는 것이다. 예를 들어, "산에 불이 나고 있다. 왜냐하면, 연기가 나고 있기 때문이고, 연기가 있는 곳에는 불이 있기 때문이다"라고 하는 것과 같다. 이 말에서 '연기'라는 표징(表徵, liṅga)을 보고, 불의 존재를 추리하는 것이다. 이 추리에서 '산'은 소명사(小名辭, pakśa)이고, '불'은 대명사(大名辭, sādhya)이고, 표징이 되는 '연기'는 중명사(中名辭, liṅga)이다. 그리고 이 중명사는 소명사와 대명사를 연결시켜주는 것이기도 한데, 이것을 '이유'(理由, hetu)라고 부르기도 한다. 그러면 보편적 주연관계에 대해 3단락으로 나누어서 알아보고자 한다.

㉠ 보편적 주연관계

니야야학파의 추론을 알기 위한 핵심은 보편적 주연관계에 있다. 보편적 주연관계가 어떤 것인지 알기 위해서, 우선 '주연관계'라는 말부터 따져 보자. 이는 두 사물간의 관계에서 한 사물이 다른 사물에 포섭되는 관계에 있는 것을 지칭하는 것이다. 여기서 '포섭된다'고 하는 것은 한 사물이 다른 사물에 항상 동반의 관계에 있음을 말하는 것이다. 예를 들면, 불은 연기에 항상 붙어 다니는 것이므로, 불은 연기를 포섭하는 것이고, 연기는 불에 의해서 포섭되는 것이다.

그런데 이 지점에서 주의할 필요가 있다. 연기가 생기면 불은 언제나 존재하는 것이지만, 불이 있다고 해서 반드시 연기가 있는 것은 아니라는 점이다. 예를 들면, 불덩어리의 철구鐵毬는 연기가 없고, 마른 연료가 탈 때에는 연기가 생기지 않는다. 이 경우, 이 둘의 관계는 어떤 조건(upādhi)에 의지하는 것이므로 '주연관계'라고 부르지 않고, 부등주연관계(不等周延關係, asama-vyāpti)라고 한다. 이에 비해서 한 사물이 다른 사물에 무조건적으로 포섭하는 경우에 등가주연관계(等價周延關係, sama-vyāpti)라고 이름한다. 예를 들어, "이름을 제시할 수 있는 모든 사물은 알 수 있는 사물이다"라는 명제에서 '이름을 제시할 수 있는 것'과 '알 수 있는 것'은 '등가주연관계'에 있는 것이다. 이 내용을 다시 정리하면, A가 B를 포섭하지만, B가 A를 포섭하지 못하는 경우를 '부등주연관계'라고 하고, A와 B 이 두 가지가 서로를 반드시 포섭하면 '등가주연관계'라고 말하는 것이다.

㉡ 보편적 주연관계의 정당화

앞에서 보편적 주연관계의 개념을 설명했다. 여기서는 이 보편적 주연관계를 어떻게 알 수 있는지에 대해 살펴보자. 앞에서 보기를 든 연기와 불의 경우는 과거로부터 축적된 경험에 기초한 '귀납추리'에 근거한 것이었다. 이 귀납추리는 4가지 조건이 갖추어져야 비로소 성립되는 것이라고 니야야학파에서는 보고 있다. 그 내용을 정리해서 먼저 말하면, 긍정적 증거일 경우에는 반드시 서로 연관되어 있어야 하고, 그리고 이것은 같은 조건에서는 반복되어야 한다는 것이고, 부정적 증거가 있을 때에는 그것과 반대되는 주장은 반드시 성립해서는 안 되고, 나아가 이런 주장에는 예외가 있어서는 안 된다는 것이다. 이 내용을 다음과 같이 말할 수 있다.

첫째, 존재연관(存在聯關, anvaya)인데, 이는 A가 있으면 반드시 B가 있다는 동반관계를 확인하고 경험함에 의해서 입증되는 관계이다. 앞에서 말한 연기와 불의 관계와 같이, 연기가 있으면 반드시 불은 존재하는 것이 '존재연관'이다.

둘째, 주연관계의 무조건성(upādhinirāsa)을 확인하는 것이다. 예를 들어, 불과 연기의 관계를 여러 상황에서 반복적으로 관찰하여 연기가 발생할 때는 불이 반드시 존재함을 확인하는 것이다.

셋째, 부존연관(不存聯關, vyatireka)인데, 이는 B가 없으면 A도 없다는 것을 확인할 수 있는 경험에 의해 성립되는 관계이다.

넷째, 무반례(無反例, vyabhicārāgraha)인데, 이는 A가 있는데 B가 존재하는 경우가 없다는 것을 확인하는 경험에 의해서 입증되는 관계이다.

그러나 이상과 같은 4가지 절차를 걸쳐서 귀납추리가 성립되었다고 해도, 아직 의심의 여지가 남아 있다. 과거의 경험에 따르면 A와 B의 주연관계가 성립될 수 있겠지만, 미래에도 그러한 관계가 성립되리라는 보장이 없다는 것이다. 과거의 예를 볼 때, 태양이 동쪽에서 계속 떠왔지만, 미래에도 그것이 계속되리라는 보장은 어디에도 없다. 이러한 반론에 대해 니야야학파에서는 2가지 방법에 의해 귀납추리를 입증하고자 한다. 우선, 하나의 주장을 내세워서 자신의 주장을 부정하는 것은 논리에 어긋난다는 것이고, 또 다른 하나는 '보편상'을 인식할 수 있다는 점에 근거하는 것이다. 이 주장들의 자세한 내용은 다음과 같다.

첫째, 가설적假說的 논파(論破, tarka)인데, 이는 주연관계를 부정할 때 생기는 결론의 불합리성을 지적하여 주연관계가 옳음을 간접적으로 증명하는 방법이다. 예를 들어, "연기가 있으면 언제나 불이 있다"라는 주장을 부정한다면, 이는 "불이 없어도 연기가 있다"는 주장이 되고, 이것은 원인이 없어도 결과가 있다는 주장으로 비약할 수 있으므로, 이 반대하는 견해는 옳지 못하다고 반론하는 것이다.

둘째, 앞에서 설명했던 보편상의 지각에 근거하는 것이다. 이는 귀납적 결론이 단순히 개별적 사실을 관찰하여 일반화한 것이 아니고 관찰된 사물의 '보편상'을 인식한 것이어서, 귀납적 추리가 진리임을 논증해 주는 방법이라는 것이다. '보편상의 지각'이라는 '특수지각'에 의해 귀납적 결론은 보증된다고 니야야학파는 주장한다. 따라서 니야야학파에 따르면, 귀납적 결론은 단지 몇몇이 그러하니까 모두 그러하다고 생각하는 비약이 아니고, 개별적 사물에 내재하는 사물의 '보편상'을 지각하여, 구체적 예에서 일반적 결론을 이끌어 내는 추리이다.

㉢ 보편적 주연관계를 검토하는 2가지 추론 형식

니야야학파에서는 앞에서 설명한 보편적 주연관계를 따져보는 추론에 대해 2가지로 구분하기도 한다. 그 하나는 위자비량(爲自比量, svārtha-anumāna)인데, 이는 자기 혼자서 추론할 때 생각하는 방식이다. 앞에서 말한 "산에 불이 나고 있다. 왜냐하면, 연기가 나고 있기 때문이고, 연기가 있는 곳에는 불이 있기 때문이다"라고 한 것이 그 예이다.

다른 하나는 위타비량(爲他比量, parārtha-anumāna)인데, 이는 다른 사람을 위해서 정식으로 추론을 전개하는 것인데, 여기에는 다음의 5가지 명제가 있어야 한다. 이것을 5지작법五支作法이라고 한다.

종宗, 주장主張: 산에 불이 있다.

인因, 이유理由: 연기가 나기 때문이다.

유喩, 예例: 연기가 나는 곳에는 모두 불이 있다. 예를 들면 아궁이에서 연기가 나는 것과 같이.

합合, 적용適用: 이 산에도 연기가 있다.

결結, 결론結論: 그러므로 이 산에는 불이 있다.

아리스토텔레스의 3단논법과 비교하면, 아리스토텔레스는 대전제를 먼저 제시하지만 니야야학파에서는 결론부터 먼저 제시한다. 혹은 아리스토텔레스의 3단논법은 종宗과 인因을 생략한 것이라고 볼 수도 있다. 그러므로 이 5지작법에는 연역추리와 귀납추리가 둘 다 포함되어 있다고 볼 수 있다. 종宗・인因・유喩는 귀납추리의 과정이고, 유喩・합合・결結은 연역추리의 과정이라고 할 수 있다.

따라서 니야야학파에서는 추리를 '귀납'과 '연역'으로 구분하지 않고 주연관계의 성격에 근거해서 3가지로 분류한다. 첫째, 원인적原因的 추리인데, 이는 보이는 원인에서 보이지 않는 결과를 추리하는 것이고, 둘째, 결과적 추리인데, 이는 보이는 결과에서 보이지 않는 원인을 추리하는 것이고, 셋째, 보편관계가 인과적 연관성을 가지지 않을 때 사용하는 추리이다. 예를 들면, 뿔이 달린 동물을 보고 갈라진 발굽을 추리하는 것과 같다. 이는 여러 경우를 관찰한 결과에 나오는 일반적 유사성에 근거한 유추적類推的 추리이다.

③ 비유량比喩量 · 성언량聖言量과 그 이론적 근거

㉠ 비유량과 성언량

니야야학파에서는 타당한 지식의 세 번째 방법으로 '비유량(比喩量, upamāna)'을 제시한다. 이는 어떤 이름과 그 이름으로 불리는 사물의 관계를 알게 하는 것이다. 이것은 과거에 본 일이 없지만 이름만 알고 있는 경우, 이 지식을 사물에 적용하여 그 사물에 대해 알게 되는 것이다. 예를 들어 백두산이라는 이름을 듣기는 하였지만 실제로 보지 못하였던 사람이 백두산에 가보고서 그곳이 말로만 듣던 백두산임을 아는 것과 같다. 또 야구경기를 보지 못하고 이름만 알고 있는 사람이 야구경기를 보고서 그것이 자기가 알고 있던 야구임을 파악하는 것과 같다.

네 번째로 '성언량(聖言量, 증언, śabda)'을 타당한 지식의 방법이라고 말한다. 이는 주로 믿을 만한 사람의 진술과 그 진술의 의미를 이해하는 것으로 이루어진다. 여기서는 볼 수 있는 대상이냐, 볼 수 없는 대상이냐 하는 것에 따라서, 가시적可視的 대상의 증언과 불가시적不可視的 대상의 증언으로 구분하기도 하고, 누구의 증언이냐에 따라서, 성전적聖典的인 것과 세속적인 것을 나누기도 한다. 성전적인 것은 완전무결한 신의 말씀인 베다를 말하는 것이고, 세속적인 것은 오류의 가능성이 있는 인간의 말을 지칭하는 것이다.

㉡ 성언량의 이론적 근거

앞에서 설명한 니야야학파의 '성언량'은 말과 대상의 관계에 대한 그들의 견해에 기초하고 있다. 이 학파는 낱말의 본질은 그 단어가 지시하는 대상에 있다고 한다. 이는 말과 대상의 관계가 항상 고정되어 있어서 하나의 말은 반드시 일정한 대상을 의미하게 되어 있다는 입장이다.

그리고 이것이 가능한 이유는 낱말이 어떤 일정한 대상만을 의미하도록 하는 어떤 고유한 힘이 있기 때문이고, 이것은 '신'에 의해서 보증된다고 한다. 여기서 말하는 '신'은 세계의 질서의 궁극적 원인이자 최고의 존재이다. 그러므로 니야야학파는 언어 기원을 단순한 사회 관습적인 것으로 보는 견해에 대해 반대하고 있다. 한편 말이 의미하는 대상은 개개의 사물을 지칭하는 것이지만, 거기에는 그 개개의 사물의 보편도 함께 포함하고 있다고 한다.

앞에서 낱말의 의미에 대해 살펴보았는데, 이러한 낱말이 모여서 이루어진 것이 문장이다. 이 학파에서는 문장이 의미가 있기 위해서는 다음 4가지 조건이 충족되어야 한다는 입장을 밝히고 있다. 첫째, 기내성期待性인데, 이는 낱말들이 서로를 함축하거나 필요로 하는 관계를 말하는 것이다. 예를 들어 '가져오다'라는 동사는 목적어로 '무엇을'이라는 것을 필요로 한다.

둘째, 정합성整合性인데, 이는 한 문장 안에 있는 낱말들이 서로 모순이 있어서는 안 된다는 것이다. 예를 들어, '불로 적시어라'라는 말을 보면, '적시다'라는 단어는 물을 암시하고 있고, 주어는 '불'이므로, 이 문장은 서로 모순 관계에 있다는 것이다.

셋째, 인접성隣接性인데, 이는 한 문장 안에 있는 낱말들이 시간적으로나 공간적으로 어느 정도 근접해야 한다는 것이다. 말로 표현된 문장은 낱말들이 시간적으로 접근해 있어야 하고, 글로 쓰여진 문장은 낱말들이 공간적으로 접근해 있어야 한다는 것이다.

넷째, 그 문장을 말한 사람의 취지가 알려져야 한다는 것이다. 왜냐하면 동일한 낱말이라 해도 경우에 따라 다른 의미를 지니기 때문이다. 이 경우, 인간의 평범한 문장은 그 논제論題를 보아서 그 의도를 짐작할 수 있고, 베다의 문장은 미맘사학파에서 규정하는 해석학에 근거해서 파악할 수 있다. 이상의 4가지 조건이 갖추어져야 비로소 문장이 의미를 가질 수 있다는 것이 니야야학파의 주장이다.

(2) 자아 · 신 · 해탈

① 자아에 대한 견해

니야야학파에서 말하는 자아는 의식 자체가 아니고, 의식이라는 정신현상을 속성으로 가지고 있는 실체이다. 자아는 모든 인식의 주체, 행위의 주체, 경험의 향수자享受者이고, 윤회의 세계에서 업보를 받게 되는 존재이다. 그러나 자아는 아무런 인식활동도 하지 않고, 그 역할을 의근(意根, manas)이 대신하고 있다.

이러한 자아를 증명하는 데, 니야야학파는 타인의 증언이나 간접적인 추론에 의해서 가능하다고 한다. 이는 기억을 통해서 자아를 증명할 수 있다는 말이다. 자세히 말하면, 욕망 · 기피忌避 · 인식 등과 같은 정신적 현상은 모두 기억에 의존해 있고, 이 기억은 의근意根이나 외적 감각기관에 속하는 것이 아니기 때문에 이것은 영원한 영혼의 존재를 역설적으로 말해주는 증거인 셈이다.

그런데 이런 증명은 후기 니야야학파로 발전하면서부터 약간 달라지기 시작한다. 니야야학파의 어떤 사람은 의근意根이 자아를 직접 지각할 수 있다고 말한다. 다시 말하면, 의근이 자아를 상대로 하여 순수한 자아의식을 가질 수 있다는 것이다. 이에 대해 니야야학파의 다른 학자는 자아는 그 자체로는 직접 인식을 할 수 없고, 정신적 상태의 주체로서 인식된다고 주장한다. 예를 들어, '나는 안다' '나는 행복하다' 라는 판단에서 '나'에 해당하는 존재로서 인식된다고 말하고 있다.

그리고 다른 사람의 자아는 그 사람의 지성적인 행위나 의도를 가진 육체적 활동에서 추리할 수 있다고 한다. 왜냐하면 의도적인 행위는 비지성적인 육체에 의해서 이루어질 수는 없고, 의식적인 자아가 있어야만 하기 때문이다.

② 해탈에 대한 견해

앞에서 자아의 개념을 살펴보았는데, 이것은 그대로 해탈의 개념으로 연결된다. 니야야학파에서 주장하는 해탈은 모든 고통에서 벗어난 해방의 상태를 말하는 것이고, 이는 자아가 아닌 것에서 벗어날 때 가능한 것이라고 한다. 다시 말하면, 자아가 아닌 것은 의근意根이나 외적 감각기관이므로, 이것과 관련하는 것에서 완전히 자유로워진 상태가 해탈이다.

한편 완전히 해방된 자아는 앞에서 말한 대로 고통도 느끼지 않지만, 어떤 즐거움이나 행복도 느끼지 않는다. 아무런 감정이나 의식이 없는 상태가 바로 해방된 자아가 누리는 경지라고 할 수 있다. 그러나 후기 니야야학파에서는 해탈을 단순히 고통에서 벗어나는 정도가 아니고 영원한 행복의 성취라고 주장한다. 아마도 이는 베단타학파의 영향일 것으로 추정된다.

그러면 해탈의 방법은 무엇인가? 자아는 몸 · 감각기관 · 의근意根과는 다른 존재라는 것을 아는 데서 해탈은 이루어진다. 이것을 이루기 위해서는 자아에 대한 성스러운 경전인 베다의 가르침에 귀를 기울여야 하고, 항상 그것에 대해서 생각해야 하고, 요가 원리에 따라 명상해야 한다. 그리하여 자아에 대한 그릇된 지식이 사라지면, 자아는 욕망과 충동의 지배를 받지 않고, 행위에 의해서 영향을 받지 않게 된다. 그래서 마침내 윤회의 세계에서 벗어날 수 있다.

③신에 대한 견해

니야야학파에서는 인간의 영원한 자아 이외에 세계를 창조・유지・파괴하는 주인, 곧 신神의 존재를 인정한다. 하지만 니야야학파에서 말하는 '신'은 세계를 무無에서 창조하고, 또는 자기 자신에서 세계를 방출放出하는 그런 존재가 아니다. 이미 존재하고 있는 영원한 원자들・공空・시간・공간・의근意根을 도덕적 원리에 따라 질서 있고 의미 있는 세계로 유지하는 자이다. 이렇게 니야야학파에서는 신의 존재를 인정하고 있지만, 『정리경』에서는 자세히 취급하지는 않았다. 신의 논증을 자세히 언급하고 있는 것은 뒤에 전개된 니야야학파에 의한 것인데, 그 중에서도 우다야나Udayana의 저술에 힘입은 바 크다. 니야야학파에서는 신의 논증을 다음과 같이 시도하고 있다.

첫째, 세계는 결과이므로 원인이 되는 창조자가 있어야 한다. 세계의 여러 대상물은 원자로 이루어져 있고, 이 원자에 질서를 부여하는 원인이 있어야 한다.

둘째, 현상계에서 발견되는 질서・목적・조화는 지성적인 목적인目的因으로 신의 존재를 필요로 한다. 원자들은 근본적으로 맹목적이고 움직이지 않는 것이므로 신이 원자들에게 운동을 제공하며 조정하는 역할을 담당한다.

셋째, '말'이 각각 그 대상을 의미하도록 하는 용법을 가르쳐 준 존재가 신이다. 신은 오류가 없는 완전무결한 베다의 저자이므로, 베다는 신의 존재를 거꾸로 증명하고 있다.

넷째, 우리의 행위에서 '불가견력不可見力'이라는 업業의 힘이 작동하는데, 이 '불가견력'에는 지성이 없으므로, 최고의 지성을 겸비한 신神의 인도가 있어야 사람이 자신의 '불가견력'에 맞는 결과를 누릴 수 있다.

(3) 니야야학파의 전개과정

니야야학파의 전개과정은 3단계로 나누어 볼 수 있다. 1단계는 근본경전과 주석서가 작성된 시기이고, 2단계는 우다야나Udayana에 의해서 니야야학파와 바이셰쉬카학파의 이론이 더욱 정비된 시기이고, 3단계는 강게샤Gaṅgeśa에 의해서 신新논리학파가 성립된 시기이다.

니야야학파의 철학체계는 전통적으로 가우타마Gautama 혹은 악샤파다(Akṣapāda, 眼足, B.C. 1~2세기경)에 의해서 성립되었다고 전한다. 한편 현재의 『정리경(正理經, Nyāya-sūtra)』은 A.D. 2세기경에 편찬되었을 것으로 추정하고 있다. 『정리경』에 대한 현재 남아 있는 주석서 중에 가장 오래되고 권위 있는 것은 밧샤야나(Vātsyāyana, 450~550년경)의 『정리소(正理疏, Nyāya-bhāṣya)』이고, 다시 이 책에 많은 주석서가 쓰여졌다. 6세기경 웃됴타카라Uddyotakara가 『정리소』에 대한 주석서로서 『정리평석(正理評釋, Nyāya-vārttika)』을 저술하였는데, 이 책에서 웃됴타카라는 불교의 세친(世親, Vasubandhu)이나 진나(陳那, Dignāga)

의 주장을 알고 있었고, 이들의 견해에 대해 비판하고 있다. 이후 300여 년 동안 니야야학파의 저술로서 이렇다 할 만한 것이 전해지지 않는다. 다만 8세기에 활동했던 불교논사論師 적호(寂護, Śāntarakṣita)와 연화계(蓮華戒, Kamalaśīla)의 저술을 통해서 니야야학파의 주장을 엿볼 수 있을 정도이다.

그 다음, 바차스파티미슈라(Vācaspatimiśra, 9세기)는 웃됴타카라의 『정리평석』에 대한 주석서 『정리평석진의주(正理評釋眞意註, Nyāya-vārttika-tātparyaṭīkā)』를 썼는데, 바차스파티미슈라는 니야야학파만이 아니고 여러 학파에 대해서도 대표적인 저술을 남겼다. 그리고 자얀타(Jayanta, 10세기)는 『니야야의 꽃송이(Nyāyamañjari)』를 저술했는데 이는 『정리경』에 대한 독자적 주석이고, 바사르바즈냐(Bhāsarvajña, 10세기)는 『정리정요(正理精要, Nyāyasāra)』를 저술했는데, 이는 니야야학파의 철학을 간단히 정리한 저서이며, 『정리정요』에 대한 주석서로서 『정리장식(正理裝飾, Nyāyabhūṣaṇa)』은 니야야학파에서 논란의 대상이 되었던 작품인데, 최근에야 발견되어 학계의 관심을 모으고 있다.[18]

그 다음, 우다야나(Udayana, 1050~1100)는 『정리평석진의주正理評釋眞意註』에 대한 주석서 『정리평석진의주해명(正理評釋眞意註解明, Nyāya-vārttika-tātparyaṭīkā-pariśuddhi)』을 썼는데, 우다야나는 니야야학파와 바이셰쉬카학파의 가장 뛰어난 학자로 평가받고 있는 인물이다. 그는 『자아진리분별(自我眞理分別, Ātmatattvaviveka)』을 저술했는데,

---

18 Karl H. Potter, ed "*Indian Metaphysics and Epistemology*"(New Jersey: Princeton University Press, 1977) p.6, pp.410~424 참조.(길희성, 『인도철학사』 p.117 재인용)

이 작품에서 불교의 무아설無我說을 비판하고 자아의 존재를 증명하고 있으며, 『정리화속(正理花束, Nyāyakusumāñjari)』에서는 신의 존재를 증명하고 있는데, 이는 니야야학파와 바이셰쉬카학파에서는 신의 존재 증명에 대한 결정적 저술로 간주된다.

우다야나의 철학이 니야야학파와 바이셰쉬카학파에서 풍미하다가 14세기에 와서 강게샤Gaṅgeśa가 출현한다. 그는 『진리여의주(眞理如意珠, Tattvacintāmaṇi)』라는 논리학저서를 저술하였는데, 이를 통해서 신논리학(新論理學, Navya-nyāya)의 기초를 수립하였다. 신논리학은 까다롭고 기술적인 논리 문제를 중점적으로 연구하는 형식논리학파이다. 강게샤의 『진리여의주』에 대해서 바수데바 사르바바우마(Vāsudeva Sārvabhauma, 15세기말)가 주석서를 저술하여 신니야야학파의 중심지를 자신의 고향 나바드비파Navadvīpa로 옮겼다. 이 계통을 '나바드비파파派'라고 부른다. 그의 제자 라구나타(Raghunātha Śiromaṇi, 약 1475~1550년)는 나바드비파 계열의 학설을 심오하게 연구한 학자이다. 그 외에 트반토파디야야(Tvantopādhyāya, 14세기 후반)는 강게샤의 책에 현재 남아 있는 최고의 주석을 달았고, 또한 비르다마나 우파니야야(Vardhamāna Upādhyāya, 1250년경), 팍샤다라 미슈라(Pakṣadhara-miśra, 또는 Jayadeva-miśra, 1425~1500년), 마투라나타(Mathurānātha, 1600~1675년)는 강게샤의 책에 주석을 달거나 혹은 독립된 책을 저술하였다.

한편 니야야학파의 개론서도 작성되었는데, 케샤바미슈라(Keśava-miśra, 13세기)의 『사색의 말씀(Tarkabhāṣa)』와 바라다라자(Varadarāja, 13세기경)의 『논리학자의 수호(Tārkikarakṣā)』가 그것이다.

5) 미맘사학파

미맘사Mīmāṃsā학파는 베다가 명하는 제식祭式의 행위를 올바르게 실천하도록 하는 것에 주안점을 두고 있다. 그래서 그 명령의 의미를 해석하는 원리가 매우 중요하게 부각되었다. 이 학파에서는 다음의 5가지 절차를 제시해서 본문의 의미를 정할 수 있다고 한다.

첫째, 주장하는 대상(viṣaya)을 확정하는 것이고, 둘째, 첫 번째 주장에 대한 의문사항(saṃśaya)에 대한 토론을 벌이는 것이고, 셋째, 다른 사람의 반론(pūrvapakṣa)을 검토하는 것이고, 넷째, 최종적으로 결론(uttarapakṣa, siddhānta)을 내리는 것이고, 다섯째, 이렇게 내린 결론이 본문의 다른 부분과 어떤 관계(saṃgati)를 갖는지 검토하는 것이다. 그리고 이러한 주장은 다른 학파에서도 받아들이게 되었을 만큼 의미가 있는 것이었다.

미맘사학파의 관심사는 베다가 명령하는 행위를 왜 실천해야 하는지, 그 의무(dharma)에 대해서 이론적으로 뒷받침해 주는 데 있다. 다시 말해서, 왜 그 의무를 수행해야 하며, 어떻게 해야 의무를 수행한 것을 통해서 선한 업보業報를 일으킬 수 있는지에 대해 관심이 있는 것이다. 브라흐마나에서 이미 제사의 주된 관심이 제사의 대상인 신에서 제사의 행위로 옮겨졌고, 이러한 경향은 더욱 발전해서 신 없이도 제사 행위는 자동적으로 결과를 가져온다고 생각하게 되었다. 이 내용을 계승해서 미맘사학파에서는 최고신의 존재조차 부정하게 되었다.

이제 남은 것은 베다의 권위에 의지해서 앞의 의문사항을 설명하는 일이다. 이 목적을 위해서, 베다의 권위는 어떻게 성립하고, 베다에서 명령하는 의무를 왜 수행하고, 그것을 수행하면 하늘나라의 복福을 받는다는 것을 어떤 식으로 논증할 것인가에 자연히 관심이 모여진다. 이 문제를 해결하기 위해서 미맘사학파는 독자적 지식론을 전개하고 있다.

(1) 지식론

미맘사학파에서는 올바른 인식수단으로서 지각現量, 추론比量, 비교를 의미하는 비유량譬喩量, 언어적 증언(聲量), 가정을 의미하는 의준량義準量, 비인식을 뜻하는 부존량不存量을 인정한다.

우선, 지각(pratyakṣa, 現量)은 감각기관과 대상의 접촉을 통해서 직접적인 지식을 얻는 것이다. 이것은 2단계로 이루어진다. 1단계는 감각기관이 물체와 부닥쳤을 때 무분별적(無分別的, nirvikalpa)지각이 자아(ātman)에서 생겨나는데, 이는 사물의 성격에 대한 판단 없이 대상의 존재만이 감각되는 단계라고 할 수 있다. 2단계에 들어서서 비로소 분별적(savikalpa) 지각이 이루어지는데, 이는 대상의 의미를 파악하고 이해하는 지각이다. 인간의 마음은 과거의 경험에 비추어 현재의 대상을 파악하는 것이지, 거기에 새로운 내용이나 속성을 부여하는 것은 아니다.[19]

---

19 이러한 입장은 뒤에서 설명할 불교논리학에서 말하는 대로, 분별하는 작용이 사물을 왜곡한다는 주장을 인정하지 않는 것이다. 그리고 1단계의 인식에 대해서도 불교논리학파와 베단타학파의 견해의 중간 정도에 위치하고 있다. 다시 말해서, 불교논리학과 같이 사물의 순간적 특수상(特殊相, svalakṣaṇa)만을 지각하는 것도 아니고, 뒤에서 설명할 베단타학파와 같이 속성이 없는 순수존재만을 인식하는 것도 아니라고 한다.

둘째, 추론(anumāna, 比量)은 니야야학파의 주장과 같고, 셋째, 비유량(譬喩量, upamāna)은 현재에 경험한 것과 과거에 겪은 것을 기억으로 비교해서, 이 두 가지의 유사성을 아는 것이다. 예를 들면 군대에 갔다 온 사람이 예비군 훈련을 경험하고서 군대의 향수에 젖는 것과 비슷하다. 이는 뒤에 설명할 지식의 타당성이론과 관련되어 있다.

넷째, 언어적 증언(śabda, 聲量)은 눈에 보이지 않는 업보業報에 대한 보증을 해주는 인식방법이다. '언어적 증언'에는 인격적(人格的, pauruṣeya)인 것과 비인격적(非人格的, apauruṣeya)인 것이 있는데, 미맘사학파에서도 '언어적 증언'에 대해서 의견이 갈린다. 구루Guru파는 비인격적인 것만을 인정하고, 바타파Bhāṭṭa는 두 가지 모두 인정한다.

한편 베다는 비인격적 증언에 속한다. 그것은 베다가 신에 의해서 만들어진 것도 아니고, 믿을 만한 사람에 의해서 저술된 것도 아니기 때문이다. 그래서 이 베다가 영원한 권위를 가졌다는 것을 논증하기 위해서 특수한 언어이론을 제시하고 있다. 미맘사학파에서는 말은 인간이나 신에 의해서 만들어진 것이 아니고 영원한 존재라고 한다. 말은 단순히 발음하는 것과 함께 생겨나는 것이 아니고, 말의 본질은 글자에 있다. 말의 본질인 글자는 여러 사람에 의해서 발음되지만 그 자체로는 언제나 동일한 것이고, 시간과 공간을 초월한 영원한 것이다. 말의 본질인 글자는 소리로 표현되지 않을 때에도 가능성으로서 항상 잠재해 있는 것이다. 이와 같은 언어이론을 만들어서 베다의 영원성을 증명하려는 것이 미맘사학파의 의도이다.

그런데 미맘사학파의 언어이론은 앞에서 소개한 것 말고도 더 재미있는 것이 있다. 언어의 의미도 자연적인(anutpattika) 것이라고 보고 있다.

이는 언어의 의미가 인간의 계약・관습에 의해서 생기는 것도 아니고, 신에 의해서 생기는 것도 아니라는 뜻이다. 언어의 의미가 자연적이라는 것은 언어와 대상의 관계가 본래적이고 영원하다는 것이다. 그 이유는 미맘사학파에서는 세계와 인간이 생겨난 시초가 있지 않으므로, 사람은 사물에 대해서 처음부터 말을 사용했기 때문이라는 것이다. 따라서 말은 영원히 존재하는 것이다.

앞에서 말과 사물의 관계는 자연적인 것이어서 영원한 것이라고 했는데, 그러면 말이 사물을 가리킬 때, 개개의 사물을 지적하는 것인지, 아니면 보편적인 유類를 가리키는 것인지 의문이 든다. 이 점에 대해 미맘사학파에서는 말은 영원하기 때문에 변하지 않는 유類를 가리킨다고 주장한다. 그 이유는, 그렇게 해서 말이 보편성을 지녀야 베다의 여러 명령들이 보편성을 지닌다고 주장할 수 있기 때문이다.

이러한 미맘사학파의 언어에 대한 속마음은 말의 본질적 성격이 행동을 명령하는 데 있다는 것에서 분명히 나타난다. 이것은 미맘사학파가 제식祭式 행위에 관심이 있음을 보여주는 예이다. 베다에서는 종교적 의무를 서술하고 있다고 한다

다섯째, 의준량(義準量, arthāpatti)은 어떤 현상을 설명하기 위해서, 눈에 보이지 않지만 반드시 요청되는 어떤 것을 필연적이고 유일한 가설로 세워서 풀이하는 것이다. 예를 들어, 무전력(無前力, apūrva)이라는 것을 '의준량'을 통해서 알 수 있다고 미맘사학파에서는 주장한다. 베다에서는 제사祭祀의 행위는 어떤 결과를 가져온다고 하는데, 제사행위는 잠깐 동안만 이루어지고 이내 끝나고 말기 때문에 제사에서 어떤 결과가 나올지 장담할 수 없게 된다. 이때 무전력이라는 것을 가설로서

인정하면, 제사의 행위에 어떤 결과를 가져올지를 증명할 수 있다고 한다. 다시 말해서, 제사 드리는 행위가 눈에 보이지 않는 힘(śakti)인 무전력을 생기게 하고, 다시 이 힘이 제사 드리는 주체인 자아에게 영향력을 행사해서 반드시 그 업에 상응하는 결과를 가져오게 한다는 것이다. 이 무전력은 현재의 행위로 인해서 미래에 어떤 과보果報를 받게 되는 것을 설명하기 위해서 제시된 것인데, 이것은 행위를 한 주체인 자아에게 생기게 되는 눈에 보이지 않는 힘이다.

여섯째, 부존량(不存量, anupalabdhi)은 미맘사학파 중에서 바타파가 받아들이고 있는 인식방법이다. 이 파에서는 무엇이 존재하지 않는다는 것은 하나의 독립된 직접적 인식의 방법이라고 한다. 무엇이 존재하지 않는다는 것은 지각 · 추론 · 비유량 · 성량을 통해서 알 수 있는 것이 아니다.

그 이유를 따져보자. 존재하지 않는다는 것은 우리의 인식기관을 자극할 수 없으므로 지각의 대상이 아니다. 그리고 추론에 의해서 존재하지 않은 것을 알려면 부지각不知覺과 존재하지 않는 것의 연결관계(포섭관계)를 알아야 하는데, 이것을 파악하기가 쉽지 않다. 눈으로 보이지 않는다고 해서 반드시 그것이 존재하지 않는다고 할 수 없다. 왜냐하면 아주 작은 대상은 눈으로 파악되지 않기 때문이다. 그리고 존재하지 않는다고 해서 반드시 보이지 않는 것도 아니다. 왜냐하면 신기루 같은 것은 눈으로 본다고 해서 존재하는 것이 아니기 때문이다. 그래서 인식되지 않는다는 것과 존재하지 않는다는 것의 연결관계를 명확하게 알기가 쉽지 않다. 또한 존재하지 않는 것은 비교해서 알 수 있는 것도 아니고, 말을 통해서 알 수 있는 것도 아니다.

이런 이유로 인해서 무엇을 인식할 수 없다는 것(不知覺)은 그것이 존재하지 않는 것임을 알 수 있는 독립된 인식방법(不存量)이라는 것이다. 그러나 인식되지 않는다고 해서 무조건 있지 않음(不存)을 말해주는 것은 아니다. 경우를 잘 가려서 지각될 만한 상황인데도 지각되지 않는 경우에만 '부존량'은 인식방법으로 성립된다.

한편 미맘사학파는 지식의 타당성에 대해서는 독자의 입장을 전개한다. 모든 지식은 그 자체에 스스로 타당성을 가지고 있어서, 그 타당성에 대해서 다른 어떤 외적인 증거도 필요하지 않다고 한다. 모든 지식은 그 지식에 대한 믿음을 자연히 낳는다. 물론 나중에 의심할 수 있는 경우도 있고, 그때에는 그것이 추론을 통해서 틀렸다는 것을 알 수도 있다. 그렇지만 지식의 타당성은 스스로 분명自明한 것이어서 추론을 할 필요가 없고, 사람은 그것을 믿고 실천에 옮기면 그만이다.

미맘사학파의 이러한 지식의 타당성 주장과 앞에서 말한 성량聲量이 만나면, 베다의 권위는 분명해진다. 사람은 의심할 이유가 없다면, 베다의 말을 믿고 실천해야 한다. 베다의 권위는 자명自明하다. 그러므로 미맘사학파에서는 베다를 의심할 만한 이유를 논박하기만 되지, 베다의 진리성을 적극적으로 증명할 필요는 없다. 이러한 입장을 '인식의 본유적本有的 타당성의 이론(svataḥ-prāmāṇya-vāda)'이라고 한다.

(2) 형이상학

미맘사학파에서는 세계가 생명체(bhogāyatana)・감각기관(bhoga-sādhana)・업보의 대상(bhogya-viṣaya)으로 이루어져 있다고 본다. '생명체'는 영혼이 과거의 업의 결과로 태어난 것이고, '감각기관'은 업보業報를 받아들이는 도구이고, '대상'은 업보가 주어지는 대상인 것이다. 그리고 미맘사학파는 형이상학에서 대체로 바이셰쉬카학파의 강한 영향을 받고 있지만 그 차이점도 존재하는데, 그것은 창조신(Īśvara)을 인정하지 않는다는 점이다.

더 나아가서, 힌두교에서 일반적으로 받아들이는 세계관조차도 인정하지 않는다. 세계가 주기적인 창조와 파괴의 반복 과정을 하고 있다는 점도 수긍하지 않는다. 물론 세계가 항상 변하고 있다는 점은 받아들이고 있지만, 영혼의 주기적인 전개와 퇴전退轉을 인정하지 않는다. 미맘사학파에서는 모든 생물은 자연적으로 생성하고, 신神은 사람의 공功과 허물을 알 수 없다고 한다. 더욱이 원자가 신神의 의지에 따라서 행동한다는 것은 생각조차 할 수 없는 일이다. 영혼은 자신의 업에 따라 육체를 차지하는 것이다.

(3) 미맘사학파의 다른 학파 비판

앞에서 말한 내용을 발전시켜 쿠마릴라Kumārila는 당시에 유행하던 창조설을 비판하고, 불이론적不二論的 베단타학파와 상키야학파의 주장도 비판하고 있다. 그는 물질을 창조하기 이전에 프라자파티(Prajāpati)와 같은 신이 존재할 수 없다고 한다. 그 이유를 양도논법에 근거해서 전개한다.

만약 신神이 몸을 가지고 있지 않았다면 창조의 욕망을 낼 수 없을 것이고, 몸이 있었다고 한다면 그것은 창조하기 전에 이미 물질이 존재했다는 모순에 빠진다. 따라서 어느 경우에나 태초에 아무 것도 없는 상태에서 신이 창조했다는 것은 성립되지 않는다.

더구나 신이 창조한 동기도 분명하지 않다. 도덕적 목적을 위해서 세계를 창조했다고 하면, 태초부터 도덕적인 문제가 있을 수 없기 때문에 이 발상은 성립하지 않고, 여기에다 세계의 많은 고통과 죄악으로 보아서, 신이 세계를 창조했다면 그 신은 용서받을 수 없는 일을 한 셈이다.

그리고 신神이 단순히 자기의 즐거움을 위해서 세계를 창조했다면, 그것은 신神을 정의하는 것 중에서 완전한 행복을 누린다는 것과 모순되고, 게다가 신은 바쁘게 일에만 애쓰는 존재가 될 뿐이다.

그 다음으로, 쿠마릴라가 불이론적 베단타학파를 비판하는 내용을 살펴본다. 만약 불이론적 베단타학파의 주장대로 절대자가 절대적으로 순수하다고 한다면 세계도 순수해야 할 것이고, 만약 그렇다면 무지는 존재하지 말아야 할 것이고, 그렇다면 창조는 없게 된다. 여기서 도망치기 위해서 무지는 브라흐만Brahman에서 생기는 것이 아니라고 한다면, 브라흐만이 유일자라는 주장은 틀린 말이 된다. 또한 여기서 벗어나기 위해서 무지가 자연적인 것이라고 한다면, 이때에는 무지를 영원토록 제거할 수 없게 되는 모순에 빠진다.

그 다음으로, 상키야학파의 주장을 비판한다. 그는 상키야의 '전변설'을 비판하는데, 세계창조가 세계의 구성요소(guṇa)간의 균형이 무너졌기 때문이라고 한다면, 태초에는 인간의 업業도 존재했을 리 만무한데, 어떻게 해서 균형이 무너질 수 있는지 묻고 있다.

(4) 신·자아·해탈관

미맘사학파는 최고신을 부정한다는 차원에서는 무신론無神論이라고 볼 수 있지만, 그렇다고 해서 자아의 존재도 부정하는 것은 아니다. 이 학파에서는 업보를 받게 되는 영원한 자아의 존재는 수용한다.

미맘사학파에서는 해탈의 관념이 처음에는 분명하지 않았다. 단지 올바른 제식祭式의 행위를 하고 그 과보로 인해서 하늘나라에 태어나서 그곳의 복과 즐거움을 누린다는 소박한 형태였다. 그러다가 나중에 다른 학파의 영향을 받아서 해탈관념이 생기기 시작했는데, 그것은 자아가 행위와 육체를 벗어나 순수하게 존재하는 상태이다. 이러한 상태의 자아는 희열도 없고, 자아의 본래적(svastha) 상태에 있을 뿐이라는 것이 이 학파의 주장이다. 그 이유는 베단타학파와 달리, 식(識, cit)·희열(ānanda)이 자아의 본질적 성격이라고 보지 않기 때문이다.

해탈에 이르는 방법으로 자아를 아는 지식과 의무적인 행위를 이해득실을 따지지 않고 순수하게 행하는 것을 강조한다. 이는 『바가바드기타』에서 말하는 카르마 요가(karma-yoga)를 실천하는 것이다. 이 카르마 요가를 통해서 베다의 명령·제식을 실천할 의무와 해탈간의 괴리를 메우는 것이다.

(5) 미맘사학파의 전개과정

미맘사학파의 전개과정도 전기와 후기로 나누어 볼 수 있다. 전기는 근본경전과 그 경전에 대한 주석서가 성립된 시기이고, 후기는 구루Guru파와 바타Bhāṭṭa파로 나누어서 발전하게 된 시기이다.

미맘사학파의 창시자는 B.C. 2세기의 인물로 추정되는 자이미니Jaimini로 전해지고 있고, 근본경전은 『미맘사 수트라(Mīmāṃsā-sūtra)』인데, 이는 A.D. 1세기쯤에 현재의 모습을 가지게 되었다고 추정된다.

이 『미맘사 수트라』도 다른 학파의 근본경전과 마찬가지로 간결한 문장으로 이루어져 있어서 주석서 없이 이해하기 힘들다. 현재 남아 있는 주석서 중에서 가장 오래된 것은 A.D. 5세기경에 샤바라스바민 Śabarasvāmin에 의해서 저술된 것이다. 샤바라스바민의 주석서에서 브리티카라Vṛttikāra의 『미맘사수트라』에 대한 주석을 엿볼 수 있는데, 그 내용은 불교철학을 비판하고 있는 것이어서, 브리티카라도 미맘사학파의 철학 형성에 큰 영향을 준 인물로 평가된다.

샤바라스바민 이후에는 프라바카라 미슈라(Prabhākara Miśra, 7세기)와 쿠마릴라 바타(Kumārila Bhaṭṭa, 8세기)라는 미맘사학파의 위대한 인물이 출현한다. 이들은 샤바라스바민의 저술에 주석을 하면서 미맘사학파의 양대 산맥을 이루는데, 하나는 '구루파'이고, 다른 하나는 '바타파'이다. 미맘사학파에 철학적 이론을 제시한 것은 이 두 사람의 공헌이고, 이 뒤로부터는 미맘사학파노 이론적 발전을 이루지 못했다.

한편 미맘사학파의 개론서로서 아파데바(Āpadeva, 17세기 초)의 『미맘사와 니야야의 광명光明(Mīmāṃsā-nyāya-prakāśa)』(별명 Āpadevī)와 라우각쉬 바스카라(Laugākṣi-Bhāskara, 17세기 초)이 『의미강요(意味綱要, Arthasaṃgraha)』와 크리슈나야즈반(Kṛṣṇayajvan)의 『미맘사의 금언金言(Mīmāṃsā-paribhāṣā)』이 유명하다.

6) 베단타학파

베단타Vedānta철학은 인도의 여러 철학체계 중에서 가장 많은 추종자를 배출하였고, 또한 가장 영향력이 있는 철학체계이다. 이는 과거 약

1,000년 동안 다른 모든 학파의 활동을 누르고, 압도적인 지위를 확보한 학파이다. '베단타'라는 말은 본래 베다Veda의 끝(anta) 혹은 목적(anta)을 의미하는 것이었는데, 이는 우파니샤드Upaniṣad를 가리키는 것이었다. 이것이 우파니샤드의 철학을 체계적으로 해석하고 발전시킨 철학체계를 의미하는 말로 그 의미가 확장되었다.

인도에서는 일반적으로 베다성전聖典을 제사부(karma-kāṇḍa)와 지식부(jñāna-kāṇḍa)로 크게 나누고 있다. '제사부'는 바라문교의 제사를 설명하고 있는 부분인데, 주로 베다의 본집과 브라흐마나가 여기에 속한다. '지식부'는 베다의 부록에 속하는 것으로서 우주에 대한 철학적 고찰을 시도하고 있는 부분인데, 우파니샤드가 여기에 속한다.

이러한 베다의 취지에 대해 해석학적 혹은 체계적 연구를 미맘사 mīmāṃsā라고 말하는데, '제사부'를 중요시하는 제사 미맘사(Karma-mīmāṃsā)가 성립하여 이는 미맘사학파로 발전하였고, '지식부'에 대해서는 브라흐만 미맘사, 곧 베단타Vedānta의 학문이 성립하여 이는 베단타학파로 발전하였다.

베단타학파의 근본성전 『브라흐마 수트라Brahma-sūtra』는 A.D. 400~450년경에 현재의 형태로 편집되었는데, 이는 종래의 여러 해석이나 가르침을 요약하고 비판해서 하나의 체계로 조직한 것이다. 그 큰 흐름은 상키야학파의 2원론적 해석에 반대하는 것으로 귀결된다.

『브라흐마 수트라』는 4장章 16절節로 이루어져 있다. 제1장은 총론總論에 해당하는 것인데, 여기서는 고古우파니샤드에 나오는 브라흐만 Brahman에 대해서 설명하였고, 제2장에서는 상키야학파 등의 여러 학파의 견해를 비판하고, 브라흐만에서 현상세계가 생기는 것임을 밝혔으며, 제3장에서는 현상세계의 윤회하는 모습과 수행법을 말하였고, 제4장에서는 해탈, 곧 아트만과 브라흐만이 같다는 사실에 대해서 풀이하였다.

위 내용을 정리하면 다음과 같다. 브라흐만은 최고자最高者이고, 인격적 존재이고, 순수한 정신적 실체이고, 순수한 유有이어서 항상 머물고(常主) 두루 존재하는(遍在) 것이고, 끝이 없고, 없어지지 않는 존재이다. 브라흐만은 만물의 일어남과 존속함과 사라짐을 일으키는 존재이고 만물의 모태가 된다. 브라흐만은 세계의 질료인質料因이기도 하고, 세계의 창조자이기도 하다. 브라흐만은 전변轉變에 의해서 세계를 만들고, 이렇게 전개된 세계는 세계의 원인인 브라흐만과 다른 것이 아니다. 세계가 브라흐만에서 전개되어 나올 때, 공空·풍風·화火·수水·지地의 순서로 전개되어 나오며, 브라흐만으로 다시 돌아갈 때에는 이 순서의 역으로 진행된다. 이와 같은 세계의 창조와 존속과 파괴는 무한히 반복된다.

한편, 개인아(個人我, jīva)는 브라흐만의 부분이고, 브라흐만과 같지도 않고 다르지도 않다. 이 개인아는 아득한 옛날부터 유전流轉하고 있다. 그리고 업의 응보應報는 무전력(無前力, apūrva)에 의한 것이 아니고, 신神의 결정에 의한 것이다.

인생의 궁극 목표는 브라흐만과 합일하여 해탈을 하는 것이다. 해탈을 얻는 방법으로 명상을 통해 브라흐만을 알게 되는 지(知, vidyā)를 강조하고 있다. 이러한 지知를 얻은 자는 죽은 뒤에 신神의 길을 따라 최후에 브라흐만에 이르러서 브라흐만과 합일한다. 이러한 해탈을 얻은 사람은 세계의 창조와 유지를 제외하고서 다른 모든 면에서 절대자와 같이 완성된 존재이고, 절대자의 힘을 누리게 된다.

이러한 내용의 『브라흐마 수트라』는 경전의 문구가 대단히 간결해서 그것만으로는 의미를 파악하기 곤란한 형편이다. 이에 여러 주석서가 성립하였다. 그 중 대표적인 주석가註釋家가 뒤에 소개할 샹카라Śaṅkara · 라마누자Rāmānuja · 마드바Madhva이다.

샹카라 · 라마누자 · 마드바의 베단타철학은 일원론 · 2원론 · 다원론으로 자리 매김할 수 있다. 샹카라는 가현설假現說을 통해서 영혼과 물질세계는 브라흐만이 나타남이어서 영혼과 물질세계는 실재하지 않는 것이라고 주장했다. 라마누자는 '전변설轉變說'을 통해서 영혼과 물질세계가 신에 의존해 있는 것이기는 하지만 독자의 영역이 있음을 말하고 있는데, 물질세계에서는 근원의 물질을 인정하고 영혼도 본질에서는 동일하다고 하므로, 영혼과 미세한 물질의 2원론이라고 볼 수 있다. 마드바는 '가현설'과 '전변설'을 부정하고 현실의 차별 모습을 그대로 인정하려고 하였다. 그의 이런 주장은 다원론으로 이어지는 것이다.

이런 일원론 · 2원론 · 다원론의 차이는 해탈방법에도 차이가 있다. 일원론에서는 주로 지혜를 강조한다면, 2원론에서는 지식과 신애信愛요가를 겸비할 것을 요구하고, 다원론에서는 신애요가를 강조한다. 이렇게 베단타학파는 여러 흐름으로 전개된다.

IV. 인도철학의 전개

1. 시대적 배경

굽타왕조가 붕괴된 뒤에, 하르샤(Harṣa, 戒日)왕이 등극해서 북부인도 일대를 통일하고 곡녀성(曲女城, Kanyakubja)에 도읍을 정하였다. 하르샤왕은 그 자신이 문인文人이 되어 희곡을 남겼다. 하르샤왕이 죽자 인도는 다시 분열상태에 빠졌다.

카나우지에서는 프라티하라Pratihāra왕조가 들어섰고, 데칸고원에는 찰루키야Cālukya왕조가 일어섰고, 남부인도에서는 팔라바Pallava왕조가 성립하였다. 이 왕조들의 보호 아래 남부인도에서는 거대한 힌두교 사원이 건축되어 현재까지 남아 있다.

A.D. 8세기 초에서 11세기 중엽까지 비하르와 벵갈지방에서는 팔라Pāla왕조가 730년에서 1175년경까지 존속하였고, 다시 12세기 말까지는 벵갈지방에서 세나Sena왕조가 통치하였다. 이 왕조들이 다스릴 때는 그 지역에 관개설비가 충실하였고, 민생의 복지향상에 노력하였으며, 금속가공기술도 발전하였다. 또 탄트라Tantra교와 함께 진언밀교眞言密敎도 함께 성행하였다. 티베트에 밀교사상을 전파한 곳은 주로 팔라왕조가 다스리던 지역이었다. 그 외 다른 지역에서도 많은 왕조가 교체되었는데, 10세기에서 11세기까지 이슬람교도가 침입해 올 때까지 많은 군소 국가가 있었다.

이 시기에는 상업자본이 몰락한 반면 농촌에 기반을 둔 정치적 · 문화적 세력이 득세하였다. 상업자본이 쇠퇴한 이유는 A.D. 475년에 서로마제국이 몰락하여 서방과 무역이 저조하였기 때문이다. 그래서 인도화폐와 로마화폐의 등가等價관계가 사라지고, 인도에서도 화폐의 통일이 무너져서 화폐경제가 쇠퇴하였다.

이러한 영향은 철학에서도 나타난다. 상업자본의 지지를 받던 불교와 자이나교가 힘을 잃고, 보수적인 힌두교가 득세하였다. 이 시기에 불교와 자이나교는 억압을 받아서, 재산을 몰수당하는 일도 있었다. 그래서 불교에서는 이를 타개하기 위해서 민간신앙을 받아들인 밀교가 등장하였고, 자이나교에서도 힌두교의 영향을 받게 되었다.

한편, 이슬람교도는 8세기부터 서북인도를 침입하기 시작했는데, 아프가니스탄에 근거를 둔 터키 계통의 가즈니Ghaznī왕조의 마흐무드Mahmūd는 11세기 초에 본격적으로 인도에 침입하여, 카나우지에까지 침략하여 약탈을 자행하였다. 이때에는 인도에 근거지를 마련하려고 한 것이 아니라, 재화를 획득하는 데만 관심을 두었다. 이러한 이슬람 침입군에 대해서 특히 용감하게 저항한 것은 라지푸트족Rajiputs이다. 이들은 전세가 불리하다고 생각되면, 남자는 최후의 한 사람이라도 싸우고, 부녀자도 스스로 불 속에 뛰어드는 전원 옥쇄를 감행하였다.

12세기 초에는 가즈니왕조의 뒤를 이어 고르Ghor왕조가 들어서게 되었는데, 이 고르왕조는 북인도일대를 정복하였다. 이때 불교사원은 철저하게 파괴되었다. 1206년에는 인도의 정복지역을 다스리던 고르왕조의 부장 쿠트붓딘 아이바크Kutbud dīn Aibak가 인도의 델리에서 독립해서 노예왕조(1206~1290)를 세웠다. 그 후 파탄Pathān왕조가 계속되었다. 1221년 징기스칸(Chingis Khan, 成吉思汗)의 군대가 인더스강까지 침입하였고, 1398년에는 티무르Tīmūr가 델리에 침입하여 5일 동안 제멋대로 약탈을 자행하였다. 1526년에 티무르의 5대 후손으로 카불왕이었던 바부르Bābur는 델리에 들어가서 무굴(Mughal, 蒙古)제국을 세웠다. 그가 용감한 라지푸트족을 격퇴할 수 있었던 것은 화포의 위력 때문이었다.

이 무굴왕조의 악바르(Akbar, 1542~1605)왕 시대에는 전 인도를 거의 통일하였다. 그는 관료제를 확립하고, 논밭을 측량하여 농촌에서 세금을 현금으로 받았다. 그는 스스로 황제라고 칭하였으며, 여러 종교에 대해서 관대하였다. 그렇지만 아우랑제브(Aurangzeb, 1618~1707)는 이슬람교만을 믿도록 하는 통치전략을 구사했다.

남부인도에서는 비자야나가라왕조(Vijayanagara, 1336~1646)가 바라문교 문화를 옹호하였다. 남부인도에서는 무사도가 발달하였는데, 그래서 책임을 지고 자결한 무사들을 위해서 영웅창덕비(vīra-kal)를 세웠다. 또한 서부인도의 마라타지방의 지도자 쉬바지(Śivāji, 1630~1680)는 농민군을 조직해서 이슬람교의 군인을 물리쳤다.

이 시기에는 이슬람교가 들어와서 많은 신도를 확보하였고, 그로 인해서 인도의 일반 풍속이 현저하게 변화하였다. 그리고 페르시아어의 영향을 받아 공용어로서 우르두Urdū어가 성립하였고, 상업자본이 다시 등장하게 되어서 민중의 발언권이 강화되었고, 악바르왕 때부터는 화폐경제가 더욱 발전하게 되었다. 민중문화가 발전함에 따라, 종래의 학계와는 상관없이 민중 사이에서 새로운 사상가가 나타나게 되었는데, 이들에게서 근대적 사상의 싹이 발견된다.

2. 불교논리학파와 밀교

1) 불교논리학파

유식학파에서 불교논리학파가 생겨났다. 불교논리학파에서 중요한 인물로 거론되는 사람은 진나(陳那, Dignāga, 480~540)와 법칭(法稱, Dharmakīrti, 650년경)이다. 유식학파의 세친의 뒤를 이어서 진나는 불교 인식론과 논리학의 기초를 닦았고, 그 뒤를 이어서 상갈라주(商羯羅主, Śaṅkarasvāmin)가 『인명입정리론因明入正理論』을 썼고, 법칭이 진나의 저서 『집량론集量論』의 주석서 『양평석(量平釋, Pramāṇavārttika)』을 쓰고, 논리학서 『정리적론(正理滴論, Nyāyabindu)』을 저술하였다.

이 항목은 6단락으로 전개된다. 첫째, 진나의 '지각'과 '추론'에 대해서 살펴보고, 둘째, 법칭이 말하는 '인因의 세 가지 조건'에 대해 알아보고자 한다. 셋째, 진나의 '9구인九句因'에 대해서 검토하고자 하는데, 법칭의 뒤에 진나의 9구인을 소개하는 이유는 이런 순서가 법칭의 주장을 더욱 분명하게 해준다고 생각되기 때문이다. 넷째, '인因의 종류'에 대한 법칭의 견해를 알아보고, 다섯째, '부정否定'에 대한 법칭의 주장을 검토하고, 여섯째 다른 사람에게 전달하기 위한 추론인 '위타비량爲他比量'에 대한 법칭의 견해를 살펴보고자 한다.

(1) 진나의 지각과 추론

진나는 '지각知覺'이란 사물의 순간순간 끊임없이 변하는 모습, 곧 있는 그대로의 모습인 자상(自相, svalakṣaṇa)을 직관적으로 받아들이는 것이라고 한다. 이는 어떠한 개념적 판단(vikalpa)도 들어가지 않는 인식이라고 할 수 있다. 다시 말해서 말로 전달되기 이전의 자리를 그대로 파악하는 것이다.

그에 비해 '추론推論'은 추상적인 개념을 통해서 이루어지는 간접적인 인식이라고 할 수 있다. 이는 사물의 보편상(普遍相, sāmanyalakṣaṇa)을 내용으로 하는 것이고, 서양철학에서 말하는 오성悟性의 판단작용에 의한 것이라고 할 수 있다. 여기에는 개념적 판단, 곧 분별이 들어간다. 예를 들어, 모든 사물은 끊임없이 변화하고 있지만 우리가 고정된 안목으로 보고 변화하지 않는다고 생각하는 것과 같다.

이러한 분별을 일으키는 하나의 원인은 언어이다. 사람은 언어의 본성을 제대로 보지 못하고 언어에 의해서 지칭된 대상이 실제로 존재한다고 집착한다. 하지만 진나는 언어가 직접적으로 실재實在를 드러내지는 못하지만, 간접적으로는 가능하다고 한다. 다시 말하자면, 어느 개념을 사용할 때 다른 개념은 배제하는 효과가 있다고 한다. 예를 들어 '소'라는 말이 소의 모습을 실재 그대로 전달할 수 없는 한계를 가지기는 하지만, 적어도 그것이 '소' 이외의 다른 것은 아님을 나타낸다는 것이다. 따라서 언어를 잘 사용하면 역시 실재에 근접할 수 있다는 것이 진나의 입장이고, 여기서 추론이 성립한다.

(2) 법칭이 말하는 인因의 3가지 조건

법칭은 추론을 자기 혼자 스스로 추론하는 과정인 위자비량(爲自比量, svārtha-anumāna)과 다른 사람에게 전달하기 위한 과정인 위타비량(爲他比量, parārtha-anumāna)으로 구분하고 있다. 먼저 '위자비량'부터 살펴본다. 여기서 추론의 핵심은 추리의 근거가 되는 인(因, hetu)에 있다. 이것은 대명사(大名辭, sādhya)와 소명사(小名辭, pakśa)를 연결시켜주는 중명사(中名辭, 表徵, liṅga)라고 한다. 추론식을 제시하면 다음과 같다.

종(宗, pratijñā): 산에 불이 있다. (불: 대명사, 산: 소명사)
인(因, hetu): 연기가 나기 때문이다. (연기: 중명사)
유(喩, dṛṣṭānta): 연기가 나는 곳에 불이 있다. 아궁이처럼.

여기서 가장 중요한 것은 연기, 곧 '인因'을 정확히 집어야 한다. 그것을 위해서 법칭은 인因이 갖추어야 할 3가지 조건을 제시하는데, 그것을 '인因의 삼상三相'이라고 한다.

첫째 조건은 인因이 결론의 주어, 곧 '소명사'에 반드시 존재해야 한다는 것이다. 이것이 '변시종법성遍是宗法性'인데, 인因이 종宗의 법이라는 의미이다. 위의 추론식에서 보자면, '인因'의 연기가 소명사인 산에 반드시 있어야 한다는 것이다. 거기에만 있어야 할 필요는 없지만, 거기에 존재해야만 결론이 타당하다는 것이다.

둘째 조건은 인因은 결론의 술어, 곧 '대명사'와 같은 종류의 것에만 존재해야 한다는 것이다. 이것을 '동품정유성同品定有性'이라고 한다.

'인因'이 '대명사'와 함께 언제나 존재해야 한다는 것은 아니지만, '대명사'에 한해서만은 존재해야 한다는 규칙이다.

셋째 조건은 대명사와 다른 종류에 속하는 것이 '인因'에 속해 있어서는 안 된다는 것이다. 이것을 '이품편무성異品遍無性'이라고 한다. 이것은 두 번째 조건을 더욱 명확히 하는 규칙이기도 하다. 이 3가지 조건을 예를 통해서 다시 알아보자.

종宗: 저 사람은 남자이다.
인因: 그 이유는 팔이 2개이기 때문이다.
유喩: 팔이 2개이면 남자이다. 저 사람처럼.

이 추론식에서 첫 번째 조건은 만족하고 있다. '인因'의 팔 2개는 '소명사'인 저 사람에 있다. 그런데 두 번째 조건과 세 번째 조건을 만족하고 있지는 않다. 만약 '대명사'인 남자가 팔이 2개라면, '대명사'인 남자와 종류를 달리하는 여자도 팔이 2개이기 때문이다. 이 추론식은 이품편무성異品遍無性에 어긋난다. 이렇게 보자면, "자기가 하면 로맨스고 남이 하면 불륜이다"라는 말도 '이품편무성'에 어긋나는 말임을 알 수 있다. 이와 유사한 내용을 추론식으로 만들어 보자.

종宗: 나는 책을 읽는 독서인讀書人이다.
인因: 그 이유는 나는 만화책을 읽고 있기 때문이다.
유喩: 만화책을 읽으면 그 사람은 독서인이다.

이 추론식에서 자신이 만화책을 읽는 것으로 독서인이라는 근거로 삼고 있는데, 만약 다른 사람에게는 만화책을 읽지 말라고 한다면, 만화책을 읽는 것(因)이 독서인의 근거가 되기도 하고 정반대의 근거가 되기도 한다. 이는 '인因'의 두 번째와 세 번째 조건을 충족시키지 않는 것이다. 이처럼 3가지 조건은 현실적인 파악 능력과 균형 잡힌 사고를 길러주는 역할을 담당하고 있는 것이다.

(3) 진나의 9구인九句因

앞에서 소개한 진나陳那는 9구인九句因을 말하고 있는데, 이것은 '인'을 '동품'과 '이품'의 관계에 주목해서 9가지로 분류한 것이다. 이 9가지에서 올바른 것은 2개인데, 하나는 인因이 같은 종류에는 있고 다른 종류에는 전혀 없는 것이다. 이것은 이미 설명한 것이다. 다른 하나는 인因이 다른 종류에는 전혀 없지만, 같은 종류에는 있기도 하고 없기도 한 경우에도 올바른 추론으로 인정한다는 것이다. 다시 말해서, 같은 종류에서는 성립하는 경우도 있고 그렇지 않은 반대의 사례도 존재한다는 것이다. 다음의 추론을 보자.

종宗: 저 사람은 학생이다.
인因: 그 이유는 학교에서 강의를 듣기 때문이다.
유喩: 저 사람은 학교에서 강의를 듣기 때문에 학생이다.

이 추론식에서 인因은 학교에서 강의를 듣는 것이므로, 인因의 같은 종류는 학교에서 강의를 듣는다는 것이고, 인因의 다른 종류는 학교에서 강의를 듣지 않는다는 것이다. 우선, 학생이 아니라면 학교에서 강의를 듣지 않을 것이므로, 인因이 다른 종류에는 포함되지 않는다. 그렇다고 해서, 학교에서 강의를 듣는다고 해서 모두 학생이라고 할 수 있을까? 대부분 학생이겠지만, 대학에는 가짜 학생도 존재한다. 그러므로 학교에서 강의를 듣는다고 해서 전부 학생이라고 할 수는 없다. 여기서 학교에서 강의를 듣는다고 하는 인因이 성립하는 점도 있고, 성립하지 않는 측면도 있다. 이것이 인因이 같은 종류에는 있기도 하고 없기도 하다는 것이다.

진나가 '9구인'에서 말하고자 한 것은, 인因이 같은 종류에는 다 있고 다른 종류에는 완전히 없는 것이 추론식에서 가장 좋은 경우이겠지만, 이것을 적용하면 너무 엄격해지므로 현실적으로 그 조건을 좀 약화시키고자 한 것이다. 이 관점을 일반적으로 적용해 보면, 착한 사람이란 나쁜 짓을 전혀 하지 않고, 착한 일은 다 해야 하는 사람인데, 이런 사람은 존재할 리 만무하다. 현실적인 사고로는 착한 일은 다 못하더라도, 나쁜 일만큼이라도 하지 않은 사람이라면, 그는 착한 사람이라고 부를 수 있다. 따라서 진나의 생각에는 엄격함과 동시에 인간에 대한 관용의 정신이 흐르고 있음을 알 수 있다.

(4) 인因에 대한 법칭의 분류

법칭은 앞에서 말한 3가지 조건을 충족시키는 '인因'에 3종류가 있다고 한다. 그것은 부정否定·동일성同一性·인과성因果性이다. '부정'은 대명사가 부정적으로 표현되면 인因도 부정적으로 표현된다는 것이다. 다음의 추론식을 보자.

종宗: 저 사람은 독일인이 아니다.

인因: 그 이유는 독일어를 할 줄 모르기 때문이다.

유喩: 독일어를 사용할 줄 모르면 독일인이 아니다. 한국인처럼.

위의 추론식에서 대명사인 독일인이 부정적으로 표현되었으므로, 그 이유를 제시하는 인因도 부정적으로 표현된 것이다.

동일성과 인과성은 '대명사'가 긍정적으로 표현되었을 때, 인因이 가지는 성격이다. '동일성'은 동어반복과 같은 의미가 있어서 서양철학의 분석판단과 같은 것이고, '인과성'은 어떤 사실에서 새로운 사실을 원인과 결과의 관계로 이끌어 내는 것인데, 이는 서양철학의 종합판단과 같은 의미를 지니고 있다. 분석판단은 이미 알고 있는 것을 설명하거나 분명히 해주는 설명판단이고, 종합판단은 인식에 새로운 것을 부가하여 인식을 확장시키는 판단이다.

종宗: 저 사람은 학생이다.

인因: 그 이유는 저 사람은 중학생이기 때문이다.

유喩: 저 사람은 중학생이므로, 당연히 학생이다.

학생과 중학생의 차이는 학생은 더 큰 개념이고, 중학생은 작은 개념이다. 따라서 중학생이라고 한다면, 그 사람은 분명히 학생일 것이다. 이것이 동일성이다. 그리고 저 사람은 중학생이라는 말에 학생이라는 판단은 이미 포함되어 있기 때문에 서양철학의 분석판단과 같은 의미이다.

그러면 인과성에 대한 추론식을 살펴본다.

종宗: 저 사람은 학생이다.

인因: 그 이유는 학교에서 공부하기 때문이다.

유喩: 저 사람은 학교에서 공부하기 때문에 학생이다.

학교에서 공부하는 사실에 근거해서 저 사람이 학생임을 추리한다. 이럴 경우 학교에서 공부하는 것은 원인이 되고, 그 원인을 통해서 학생이라는 결과를 이끌어 낸다. 단순히 동어반복이 아니라 처음 관찰한 사실에서 진일보하였으므로 이것은 서양철학의 종합판단과 같은 의미이다.

한편 동일성과 인과성의 경우에는 '인因'과 '대명사'의 관계는 본질적 의존관계이거나, 아니면 서로 떨어질 수 없는 것이어야 한다. '본질적 의존관계'라는 것은 예를 들면, 중학생이라는 사실에서 학생이라는 판단이 생기는 경우인데, 이는 중학생이라는 사실에서 학생이라는 사실은 본질적으로 함축되어 있는 것이다. '서로 떨어질 수 없는 관계'는 예를 들면, 학교에서 공부하는 사실에서 그가 학생이라고 추론하는 것과 같이, 이 둘은 서로 밀접한 관계에 있는 것이다. 반대로 책을 읽고 있다는 사실에서 그가 학생이라고 판단했다면, 학생이 아니더라도 책을 읽을 수는 있는 것이므로, 이는 '서로 떨어질 수 없는 관계'에 속한다고 볼 수 없다.

(5) 부정에 대한 법칭의 견해

법칭은 부정否定에 대해서 논의하는데, 부정적 판단의 원리, 11가지의 형태들, 부정적 판단의 성격과 형이상학적 의의에 대해서 말하고 있다. 그 요점은 타당한 인식방법인 지각과 추론을 통해서 알 수 없는 대상은 의심의 대상이지, 결코 인식방법이 될 수 없다는 것이다. 이 점에서 그는 니야야학파와 바이셰쉬카학파에서 인정하는 '부존不存'을 비판하고 있고, 미맘사 학파에서 말하는 부존량不存量도 인정하고 있지 않다. 이 점이 논리학에서 본 불교와 인도전통철학의 차이점이다.

(6) 법칭의 위타비량

앞에서는 자기 스스로 추론하는 과정인 위자비량爲自比量에 대해서 살펴보았다. 다른 사람에게 전달하기 위한 추론은 위타비량爲他比量이다. 이는 유喩와 함께 대전제를 내세우고, 그 다음 구체적인 경우를 제시한 다음에 결론을 이끌어내는 것이다.

유喩: 모든 사람은 죽는다. 소크라테스와 같이
인因: 플라톤은 사람이다.
결結: 플라톤도 죽는다.

'위타비량'은 아리스토텔레스의 삼단논법과 내용이 같다. 앞에서 말한 '위자비량'은 귀납적 성격을 나타내고, '위타비량'은 연역적 성격을 가지고 있다. 위자비량은 무엇이 진리인지 검증하는 작업이므로 아주 꼼꼼하게 전개될 필요가 있지만, 위타비량은 그런 복잡한 과정을 거치기보다는 이미 검증된 내용을 쉽게 전달하고자 하는 데 주안점이 있다. 이러한 '위타비량'의 정신을 살려서, 이를 쉬운 내용의 글쓰기에 활용할 수 있을 것이다.

2) 밀교사상

밀교에는 대승불교의 사상이 많이 스며들어가 있다. 특히 중관학파와 유식학파의 사상에 많은 영향을 받았다. 7・8세기 이후에는 중관학파와 유식학파의 사람이 밀교수행자인 경우가 많다. 이 점에서 볼 때 대승불교와 밀교는 연속점이 있다. 기초교리는 대승불교와 밀교가 동일하지만, 그 같은 기초교리 위에 성립한 신비주의적 수행법이 '밀교'라고 할 수 있다. 그러므로 밀교는 신비주의에 속하는 것이고, 이 점이 그 이전에 생겨난 대승불교와 다른 측면이다.

(1) 밀교경전의 4가지 구분

밀교에서는 경전을 탄트라tantra라고 한다. 이들 탄트라의 수효는 많지만, 일반적으로 부톤(Bu-ston, 1290~1364)의 분류법에 따라 4종류로 구분한다. 그것은 소작(所作, kriyā)탄트라・행(行, caryā)탄트라・유가(瑜伽, yoga)탄트라・무상유가(無上瑜伽, anuttarayoga)탄트라이다.

첫째, 소작탄트라에는 잡밀雜密에 해당하는 것이 포함되어 있다. 여기에는 밀교적인 대승경전도 포함되고, 이는 밀교의 입장에서 보자면 아직 발달하지 않은 단계의 경전이라고 할 수 있다. 둘째, 행탄트라에 속하는 경전 중에 대표적인 것은 『대일경大日經』이다. 셋째, 유가탄트라에 속하는 경전 중에 대표적인 것은 『금강정경金剛頂經』이고, 『반야이취경般若理趣經』도 여기에 속한다. 넷째, 무상유가탄트라는 최고의 탄트라를 모아놓은 것이다. 후기에 성립한 것이 많기 때문에 남녀가 교합交合하는 것을 내용으로 하는 좌도左道밀교경전이 많이 포함된다. 이 탄트라에는 3종류가 있는데, 그것은 방편인 부父탄트라와 반야인 모母탄트라, 그리고 이 둘에 속하지 않은 것이다.

(2) 밀교사상의 변천과정

밀교는 그 준비기간으로 소작탄트라시대가 있었고, 그 다음 행탄트라로서 『대일경』이 출현하면서 밀교가 독립했다. 이것이 7세기 중엽의 일이다. 같은 시대에 유가탄트라로서 『금강정경』과 『반야이취경』이 나타나서 밀교의 사상은 더욱 풍요로워졌다. 무상유가탄트라시대는 수백 년 동안 계속되는데, 이 시대의 밀교는 몇 개의 유파로 갈라져 발전하였다. 이런 유파 사이에서 밀교의 교리가 발전하였지만, 그와 동시에 타락상도 보이게 되었고, 결국 힌두교에 흡수되어 버린 것이다. 밀교는 1200년경에 인도에서 사라졌다.

① 대일경

『대일경大日經』은 본래 이름이 『대비로자나성불신변가지경大毘盧遮那成佛神變加持經』이고, 그 의미는 대비로자나불大毘盧遮那佛이 성불한 내용이 신묘한 변화(神變)에 의해 중생에게 전달되는(加持) 것을 밝힌 경전인데, 줄여서 '대일경'이라고 한다. 『대일경』은 716년에 중국의 장안에 온 중인도의 승려 선무외(善無畏, 637~735)와 그의 제자 일행(一

行, 683~727 혹은 673~727)에 의해서 724년에 한문으로 번역되었다. 티베트어 번역은 9세기에 이루어졌다.

『대일경』의 핵심은 첫째 품의 「주심품住心品」에서 "일체지지一切智智는 무엇을 인因으로 하고, 무엇을 근본으로 하고, 무엇을 최고의 경지로 삼습니까?"라는 질문에 "보리심을 인因으로 하고, 대비大悲를 근본으로 하고, 방편을 최고의 경지로 삼는다"라고 답한 데 있다. 여기서 "방편을 최고의 경지로 한다"라는 대목은 현실을 중시한다는 말이고, 방편에 최고의 가치를 부여하는 점이 특색이다. 방편을 궁극적인 것이라고 보는 이유는 『대일경』에서는 현실세계가 그대로 비로자나불의 세계라고 보고 있기 때문이다.

나아가 "만일 보리를 얻고자 한다면, 이처럼 자기의 마음을 잘 알아야 한다"고 말하고 있다. 이는 범부의 마음을 초월하고, 소승과 대승의 마음을 넘어서서, 진인문眞言門의 극무사성심(極無自性心: 최고의 공을 파악하는 마음)에 도달한다는 것이다. 『대일경』의 사상은 진언문의 수행을 통해서 공관空觀을 심화시킨 것이라고 평가할 수 있다.

둘째 품인 「구연품」부터는 밀교의 수행법을 설명하고 있다. 만다라의 작법, 제자를 관정灌頂[1]하는 방법을 말하고 있다. 『대일경』에 기초한 만다라를 '대비태장생大悲胎藏生만다라'라고 하는데, 줄여서 '태장胎藏만다라'라고 한다. 이는 불타가 자비의 큰 원력으로 중생을 구제하기 위해서 여러 가지 몸을 나타내고, 중생을 위해서 여러 가지 가르침을 전해주고, 중생의 성격에 따라 각기 다른 본래의 서원誓願을 밝히는

---

1 관정은 물을 제자의 정수리에 뿌려서 불타의 정신을 계승함을 상징하는 것이다.

것을 묘사한 것이다. 다른 한편으로는 불타가 큰 자비의 여러 가지 행行으로 중생의 보리심을 일으키고 성장시키므로, 이러한 큰 자비를 가리켜서 태장胎藏이라고도 한다.

②금강정경

중인도 출신으로 날란다사寺에서 출가한 금강지(金剛智, 671~741)가 723년에 『금강정유가중약출염송경金剛頂瑜伽中略出念誦經』 4권을 한문으로 번역하였다. 금강지의 제자 불공(不空, 705~774)에 따르면, 『금강정경金剛頂經』에는 모두 18회가 있다고 하는데, 현재 한역본, 티베트어역본, 산스크리트어본을 검토해 보아도 존재하는 것은 '초회初會'뿐이다.

『대일경』과 『금강정경』은 서로 관련이 있는 경전이지만, 다른 한편으로는 『대일경』이 중관학파와 연결되고, 『금강정경』이 유식학파와 관련된다는 점에서는 서로 독립된 경전이라고 할 수 있다. 특히 『금강정경』에서 말하는 5불五佛은 5지五智를 의미하는 것인데, 이는 『금강정경』이 유식학파와 관련 있음을 보여주는 예이기도 하다.

중앙의 비로자나여래는 법계체성지法界體性智에 해당하고, 동방의 아촉여래는 대원경지大圓鏡智에 연결되고, 남방의 보성여래는 평등성지平等性智와 관련되고, 서방의 무량수여래는 묘관찰지妙觀察智를 나타내고, 북방의 불공성취여래는 성소작지成所作智를 의미한다고 한다. 대원경지, 평등성지, 묘관찰지, 성소작지의 4지四智는 유식학파에서 주장하는 것인데, 이것이 『금강정경』에서는 '5지'로 더욱 구체화하였다.

이러한 '5불'과 '5지'는 5상성신관五相成身觀으로 전개된다. 이는 『금강정경』에서 말하는 독자적 성불론成佛論이다. 그 내용은 다음과 같다.

첫째, '통달보리심通達菩提心'은 자기에게 자성청정심自性清淨心이 있음을 깨닫는 것이다. 이 단계에서 아축여래의 본질인 대원경지를 깨닫는다. 둘째, 수보리심修菩提心은 자성청정심에 기초해서 보리심을 일으키는 것이다. 여기서는 자기 마음이 월륜月輪과 같다고 달관하고, 보성여래의 평등성지를 얻는다. 셋째, '성금강심成金剛心'은 보리심을 굳건히 하여 금강심을 실현하는 것이다. 이는 자기 마음이 금강의 지혜임을 깨닫는 것이고, 무량수여래의 묘관찰지를 얻는 것이다. 넷째, '증금강신證金剛身'은 앞에서 얻은 금강심을 굳건히 하여 자기의 몸(身)과 말(語)과 뜻(意)이 모두 금강계임을 깨닫는 것이다. 이때 불공성취여래의 성소작지를 얻는다. 다섯째, 불신원만佛身圓滿은 비로자나여래의 법계체성지를 얻어 대비로자나불이 되는 것이다. 이것이 금강계여래이다.

③ 반야이취경

불공不空이 한문으로 번역한 『대락금강불공진실삼마야경大樂金剛不空眞實三摩耶經』 1권을 줄여서 『반야이취경般若理趣經』 또는 『이취경理趣經』이라고 한다. 『반야이취경』에는 6종류의 한역본이 있고, 티베트어 역본(本)도 4종류가 있고, 산스크리트어본도 남아 있다.

『반야이취경』은 『금강정경』과 마찬가지로 '유가탄트라'에 속한다. 하지만 남녀가 서로 교회交會하는 환희를 통해서 밀교의 깨달음을 표현한다는 점에서 『금강정경』보다 앞서 있다. 『반야이취경』에서는 "묘적청정구妙適清淨句는 보살의 위位이고, 욕전청정구欲箭清淨句는 보살의 위位이고, 촉청정구觸清淨句는 보살의 위位이고, 애박청정구愛縛清淨句

는 보살의 위位이다"라고 하였다. 여기서 묘적妙適은 남녀의 2근二根이 교회交會하는 즐거움을 뜻하고, 욕전欲箭은 욕망에 마음이 쏠리는 것을 의미하고, 촉觸은 남녀포옹의 즐거움을 뜻하고, 애박愛縛은 접촉에 의해서 남녀가 떨어질 줄 모르는 것을 의미하는 것이다. 이처럼 큰 즐거움(大樂)의 법문을 『반야이취경』에서는 말하고 있다.

하지만 청정구淸淨句라고 말하는 대목에서 알 수 있듯이, 성욕이 무조건 긍정되는 것은 아니다. 성욕이 정화된 상태에서 깨달음의 경지를 맛보려는 것이다. 음욕淫慾은 오염된 것이지만 그것을 정화하면 청정한 행위로 승화될 수 있다는 것이다. 모든 존재의 본성은 청정하고 모든 존재는 평등하기 때문에 반야의 공지空智에 깊이 도달하면 음욕이 그 자체로서 청정해질 수 있다고 보는 것이다. 이는 재가在家의 욕망을 받아들이는 입장에서 반야바라밀의 실천을 심화시킨 것이라고 할 수 있다.

『반야이취경』은 큰 즐거움(大樂)의 법문을 말하고 있다는 점에서는 '무상유가탄트라'에 속하지만, 『금강정경』의 사상과 통하기 때문에 유가탄트라에 속하는 경전이다.

④무상유가 탄트라

인도 밀교의 중심은 무상유가탄트라에 있다. 무상유가탄트라는 경전의 숫자도 대단히 많고, 유행한 기간도 상당히 길다. 그러나 방대한 숫자의 무상유가탄트라는 개개의 성립연대도 분명하지 않으며, 연구된 탄트라도 적은 숫자에 지나지 않는다. 그래서 많은 숫자의 무상유가탄트라를 연대별로 나열하면서 그 역사적 발전을 검토하는 것은 현재로는 불가능한 일이다.

㉠ 방편 · 부父탄트라

이 계통의 대표적 경전은 『비밀집회탄트라(Guhya-samāja-tantra)』이다. 이 경전은 8세기 초에 나타나서 8세기 후반에 성립된 것으로 추정된다. 이 경전의 핵심적 내용은 생기차제(生起次第, utpattikrama)에 있다. '생기자체'는 법신에서 화신으로 전개되는 것을 관상觀想하는 수행법이다. 이는 자신의 몸이 출생하는 것을 5불五佛이 나타난 것으로 관상하는 것이며, 또한 즉신성불卽身成佛을 의미하는 것이다. 이를 통해서 자기와 금강지金剛智가 둘이 아니고 하나임을 확립한다는 것이다. 이러한 관법은 애욕에 빠져서 의지가 약한 사람을 위해서 제시된 '이행도易行道'의 가르침이다. 다시 말해서, 깊은 신심은 가지고 있지만 욕망에서 벗어나는 수행을 하기 어려운 사람을 위해서 탐욕의 이취理趣를 보여주고, 탐욕에서 깨달음이 생기는 길이 있다는 것을 보여주는 큰 즐거움(大樂)의 법문이다.

『비밀집회탄트라』는 많은 사람이 받아들여서 여러 유파가 생겨났는데, 그 중에 중요한 유파는 즈냐나파다Jñānapāda가 세운 즈냐나파다류流와 용수와 그 제자의 이름으로 세워진 성자부자류聖者父子流이다.

㉡ 반야 · 모母탄트라

반야 · 모母탄트라 계통의 여러 경전 중에서 근본성전에 해당하는 것은 『헤바즈라 탄트라Hevajra-tantra』이다. 반야 · 모탄트라 계통의 사상에는 힌두교의 영향이 분명히 나타난다. 다시 말해서, 성력(性力, śakti)의 실천이 앞에서 소개한 부父탄트라 계통보다 강하다고 할 수 있다. 이 계통의 만다라에서는 중앙에 있는 남존男尊은 그와 상응하는 여존女尊과 짝을 이루고 있고, 이 2존尊은 포옹하여 몸을 하나로 하고 있는 쌍입(雙入, yuganaddha)의 형태를 취하고 있는데, 이를 '얍윰yabyum'이라고 한다.

이 쌍입의 사상은 부父탄트라에도 존재하는 것인데, 그것은 '공성空性'과 '비悲'가 둘이 아님(不二, advaya)을 뜻하는 것이다. 앞에서 말한 2존二尊은 공성과 비悲가 방편으로 나타난 것이고, 이 둘이 합쳐져서 '보리심'이 생긴다고 한다. 그런데 이것을 단순히 관조하는 것이 아니고, 수행자가 스스로 만다라 속에 들어가서 16세 소녀 등을 상대로 해서 포옹을 실천하고, 거기서 발생하는 큰 즐거움(大樂) 속에서 깨달음을 체험한다는 것이다.

㉢ 시륜교時輪敎

인도말기에 나타난 특이한 탄트라로서 『칼라차크라 탄트라(Kālacakra-tantra, 시륜탄트라)』를 들 수 있다. 이는 방편·부父탄트라와 반야·모(母)탄트라를 종합하는 입장에 서있다. 그래서 이것을 제3의 '쌍입불이雙入不二탄트라'라고 한다.

이 탄트라에서는 방편과 반야, 공과 자비, 대우주와 소우주가 둘이 아니라는 것(不二)을 말한다. '칼라차크라'에서 '칼라'는 자비와 방편을 의미하는 것이고, '차크라'는 공성·반야를 뜻하는 것이고, 이 둘을 합하여 '쌍입불이'를 나타내는 것이 '칼라차크라 탄트라'이다.

『칼라차크라 탄트라』에서는 반야·모母 탄트라 계통의 경전에서 샥티(śakti, 힘)를 중시하여 대락大樂을 강조하고 있는 점을 비판하고, 계율을 중시하고 불교의 본래의 입장으로 돌아가고자 하고 있다. 이는 이슬람교가 인도에 침입해서 불교를 파괴한 것과 관련이 있다. 다시 말해서, 불교가 없어지지는 않을까 염려하였기 때문에 불교 본래의 입장을 강조하였다는 것이다. 따라서 시륜時輪탄트라는 인도 탄트라불교의 끝을 총괄하는 중요한 의미를 가지는 것이라고 할 수 있다.

또한 시륜탄트라는 티베트불교에서도 중요한 역할을 하였다. 특히 시륜 탄트라의 계율 중시사상이 티베트불교에 미친 영향은 크다. 부톤(1290~1364)은 티베트불교의 제일 뛰어난 학승의 한 사람인데, 그는 시륜탄트라를 중시했다. 그는 시륜탄트라에 대한 주석서를 쓰고, 『시륜사時輪史』를 편찬하였고, 시륜탄트라의 한 파를 열었다. 그의 계통에서 쫑카파, 케둡제, 게레페산보 등의 뛰어난 학장이 등장하여 시륜탄트라를 널리 전하였다.

3. 샹카라의 불이론적 베단타철학

가우다파다(Gauḍapāda, 640~690년경)는 『만두키야 우파니샤드』의 철학에 기초한 『만두키야 카리카Māṇḍūkya-kārikā』라는 저술을 남긴 인물인데, 이 저술에서 불이론적(不二論的, Advaita) 베단타Vedānta철학을 심도 있게 전개하고 있다. 불이론적 베단타철학을 크게 일으킨 샹카라Śaṅkara는 이 『만두키야 카리카』에 대해서 주석서를 썼는데, 그곳에서 베다의 불이론적 철학이 가우다파다에 의해서 다시 회복되었다고 말하고 있다.

가우다파다는 대승불교의 공사상空思想이나 유식사상唯識思想에 큰 영향을 받았다고 추정된다. 실제로 가우다파다는 불교의 논사論師 바카Bakka라는 사람의 제자였다고 한다. 그래서 가우다파다는 브라흐만의 가현설假現說을 주장하였다. 이는 모든 생멸하는 현상세계가 신神의 환술(幻術, māyā)에 의해서 나타난 것이고, 실재의 세계에서는 다양성이나 이원성二元性이 성립할 수 없다는 것이다. 실재의 세계에서는 주관과 객관의 구분도 없고, 여러 다른 주체와 객체들도 사라지고, 속박된 존재도 없고 해탈을 원하는 사람도 없다. 오직 빛나는 하나의 아트만Ātman만이 존재할 뿐이다. 진제眞諦의 궁극적인 입장에서는 꿈의 세계와 깨어 있는 세계는 다른 것이 아니고, 외부의 세계나 마음속에 나타나는 세계도 인간의 망상妄想으로 인해서 생긴 것이라고 한다. 이러한 가현설의 입장은 샹카라에 의해서 더욱 철저하게 발휘되었다.

샹카라(Śaṅkara, 700~750년경)는 인도의 최대의 철학자라고 말해지고 있는 인물이다. 그는 불이론적 베단타학파를 세운 인물이기도 하고, 나아가 베단타의 여러 학파가 전개되는 원천이 되는 철학을 전개한 인물이기도 하다. 전설에 의하면, 남인도 케랄라 지방의 칼라디Kālaḍi에서 바라문의 아들로 태어났다고 한다. 어려서 부친을 잃고, 출가하여 고빈다Govinda를 스승으로 모셨다. 그 후 인도를 돌아다니면서 다른 학파의 지도자와 논쟁을 하였고, 바라문교의 최초 승원(maṭha)을 건립하였다. 샹카라파派의 승원은 현재 인도 각지에 있지만, 총본산은 남인도의 슈린게리에 있다. 샹카라의 일생은 짧은 것으로 전해지는데, 32세 또는 38세에 히말라야지방의 케다르나다에서 인생을 마쳤다고 전해온다. 주저는 『브라흐마 수트라』에 대한 주석서인 『브라흐마 수트라소疏(Brahmasūtrabhāṣya)』이다. 그밖에도 여러 가지 우파니샤드와 『바가바드기타』에 대한 주석서가 있다.

1) 샹카라의 철학

샹카라철학의 핵심은 가현설假現說에 있다. 이는 진정한 존재는 브라흐만이고, 나머지 현상세계는 진실로 존재하는 것이 아니라는 것이다. 그리고 현상계가 나타나게 된 것은 무지 때문이라고 한다. 이러한 입장에서 브라흐만, 자아, 진리, 해탈에 대해 2가지로 구분한다. 하나는 진리의 입장에서 바라본 것이고, 다른 하나는 현상의 입장에서 본 것이다. 그러면 자세한 내용을 살펴보자.

(1) 브라흐만의 성격과 가현설

샹카라는 참으로 존재하는 것은 브라흐만Brahman이라는 절대적 존재뿐이라고 한다. 이것은 형상(ākāra) · 성질(guṇa) · 차별성(viśeṣa) · 다양성(nānātva)을 넘어선 존재이다. 이것은 절대적으로 동질적同質的이고, 아무런 성질도 가지고 있지 않는 순수한 존재 그 자체이고, 인간의 참 자아이고, 스스로 빛을 일으키는 자명성自明性을 가진 순수한 식(識, cit)이다. 이것이야말로 실재實在이다.

그러면, 현상계의 다양성을 어떻게 설명할 수 있는가? 실재인 브라흐만이 무지 · 환술(幻術, māyā)의 힘으로 인해서 잡다한 이름과 형상으로 나타나는 것이라고 샹카라는 말한다. 다시 말해 브라흐만의 가현(假現, vivarta)에 지나지 않는다는 것이다. 이것을 '브라흐만 가현설'이라고 한다. 이는 브라흐만 전변설轉變說과 대조되는 것인데, 전변설은 브라흐만에서 이 세계가 전개되어 왔다는 입장을 취하는 것이다.

가현설과 전변설은 브라흐만을 질료인(質料因: 만물을 만들어 내는 원인)으로 보는 점과 결과가 원인에 있다는 인중유과설因中有果說을 택하고 있는 점에서는 공통점이 있지만, 가현설에서는 세계를 브라흐만의 가현(假現; 거짓으로 나타남)으로 보고 있는 데 반해서, 전변설에서는 세계를 브라흐만의 전변轉變으로 파악하는 것이 차이점이다. 또한 가현설에서는 원인만이 실제로 존재하고 결과는 원인의 가현假現이라는 입장을 취하고 있지만, 전변설에서는 결과를 원인의 전변이라는 견해를 택하고 있는 점도 또 다른 차이점이다.

(2) 무지의 성격

무지(無知, avidyā)는 '존재(sat)'도 아니고 '비존재(asat)'도 아닌 것이다. 이는 무엇이라고 규정하기 어려운 것이다. 그 이유는 브라흐만이 유일한 실재라고 앞에서 말했는데, 그렇다면 무지도 브라흐만에서 생겨난 것이므로 존재라고 할 수 없고, 그렇지만 무지는 현상세계를 나타나게 하므로 비존재라고 하기도 곤란하다. 무지의 본질은 사람이 사물을 잘못 인식하게 하고, 이렇게 잘못 인식한 바탕에서 다른 사물을 보게 하는 가탁(假託, adhyāsa)에 있다고 샹카라는 말한다. 예를 들면, 어두울 때 길에서 밧줄을 보고 뱀으로 착각하는 것과 같은 것이다. 이와 같이 실제로 존재하는 것은 브라흐만뿐인데, 사람은 무지로 인해서 브라흐만에다 잡다한 현상의 세계를 뒤집어씌우는 것이다.

(3) 높은 브라흐만과 낮은 브라흐만

사람은 무지 때문에 아무런 속성도 없는 브라흐만(nirguṇabrahman)을 세계를 창조하고 지배하는 주재신(主宰神, Īśvara)으로 잘못 본다고 그는 주장한다. 이 주재신은 세계의 질료인質料因이자 능동인能動因이고, 베다를 만들어 내었고, 세계의 윤리적 질서를 보호하는 자이다. 이런 입장에 서 있었기 때문에 샹카라는 브라흐만을 2가지로 구분한다. 하나는 아무런 속성도 없는 높은 브라흐만(para-brahman)이고, 다른 하나는 속성을 가지고 현상계를 창조하는 낮은 브라흐만(apara-brahman)이다. 그러나 이런 구분을 혼용하고 있을 때도 있다.

우선, 높은 브라흐만은 어떤 형상(ākāra)·속성(guṇa)·제한(upādhi)이 없는 존재이고, 언어로 표현할 수 없는 순수한 존재이다. 이는 다만 명상을 통해서 순수 존재와 식識으로 체험되는 것이다. 그에 비해 낮은 브라흐만은 주재신主宰神이고, 인격적 신이고, 수많은 훌륭한 속성과 형상을 지니고 있고, 동시에 제한된 존재이기도 하다. 이것은 인간과 인격적 관계에 있는 신이고, 종교적 숭배의 대상이 되기도 한다.

(4) 최고아와 개인아

브라흐만을 2가지로 구분한 것에 상응해서 샹카라는 자아도 2가지로 구분한다. 무지는 절대아絶對我인 브라흐만을 수없이 많은 제한된 개인아(個人我, jīvātman)로 나타나게 한다. 그것은 무지가 몸·감각기관·의근(意根, manas)과 같은 제한(upādhi)을 만들어내기 때문이고, 이것들이 '개인아'가 있다고 잘못 생각하게 하는 원동력이다. 최고아(最高我, paramātman) 또는 절대아와 개인아의 관계는 마치 해와 달이 하나이지만, 많은 물에 비칠 때 여러 개로 나타나는 것과 같고, 제한 없는 공간이 좁은 병 안에서 제한된 공간으로 나타나는 것과 같다. 그러므로 무지가 제거되는 순간, 현상적 자아는 망상妄想일 뿐이고 실제로는 절대적 자아인 브라흐만 자체임을 깨닫게 되는 것이다.

(5) 높은 지식과 낮은 지식

앞에서 샹카라는 브라흐만과 자아를 각각 2가지로 구분했는데, 이제 진리도 2가지로 나누고 있다. 그것은 높은 지식(parāvidyā)과 무지로 인한 낮은 지식(aparāvidyā)이다. 또는 궁극적 진리(paramārtha)와 세속적 진리(vyāvahārikārtha)로 분별하기도 한다. 말하자면, 샹카라는 일원론적 존재론을 지키기 위해서 인식적認識的 2제설二諦說을 주장한다는 것이다. '개인아'와 '창조신'이 망상이라는 것은 궁극적 진리의 입장이고, 개인아와 창조신, 속박과 해탈 등이 모두 실재한다는 것은 세간적 진리의 입장이다.

샹카라는 이렇게 진리를 2가지로 구분하는 것에 근거해서, 베다, 『바가바드 기타』, 『브라흐마 수트라』를 일원론으로 해석할 수 있었다. 세속적 진리도 궁극적 진리에 도달하기 위한 수단적 의미는 있다고 주장하게 되면 일원론의 입장을 지킬 수 있다. 베다 등은 2가지 차원의 진리를 다 가지고 있다고 해석하고, 그리하여 베다 등에 나오는 개인아・업・윤회・해탈・창조・주재신 등이 실재한다고 하는 입장은 세속적 진리라고 풀이하고, 나아가 이것도 결국 궁극적 진리에 도달하게 해준다고 이해하고 있다. 이렇게 되면, 베다 등은 이 세계의 언어를 통해서 수행자가 참다운 인식에 도달하게끔 하는 성스러운 가르침으로 변모한다.

(6) 높은 지식과 낮은 지식에 의한 해탈

샹카라는 앞에서 말한 브라흐만・자아・진리에 대한 2가지 구분에 이어서, 해탈(mokṣa)도 2가지로 나눈다. 그것은 높은 지식과 낮은 지식에 의한 해탈이다. 그는 높은 지식이든 낮은 지식이든 간에 이것만이 해탈할 수 있는 수단이고, 나머지 착한 행위・신神에 대한 숭배 등은 큰 효과가 없다고 한다. 물론 이것도 해탈에 도움을 주는 것이긴 하지만, 이러한 행동은 무지에 근거한 것이어서 사람을 현상세계에 묶어두는 기능을 하고 있다. 그러면 높은 지식과 낮은 지식에 기초한 해탈을 살펴보자.

'높은 지식'은 개인아個人我가 최고아最高我임을 아는 지식이고, 이는 현상세계의 다양성과 윤회의 세계가 환상일 뿐이라는 것을 아는 지식이다. 이런 지식이라야 모든 업業을 파괴할 수 있다. 이러한 높은 지식은 지각知覺 · 추론推論에서 오는 것이 아니고, 이것은 오로지 베다의 공부를 통해서 계시啓示의 형태로 주어지는 것이다. 베다 중에서도 특히 우파니샤드, 곧 베단타Vedānta의 가르침이 중요하다. 높은 지식을 얻기 위해서 베다를 공부하고, 착한 행위를 하고, 명상을 해야 하는데, 그 중에서도 특히 우파니샤드의 가르침을 경건하게 숙고熟考하고, 반복해서 침잠沈潛하는 것이 필요하다. 세속적 진리 입장에서 보자면 베다는 신에 의해서 만들어진 것이어서 영원한 것이라고 한다. 여기서 샹카라철학의 전통성과 보수성을 엿볼 수 있다.

'낮은 지식'은 브라흐만이 자기 자아임을 깨닫지 못하고 창조신을 믿고 숭배하는 지식이다. 이런 지식의 소유자는 죽은 뒤에 신의 길을 통해서 낮은 브라흐만과 합한다. 이 상태는 해탈이라고 할 수는 없지만, 점차로 속박에서 벗어나서 완전한 지식과 해탈에 도달할 수 있다.

그런데 이보다 더 낮은 단계의 사람도 있다. 이들은 높은 지식도 낮은 지식도 없고, 단지 착한 행위만을 행한 사람인데, 이들은 죽은 뒤에 조상들의 길을 따라서 달에 도달하여 거기서 업業의 보상을 받고, 또 다시 이 땅에 태어나는 존재이다.

2) 샹카라철학의 계승

무지의 성격을 놓고 샹카라의 제자 사이에 의견이 갈려서 2개의 학파가 생겼고, 12세기경에는 슈리하르샤와 그의 제자 칫수카에 의해서 샹카라 철학이 새롭게 계승되었다.

(1) 무지의 성격에 대한 의견 대립

샹카라의 추종자들이 그의 스승과 의견을 달리한 대목은 무지無知를 어떻게 평가할 것이냐 하는 점이었다. 샹카라는 앞에서 살펴본 것처럼, 무지가 현상세계를 나타나게 하는 망상적 힘이라고 보았는데, 그의 추종자들은 이 무지를 상키야학파의 프라크리티와 같이, 다양한 세계를 만들어 내는 창조적 원리로 보았다. 샹카라에 비해서 그의 추종자들은 무지를 좀더 실체적으로 보았다.

그런데 문제는 이 무지가 어디에 속하느냐 하는 점이다. 이 점에 대해 여러 견해가 있지만, 압축하면 2가지로 정리할 수 있다. 하나는 무지는 브라흐만에 근거를 두고, 브라흐만을 대상으로 하는 어떤 힘이라고 보는 쪽이고, 다른 하나는 무지는 개인아에 근거를 두고, 브라흐만은 무지의 대상은 될 수 있지만 브라흐만이 무지의 근거가 될 수는 없다는 쪽이다.

무지가 브라흐만에 근거가 있다는 쪽을 '비바라나Vivaraṇa학파'라고 하는데, 이 주장의 장점은 세계의 원인을 브라흐만 자체에서 구하는 점이고, 문제점은 어떻게 무지가 순수식純粹識인 브라흐만에 근거를 둘 수 있고, 어떻게 브라흐만 자체가 세계의 다양성에 책임을 질 수 있겠느냐 하는 대목에 있다.

한편 무지의 근원을 개인아에 두는 쪽을 '바마티Bhāmatī학파'라고 한다. 이 학파의 주장대로 무지가 개인아에서 생긴 것이어서 브라흐만과 관계가 없는 것이라면, 이는 무지가 브라흐만과 관계하지 않는 독립적인 힘이라고 보는 것인데, 그렇게 되면 논리적으로 순환논법의 오류를 범하게 된다. 다시 말해서, 개인아가 이미 무지에서 생긴 것인데, 무지에서 생긴 것이 어떻게 무지를 포섭할 수 있겠느냐 하는 문제가 발생한다는 것이다. 따라서 이 두 가지 견해에서 생기는 문제점은 브라흐만 가현설假現說이 가지고 있는 근본적인 문제점을 은연중에 나타내 주는 것이기도 하다.

(2) 샹카라철학의 새로운 계승

샹카라의 불이론적不二論的 철학은 슈리하르샤(Śrīharṣa, A.D. 1150경)와 그의 제자 칫수카(Citsukha, A.D. 1220년경)에 의해서 새롭게 해석되었다. 이들은 특히 니야야학파의 주장을 공격하였는데, 그들이 사용한 논리는 파괴적 변증법의 성격이 강한 것이었다. 이들은 중관학파의 용수와 같이, 자신의 철학적 입장을 적극적으로 주장하기보다는 상대방의 모든 사유의 범주들이 모순적임을 드러내는 데 주력하였다.

유일한 실재인 브라흐만은 모든 현상세계의 사유・범주・언어를 넘어서는 것이다. 그에 비해 현상세계는 무지에서 생겨난 것이므로 존재라고도 할 수 없고, 그렇지만 유일한 실재인 브라흐만에 근거를 두고 있고 분명히 눈에 보이는 세계이므로 존재하지 않는 비존재非存在라고도 할 수 없는 것이고, 따라서 애매하여 규정할 수 없는 것이다. 이들의 주장을 좀더 살펴보자.

① 슈리하르샤의 주장

슈리하르샤는 자신의 철학적 논의도 포함해서 모든 철학적 논의가 속제俗諦에 뿌리를 둔 것이고, 궁극적 실재는 직접적으로 깨달아야만 하고, 속제와 진제眞諦의 구분도 현상세계에만 의미가 있을 뿐이라고 하였다. 그는 이런 입장에 서서 니야야학파에서 말하는 여러 범주의 정의와 설명이 공허한 것이고 타당하지 못한 것임을 밝히고, 범주도 정의할 수 없고 따라서 실재하는 것이 아니라고 한다. 나아가 이 점은 현상세계가 규정할 수 없는 것이고, 거짓 존재임을 드러내주는 것이라고 한다. 이와 같이, 슈리하르샤는 니야야학파의 철학을 비판하고 있는데, 그 대상이 주로 우다야나가 내리고 있는 '정의'에 관해서이다.

② 칫수카의 주장

슈리하르샤의 제자 칫수키는 한 걸음 더 나아가서 범수들의 정의를 비판하는 것은 물론이고, 범주들의 개념 자체를 논파하려고 하였다. 칫수카도 용수의 2제설二諦說에 많이 의지하고 있다. 그래서 미맘사학파의 쿠마릴라 바타가 2제설을 비판한 것에 대해서 그것을 옹호하고 있다. 그렇지만 2제의 구분은 현상세계에서 활동하는 지성에 근거한 것이고, 궁극적으로는 실재가 아니며, 진리는 하나라고 칫수카는 말했다.

하지만 무지 속에 있는 사람은 진제와 속제를 구별할 수밖에 없고, 따라서 속제의 유용성을 의심할 필요는 없다. 이런 견해는 브라흐만 가현설假現說에 근거한 것인데, 현상세계가 토끼의 뿔・허공의 꽃과 같이 전혀 근거가 없는 것이 아니고, 브라흐만에 근거를 둔 가상假像이라는 것이다.

4. 비슈누파의 베단타철학

브라흐만과 영혼과 물질의 관계에서, 샹카라의 불이론적 베단타철학에서는 브라흐만의 존재만을 강조하는 일원론을 주장하고 있는 반면, 라마누자의 한정불이론에서는 브라흐만은 인격적인 신이고 실체이며, 영혼과 물질은 실체의 속성 또는 양태라는 입장을 취한다. 이는 이원론적 측면을 띠고 있는 것이다. 마드바의 이원론적 베단타철학에서는 영혼과 물질도 실재로서 인정하고 있다.

님바르카의 베단타철학과 발라바의 순정불이론純淨不二論과 차이타니아 계통의 베단타철학에서는 영혼과 물질의 실재성을 인정하고 있다. 하지만 그 인정하는 방식이 마드바의 이원론적 베단타철학과는 다르다.[2] 샹카라의 불이론적 베단타철학과 뒤에 소개할 내용을 정리해서

2 님바르카의 베단타철학은 라마누자의 영향을 받았지만, 영혼과 물질을 실재로서 인정하고 있는데, 이는 라마누자의 한정불이론에서 영혼과 물질을 실체의 속성이나 양태로 보고 있는 점과 다른 것이다. 님바르카는 브라흐만과 영혼·물질은 같으면서도 다르다는 입장을 취한다. 따라서 님바르카는 라마누자의 철학에 대해서 비판적 태도를 취하고 있다.

발라바의 순정불이론純淨不二論도 영혼과 물질의 존재를 인정하지만, 브라흐만의 어느 부분이 전개되느냐에 따라 영혼과 물질의 다른 점이 생긴다고 주장한다. 다시 말해서 브라흐만은 존재·식識·희열喜悅로 이루어져 있는데, 브라흐만의

표로 정리하면 다음과 같다.

샹카라의 불이론적 베단타철학	일원론(브라흐만의 존재만 인정)
라마누자의 한정불이론	이원론(영혼과 물질을 속성 또는 양태로 인정)
마드바의 이원론적 베단타철학	다원론(영혼과 물질의 실재성 인정)
님바르카의 베단타철학	영혼과 물질의 존재 인정(영혼과 물질은 신神과 같으면서도 다르다.)
발라바의 순정불이론純淨不二論	영혼과 물질의 존재 인정(영혼과 물질은 브라흐만의 다른 부분이 전개해서 생긴 것이다. 영혼은 브라흐만의 식識에서 생기고, 물질은 브라흐만의 존재에서 나타나고, 브라흐만의 희열에서 내적 지배자가 나온다.)
차이타니아 계통의 베단타철학	영혼과 물질의 존재 인정(신의 중간적인 힘에서 영혼이 생기고, 신의 외적인 힘에서 물질이 전개하여 생기고, 신의 내적인 힘에서 존재·식·희열이 생긴다.)

존재에서 물질이 나오고, 브라흐만의 식識에서 영혼이 생기고, 브라흐만의 희열에서 영혼을 지배하는 내적內的 지배자가 생긴다는 것이다. 따라서 영혼과 물질은 실재이기는 하지만, 브라흐만의 어느 부분으로 이루어졌는가 하는 점에서 차이가 생긴다. 또한 발라바의 순정불이론에서는 샹카라와 라마누자의 철학을 비판하면서 동시에 절충하고 있다.

차이타니아 계통의 베단타 철학도 영혼과 물질을 실재로서 인정하고 있는데, 님바르카와 발라바의 철학과 다른 점은 신의 힘을 3가지로 구분하고, 그것에 따라서 영혼과 물질이 나온다고 주장한다는 것이다. 신의 힘은 내적인 힘, 중간적인 힘, 외적인 힘으로 구분되는데, 중간적인 힘에서 영혼이 생기고, 외적인 힘에서 물질 세계가 나타난다고 한다.

1) 배경 지식

비슈누파에 속하는 베단타학파의 여러 주장을 검토하기 전에 비슈누신과 비슈누의 배우자 신 락슈미 여신을 알아보도록 하자. 아울러 비슈누파에서 받아들이고 있는 경전인 푸라나 문헌에 대해서 살펴보고자 한다. 이러한 과정을 통해서 신화가 어떻게 철학의 옷을 입었는지에 대해 안목을 얻을 수 있기를 기대한다. 비슈누신에 대한 소박한 관념이 비슈누파의 베단파학파로 발전된 과정을 이해할 수 있다면, 그것은 신화가 철학으로 승화되는 인도적 모형의 하나가 될 것이다.

(1) 힌두교의 3대 신

브라만교의 신들이 일반 신앙을 잃어가면서 정통 브라만계(Brahmaṇa)의 최고의 실재이자 '중성의 원리'의 '브라흐만Brahman'은 남성신인 '브라흐마'가 되면서 창조신으로 인격화되었다. 『마하바라타』에서는 브라흐마신이 비슈누신과 쉬바신보다도 높은 위치에 있는 경우도 있고, 비슈누신과 쉬바신과 나란히 자리 매김되는 때도 있었고, 비슈누・쉬바신이 브라흐마신에게 절을 받는 경우도 있었다. 푸라나 문헌에서도 쉬바신을 최고신으로 하고, 그 아래에 비슈누신・브라흐마신을 두는 경우도 있고, 비슈누신을 중심에 두고 브라흐마신・쉬바신을 바라보는 입장 등의 여러 관점이 있었다. 그렇지만, 일반적으로는 브라흐마신보다는 비슈누신과 쉬바신에 대한 신앙이 강조되었다고 보아도 무방하다.

보통 브라흐마신・비슈누신・쉬바신의 '삼신일체'를 말할 때, 브라흐마신이 세계 창조를 담당하고, 비슈누신이 세계를 유지하고, 쉬바신이 세계를 파괴하는 역할을 한다고 한다. 그러나 쉬바파와 비슈누신을 숭배하는 바가바타파派에서는 견해를 약간씩 달리하는 경우도 있다.

브라흐마신은 4개의 머리와 4개의 손에 물항아리・활・널판지・베다성전을 들고 있고, 백조를 탄 모습으로 그려지고 있다. 그 배우자 신神 사라스바티는 지혜・언어・음악의 신이고, 피부색이 희고 우아하며, 손에 비파의 원형이라고 추정되는 악기 '비나'를 들고, 공작을 타고 있다. 이론상으로는 '삼신일체'라고 하지만, 실제 힌두교에서는 브라흐마신이 비슈누신과 쉬바신의 그늘에 가려져 있어, 이 브라흐마신을 섬기는 사원은 아주 드물다.[3]

(2) 비슈누신

비슈누Viṣṇu신은 피부색이 검고 몸에 황색 옷을 걸쳤으며, 손에 곤봉・소라고동・원반・연꽃을 들고 있고, '가루다'라고 부르는 새를 타고 있으며, '바이크시타'라는 거처에서 배우자 신 락슈미와 함께 살고 있다고 한다. 비슈누신의 유래와 크리슈나와 동일시 된 점, 화신의 관념에 대해 살펴보도록 하자.

① 비슈누신의 유래

비슈누신은 『리그베다』에 나오는 신이었다. 『리그베다』에는 태양이 광명으로 비추는 작용(光照作用)을 신격화하여 비슈누신을 삼았고, 제사를 보호하고, 인간에게 안전과 넓은 거주처를 제공해주고, 자비가

3 스가누마 아키라 저, 문을식 역, 『힌두교 입문』(여래, 1994년 2쇄) pp.40~41.

충만한 신으로 묘사되어 있다.

한편 『리그베다』에서 비슈누신이 차지하는 위치가 그다지 높지 않았는데, 서사시 『마하바라타Mahābhārata』에서는 쉬바신과 함께 주요한 신으로 화려하게 등장한다. 물론 비슈누신을 유일한 최고신으로 삼는 일신교적인 경향은 브라흐마나 문헌에서 발견되기도 하지만, 서사시 『마하바라타』에서 여러 차례 나라야나와 바수데바(크리슈나)와 동일한 신으로 설명되고 있다. 이와 같은 과정을 거쳐서 비슈누신은 최고신으로 자리를 잡았다.

②크리슈나

크리슈나Kṛṣṇa는 『마하바라타』에서 마투라지방을 본거지로 하는 야다바Yādava족에 속하는 브리슈니Vṛṣṇi족의 영웅으로 설명되고 있다. 그는 바라타족의 대전쟁 때, 아르주나왕자 등 다섯 왕자의 군대에 참여하였는데, 그와 동시에 비슈누의 화신으로 신격화되어 최고신 '나라야나'와 같은 신神이 되었다. 크리슈나는 일반적으로 실재 인물이라고 보는데, 이 실재 인물이 신격화되어 최고신 비슈누의 화신으로 변모하였다.

원래 크리슈나는 야다바족의 신앙의 대상에 지나지 않았는데, 크리슈나를 바가바트(Bhagavat, 世尊)로 모시는 사람들은 실천 도덕적인 측면과 신에 대한 신애(信愛, bhakti)를 한층 강화하고, 상키야학파와 요가학파의 사상을 받아들여 철학적 내용을 보강하였다. 그 결과 크리슈나에 대한 신앙은 민간에까지 그 세력이 확장되었다. 이 과정에는 브라만교(바라문교)의 입장과 바가바타파派의 입장이 서로 잘 맞물리게 된 것에 주목해야 한다. 브라만교에서는 바가바타파를 자신 안으로 끌어들이려고 하는 경향이 있었고, 바가바타파에서는 자신의 입장을 정통화하려고 했는데, 이 두 흐름이 서로 조화를 잘 이룬 셈이다.

이상과 같이, 야다바족에서 출발한 바가바타파는 이런 과정을 거쳐서 힌두교 속에 흡수되었다. 힌두교의 최고성전이 된 『바가바드기타』는 이 바가바타파派의 성전이었는데, 이것이 『마하바라타』에 편입되어 오랫동안 전수되어 왔다.

이와 같이 크리슈나와 비슈누를 같다고 본 것은 B.C. 4세기쯤인데, 그 뒤 여러 가지 민간의 요소를 흡수하여 '크리슈나 전설'이 형성되었다. 비슈누 신앙이 인도 전역에 널리 퍼지게 된 것은 오히려 크리슈나 전설에 힘 입은 바 크다고 할 수 있다. 이 크리슈나 전설이 일반인에게 친숙한 형태로 정리된 것은 『마하바라타』의 부록 『하리밤샤』와 푸라나 문헌이다. 그 중에서도 바가바타파 신자에게 큰 영향을 끼친 것은 『바가비타 푸라나』 10권에 문학적으로 아름납게 소개되어 있는 크리슈나의 생애이다.

③ 비슈누신의 화신

비슈누신앙이 일반적으로 보급되게 된 또 다른 이유는 아바타라(avatāra, 化身·權化)사상 때문이라고 할 수 있다. 이는 비슈누신을 유일신으로 하고, 다른 신들은 그의 나타남에 지나지 않는다는 것으로, 이는 『바가바드기타』에 분명하게 서술되어 있는 내용이다. 아바타라사상의 뼈대는 정의와 도덕(dharma)이 쇠퇴하게 되면 비슈누신이 다시 나타나서 정의와 도덕을 일으킨다는 것인데, 여기에다 옛 '신神'과 민간신앙에서 나타나는 신화적 동물·인물이 첨가되어서, 비슈누신이 경우에 따라 각기 다른 모습으로 나타난다고 한다.

이러한 아바타라사상은 불교의 과거불過去佛 또는 자이나교의 조사祖師에 영향을 받았다고 주장하는 학자도 있다. 아바타라의 숫자는 많을 때에는 22종류를 열거하는 경우도 있지만, 일반적으로는 10가지를 들고 있다. 그것은 물고기·거북이·멧돼지·사람사자(절반은 인간이고 절반은 사자의 모습)·난쟁이·파라슈라마(Paraśurāma; 도끼를 가진 라마)·라마(Rāma; 라마야나의 영웅)·크리슈나·불타Buddha·칼키(Kalki; 미래의 구세주)이다.

(3) 락슈미 여신

힌두교의 주요신은 각각 여신女神인 배우자 신을 가진다. 비슈누의 여신은 락슈미Lakṣmī인데, 부귀와 행복의 여신이다. 락슈미는 『리그베다』에서 행운의 신으로 나타나고, 『아타르베다』에서는 행복과 불행을 지배하는 여신으로 등장하였다. 이러한 락슈미가 『마하바라타』에서는 비슈누의 여신으로 나타난다. 락슈미는 신神들과 악마족 아수라가 영원히 사는 신령한 물(감로수)을 찾아 우유의 바다를 휘저을 때, 손에 연꽃을 든 아름다운 모습으로 나타났다고 한다. 이러한 출생신화에서 락슈미는 '우유바다의 딸'이라고 불려지기도 하고, 손에 연꽃을 들고 있었다고 해서 연꽃의 뜻인 '파드마Padma'라고 말해지기도 한다.

푸라나 문헌인 『비슈누푸라나Viṣṇu-purāṇa』 9장에 보면, 락슈미는 브리그의 딸로, 우유바다에서 아름다운 모습을 드러내자 비슈누가 곧 부인으로 삼았다고 한다. 비슈누가 브리그(혹은 파라슈라마)족의 라마로 태어나면 그녀는 다라니가 되어 그에게 복종하고, 비슈누가 라마찬드라로 나타나면 그녀는 시타가 되고, 비슈누가 크리슈나로 등장하면 락슈미는 그의 부인 루크미니가 된다. 그밖에도 비슈누가 어떤 모습으로 나타나더라도 락슈미는 그것에 대응하는 모습으로 나타나서 복종한다고 한다.[4]

(4) 푸라나 문헌

푸라나Purāṇa는 대서사시와 함께 힌두교의 성전으로 간주되는 문헌이다. '푸라나'란 '옛 이야기, 옛 전설(purāṇam ākhyānam)'을 의미한다. 이 푸라나는 원래는 역사서로 쓰였으며, 5가지 주제가 간직되어 있다고 한다. 그 내용은 다음과 같다.

첫째, 우주의 창조(sarga), 둘째, 우주의 주기적인 파괴와 재건(재창조, pratisarga), 셋째, 신과 성선聖仙의 계보(vaṃsa), 넷째, 최초의 인간 마누에서 시작하는 인류의 기록(마누의 시기, manvantara), 다섯째, 왕조의 역사를 담고 있는데, 그것에는 태양족(日族)·달족(月族)의 가계를 비롯해서 여러 왕조의 역사(vaṃśānucarita)가 포함되어 있다.

물론, 현재 남아 있는 푸라나가 위의 5가지 주제를 다 가지고 있는 것은 아니다. 어떤 것은 일부를 생략하기도 하고, 또한 5가지 주제에다 많은 신화와 전설을 포함하기도 하고, 게다가 철학·종교·제례·습속·정치·천문·의학 등의 모든 분야에서 논의를 전개하기도 한다. 그 중에서도 비슈누신과 쉬바신을 숭배하는 내용이 가장 두드러진다고 할 수 있다. 이 점에서 볼 때, 푸라나 문헌은 2대 서사시에 비해서

---

4 스가누마 아키라 저, 문을식 역, 『힌두교 입문』(여래, 1994년 2쇄) pp.41~55.

한층 더 인도적인 것으로 평가할 수 있다.

'푸라나'는 원래 '수타'라고 하는 방랑시인들이 작성하여 사원과 영혼이 있는 곳(靈場)에서 읊은 내용이기 때문에 하나의 문헌으로서 통일성이 있지 않으며, 민중에게 호소력이 있는 종교와 제식祭式의 각각 사항을 더 중요시한 문헌이다.

일반적으로 '푸라나'로서 18종류를 열거하고 있는데, 힌두교의 내용면에서 보자면 중요한 것은 『비슈누푸라나』와 『바가바타푸라나(Bhāgavata-purāṇa)』이다. 『비슈누프라나』는 비슈누교의 근거가 되는 문헌으로, 이 문헌을 한정불이론을 주장한 라마누자가 그의 저서에서 여러 번 언급하고 있고, 더구나 푸라나의 5가지 주제를 잘 갖추고 있는 작품으로도 유명하다.

『바가바타푸라나』는 바가바드의 이름으로 비슈누신을 숭배한 내용이 담겨 있는데, 이런 내용으로는 가장 유명한 작품이다. 이것은 A.D. 10세기경에 제작되어서 바가바타파의 중요한 성전이 되었고, 또한 많은 인도 지방어로 번역되어서 지금도 바가바타파의 힌두교도가 생활해 나가는 데 큰 영향을 주고 있는 작품이기도 하다.

이러한 푸라나 문헌에 영향을 받아서 6·7세기경부터 힌두교 여러 파의 독자적인 문헌이 제작되기 시작하였는데, 그 문헌들 중에 하나가 비슈누파의 성전인 삼히타Saṃhitā라고 한다. '삼히타'는 비슈누파 중에서 특히 판차라트라파派에 의해 제작된 것이고, 당연히 이 파의 성전이다. 삼히타는 보통 108가지를 말하고 있지만, 실제로 200가지 이상이 존재하고 있다.[5]

2) 라마누자의 한정불이론

라마누자(Rāmānuja, 1017~1137)는 비슈누파派의 하나인 슈리바이슈나바Śrī-vaiṣṇava의 사상을 대표하는 인물이다. 라마누자는 남南인도의 타밀지방에서 태어났고, 슈리바이슈나바파의 성직자였다. 그는 비슈누신에 대한 신앙과 그 신앙을 통해 구원을 얻을 수 있다는 점을 옹호하려고 하였다. 이것을 위해서 그는 『브라흐마 수트라』의 주석서 『성소(聖疏, Śrī-bhāṣya)와 『바가바드 기타』의 주석서를 썼는데, 이는 샹카라의 불이론적不二論的 베단타철학을 비판하고, 독자적 베단타철학의 전통을 세운 것이라고 평가된다.

'슈리바이슈나바파'의 유래를 살펴보자. 비슈누파에서는 11세기에 알바르Ālvār라고 불리는 시인들의 노래를 모은 성시(聖詩, Divyaprabandha)를 편찬하였는데, 원래 이러한 성시의 편찬은 나타무니(Nāthamuni, 824~924)에 의해서 시작되었고, 나타무니와 그의 후계자들은 비슈누신 앞에서 그들이 편찬한 이 성시를 노래하면서 자신의 신앙을 드러내었다. 나타무니와 그의 후계자들은 슈리바이슈나바파를 형성하였다. 그리고 알바르의 시詩는 크리슈나와 크리슈나 아내의 사랑과 그 사랑에서 파생한 기쁨과 고통을 인간과 신神의 이상적인 관계를 상징하는 것으로 해석하고, 이를 찬탄하고 아름답게 묘사한 것이었다.

라마누자는 브라흐만이 '실체'라고 하고, 그것의 '속성' 또는 '양태樣態'로서 물질과 영혼을 말한다. 또한 브라흐만은 인격적인 신神이기도

5 스가누마 아키라 저, 문을식 역, 『힌두교 입문』(여래, 1994년 2쇄) pp.80~83.

하다. 나아가 물질과 영혼이 환상幻相이 아니고 실제로 존재한다는 입장을 취하고 있다. 이 점에서 샹카라와 구분된다. 이러한 라마누자의 입장은 해탈론에서도 분명히 나타나는데, 그것은 신애信愛요가의 중시이다. 이것도 샹카라와 다른 점이다. 라마누자의 철학을 계승한 학파는 이 신애요가를 어느 정도로 강조하느냐에 따라 두 가지로 나누어졌다.

(1) 형이상학

라마누자의 형이상학적 입장은 샹카라의 불이론적不二論的 견해와 상키야의 2원론적 견해를 절충한 것이고, 이 두 주장 간의 중간적인 입장을 취한 것이라고 해석할 수 있다. 그는 샹카라의 근본적 입장인 브라흐만이 유일한 실재임을 주장하면서도, 동시에 푸루샤와 프라크리티를 말하는 상키야의 2원론적 세계관을 포섭하려고 한다.

다시 말하면, 브라흐만이 유일한 실재이지만, 아무런 속성도 없고 순수한 '비인격적인 존재'라는 샹카라의 주장과는 달리, 속성(saguṇa)과 차별성(saviśeṣa)을 지닌 '인격적인 신'이라고 본다. 그래서 그의 철학을 제한적 의미의 불이론이라는 뜻으로 '한정불이론'(限定不二論, Viśiṣṭādvaita)이라고 한다. 이러한 관점에서 브라흐만·신神, 물질, 영혼에 대해 접근한다.

① 브라흐만과 신

브라흐만은 다양성과 속성을 지닌 일자一者이다. 그의 속성 또는 양태(prakāra)에는 두 가지가 있는데, 하나는 물질(acit)이고 다른 하나는 영혼(cit)이다. 브라흐만은 실체이고 물질과 영혼은 속성이지만, 샹카라의 주장과 같이 환술(幻術, māyā)이 아니고 실재하는 존재들이다. 그리고 라마누자는 '마야māyā'를 무지(無知, avidyā)로 해석하지 않고 신의 창조적 힘이라고 받아들인다. 그러므로 샹카라의 2제설二諦說과 이에 근거한 높은 브라흐만(para-brahman)과 낮은 브라흐만(apara-brahman)의 구분을 라마누자는 수용하지 않는다.

신神은 개인영혼과 물질세계의 내제자(內制者, antaryāmin)이고, 영혼과 물질세계는 신에 의존해 있다. 예를 들면 영혼과 육체는 서로 다르지만, 육체는 영혼 없이 존재할 수 없고, 영혼은 육체를 지배하는 것과 같다. 그리고 영혼과 물질세계는 신의 부분과 같다고 주장한다. 예를 들면 전체와 부분의 관계와 같다.

세계가 브라흐만에 의존해 있다는 점에서는 샹카라와 라마누자가 견해를 같이 하지만, 샹카라는 세계가 브라흐만의 가현假現이라고 보는 반면에, 라마누자는 세계는 브라흐만에 내재하고 있다가 거기에서 전변轉變하여 나온 실재라고 파악하고 있다.

②물질

세계가 해체될 때 물질은 미세하고 구분할 수 없는 잠재적인 상태로 있지만, 신神은 이러한 물질에서 영혼의 업業에 맞게 몸과 감각기관과 대상세계를 전개시킨다. 신의 전능한 의지에 따라서, 미세한 상태의 물질은 우선 화火·수水·지地의 미세한 요소로 바뀌고, 이들이 섞여서 다양한 현상세계가 나타나는 것이다. 화·수·지는 사트바sattva·라자스rajas·타마스tamas의 물질(prakṛti)을 이루는 3성질로 나타나는데, 상키야학파와는 달리 라마누자는 사트바·라자스·타마스가 물질의

3요소가 아니라 3성질로 보고 있다.

③영혼

영혼(jīva)은 앞에서 말한 대로 브라흐만의 양태이고, 그의 일부분이므로 유한한 존재이지만, 그 나름대로 영원히 실재하는 존재이다. 영혼은 원자(aṇu) 크기만한 개별적 단자單子들이고, 영혼은 본질에서 보면 동일하다. 영혼은 육체・감각기관・의근・호흡 등과는 다른 존재인데도, 무지와 업으로 인해서 영혼 스스로가 이들과 자신을 혼동하고 있다. 이러한 혼동에서 생기는 자아의식인 아만(我慢, ahaṃkāra)은 영혼이 본래 가지는 자의식自意識과는 다른 것이다.

영혼은 앎・행위・경험의 주체이다. 영혼은 그 자체로 빛을 가진(svayaṃprakāśa) 자의식적自意識的 존재이다. 영혼은 자기 자신을 알기도 하고, 대상을 알기도 하고, 자기 자신을 드러내 보이기도 하지만, 대상을 드러내지는 못한다. 그 이유는 대상은 오직 지식(앎)을 통해서 영혼에 드러나기 때문이다. 그에 비해 지식은 지식 자체와 대상을 드러내기는 하지만, 대상을 알지는 못한다. 그 이유는 그러한 기능을 하는 것은 영혼이기 때문이다. 예를 들면 등불이 등불 자체와 다른 대상을 비추지만, 등불이 등불 자체와 그 대상을 알 수 없는 것과 같다.

라마누자는 영혼이 영원한 것처럼, 지식도 영원하고 본래는 두루 존재하고 무한하고 다 아는 것이라고 하는데, 업의 제한을 받아서 우리의 지식에 한계가 있다고 말한다. 그리고 지식과 마찬가지로 영혼은 본질적으로 희열을 가지고 있다. 따라서 현상세계의 불완전함과 고통들이 영혼의 본질적 부분을 건드릴 수는 없다. 그러므로 해방된 영혼은 무한한 지식과 영원한 행복을 누린다.

(2) 해탈론

라마누자는 영혼의 해방은 무지無知와 업業을 제거함에 의해서 이루어진다고 한다. 그러기 위해서 그는 지식과 행위가 둘 다 필요하다고 보았다. 해탈이란 영혼은 물질과 다르다는 인식에서 오는 것이다. 이 인식은 베다의 지적인 이해를 뜻하는 것이 아니고, 요가수행에 기초한 명상을 통해서 얻어진 지식이다. 이 지식을 통해서 영혼은 물질의 속박과 윤회의 세계에서 해방된다.

그러나 이것이 완성된 경지는 아니다. 이렇게 해방된 영혼은 육체를 벗어나 순수하게 존재하기는 하지만, 신과 함께 있는 행복에는 참여할 수 없다. 이것을 위해서는 신애信愛요가(bhakti-yoga)를 실천해야 하는데, 이는 신에 대한 끊임없는 기억(記憶, dhruva-smṛti)과 명상(瞑想, upāsana, dhyāna)을 의미하며, 이러한 신애요가를 실천하는 사람은 신에 대한 직관적 지식을 얻고, 그 결과 자신이 신의 잔여물(殘餘物, śeṣa)에 지나지 않는 존재임을 알고, 자신은 신에게 전적으로 의존하고 있다는 사실을 자각하게 된다.

이러한 신애요가도 베다에 대한 명상을 요청하고 있으므로, 슈드라(노예)계급의 사람은 실천할 수 없게 된다. 이런 사람을 위해서 라마누자는 다른 구원의 길을 제시하고 있다. 누구든지 신을 믿는 마음으로 신을 향하고 자기 자신을 포기(抛棄, prapatti)하고 귀의하여, 신에게 모든 것을 맡길 수 있는 사람은 신의 은총(prasāda)에 의해 구원받을 수 있다는 것이다.

그런데 라마누자는 생해탈(生解脫, jīvanmukti)을 인정하지 않는다. 영혼은 죽은 뒤에 해탈할 수 있다. 다시 말해서, 영혼이 육체와 교섭함이 끊어진 이후에 해탈할 수 있다는 것이다. 그러나 이때에도 신과 개인영혼의 차이는 여전히 존재한다. 그 대신에 영혼은 육체의 속박을 벗어나 그 고유의 완전성을 회복하고, 순수한 사트바sattva적 몸을 갖고서, 무한한 행복 속에서 신과 사랑의 교제를 누린다.

(3) 라마누자 철학의 계승과 학파의 분열

라마누자가 죽은 뒤에 그의 추종자는 2개의 파로 나뉘게 되었다. 하나는 북쪽의 바다갈라이파(Vaḍagalai派)이고, 다른 하나는 남쪽의 텡갈라이파(Teṅgalai派)이다. 이 두 파는 신의 은총과 인간의 노력에 대해서 다른 해석을 하고 있다.

'바다갈라이파'에서는 신의 은총을 받기 위해서 인간 스스로 정화하려는 노력이 필요하다고 주장하고 있다. 마치 어린 원숭이가 어머니의 목에 매달리려는 것과 같이, 수행자는 모든 것을 포기하고 신의 은총을 받기 위해서 신에게 매달리려는 개인적인 노력을 해야 한다는 것이다.

그에 비해서 '텡갈라이파'에서는 그러한 신의 은총을 받기 위해서 인간의 개인적인 노력은 필요하지 않다고 한다. 마치 고양이가 자기의 새끼를 물어 올려 안전한 곳으로 운반하듯이, 신은 그의 은총을 인간, 곧 죄인들에게 베풀어서 윤회의 세계에서 벗어나게 한다는 것이다.

라마누자의 철학은 많은 후계자에 의해 계승되었지만, 전체적으로 보면, 샹카라·마드바의 제자와 같이 철학적 능력이 뛰어난 사상가를 배출하지 못했다고 볼 수 있다.

3) 마드바의 2원적 베단타철학

마드바(Madhva, 1199~1278)는 서남인도의 우디피Udipi에서 태어났다. 일찍부터 베다를 공부하고 고행자가 되었으며, 처음에는 샹카라의 철학을 공부하였다고 한다. 그러다가 샹카라철학의 추종자인 그의 스승 아츄타프렉샤Acyutaprekṣa와 논쟁을 벌이고는, 샹카라철학을 버리고 자신의 철학을 이루게 되었다. 마드바는 비슈누신과 그의 화신化身 크리슈나신을 지고至高의 신으로 숭배하였고, 여러 지방을 다니면서 많은 사람을 개종시켰으며, 자기의 고향인 우디피에서 크리슈나신을 위한 신전神殿을 짓고, 그곳을 본거지로 하여 활동하였다. 마드바는 많은 저술을 남겼는데, 주저는 『브라흐마수드라』에 대한 주석서인 『브라흐마수트라소疏(Brahmasūtrabhāṣya)』와 자신의 베단타철학을 옹호하는 『수해설(隨解說, Anuvyākhyāna)』이며, 그의 사상은 뛰어난 제자들에 의해서 계승되었다.

마드바는 영혼과 물질은 신神에 의존하지만, 신과는 다른 별개의 실체로 간주한다. 신은 능동인能動因이지만 질료인質料因은 아니다. 이처럼 '영혼'과 '신'이 서로 다르다는 점에서 마드바의 철학을 '2원적'이라고 부르는 것이다. 또한 물질과 물질도 서로 다르기 때문에 이런 점에서 마드바의 철학을 '다원론'이라고 평가한다. 물질과 물질이 서로 다르다는 것은 많은 물질이 있다는 것을 의미하는 것이고, 이는 '다원론'과 연결된다.

샹카라는 영혼과 물질은 환상幻相이라고 보았고, 라마누자는 영혼과 물질은 양태 또는 속성이라고 보았는데, 마드바는 이와 다른 입장을 취했다. 샹카라는 영혼과 물질을 브라흐만에 종속시켰고, 라마누자는 샹카라와 같이 영혼과 물질을 브라흐만에 종속시킨 것은 아니지만 양태 또는 속성이라는 제한적 위치를 부여한 것에 비해서, 마드바는 영혼과 물체에 실체라는 위치를 부여한다. 이 점이 마드바 철학의 특징이다.

이것은 해탈론에서 더 구체적으로 드러난다. 샹카라는 요가 수행을 통한 통찰에 비중을 두었고, 라마누자와 마드바는 신애요가를 강조하였는데, 라마누자의 해탈론과 마드바의 해탈론을 비교해 볼 때, 라마누자의 해탈론에서는 '요가 수행을 통한 통찰'에 비중을 더 두었고, 마드바의 해탈론에서는 '신애(bhakti)요가'에 강조점을 두고 있다고 할 수 있다. 이제 마드바의 철학을 실재에 대한 견해와 해탈론으로 나누어서 알아보고자 한다.

(1) 독립적 실재와 의존적 실재

마드바는 실재(padārtha)에 두 종류가 있다고 한다. 하나는 독립적(svatantra) 실재이고, 다른 하나는 의존적(paratantra) 실재이다. 독립적 실재는 '신'이고, 의존적 실재는 유(有, bhāva)와 무(無, abhāva)로 구분된다. 여기서 유有에는 의식적인(cetana) 것과 무의식적인(acetana) 것이 있는데, 의식적인 것은 영혼이고 무의식적인 것은 시간·공간·물질(prakṛti)이다. 그리고 이들은 영원하기도 하고 영원하지 않기도 한 것인데, 물질에서 전개되어 나온 것은 영원하지 않은 것이다. 이러한 분류에 대해 살펴보자.

① 신

신(Viṣṇu)은 많은 성질을 가지고 있으며, 존재(sat)·식(識, cit)·희열(ānanda)을 본질로 삼는다. 신은 세계의 창조자·유지자·파괴자이다. 신은 자신을 여러 형태로 나타내고 화신으로 등장하기도 하며, 성스러운 신상神像에 현존하고 있다. 신은 세계의 초월자이면서 세계와 영혼의 내적 지배자이기도 하다.

② 영혼

영혼(jīva)은 영원하고 무수히 많으며, 크기는 '원자'와 같다고 한다. 영혼은 본성에서 이미 식·희열을 간직하고 있는데, 업의 결과로 생겨난 물질적인 몸과 감각기관이 서로 연결되기 때문에 고통과 불완전함을 경험하는 것이다. 존재라는 점에서 보면, 신은 모든 사물에 두루 존재해 있지만, 영혼은 식을 갖고 있어서 영혼이 속해 있는 물체에 두루 있는 것이다. 이 점에서 영혼과 신神은 서로 다르다.

그리고 신은 영혼을 내적으로 지배하고 있지만, 영혼은 각자의 행위·지식·경험의 주체로 활동하고 있다. 이런 기능을 하는 영혼이 가지고 있는 인식기관을 증인(證人, sākṣin)이라고 마드바는 말하고 있다. 이것을 통해서 영혼은 스스로를 인식하고, 바로 이것이 영혼의 개별성의 근거가 되는 것이다.

이러한 영혼은 질적으로도 서로 다른데, 각각의 영혼은 그 자체로 특수성을 가지고 있다. 이 점은 영혼이 해방된 상태에서도 영혼의

식識과 희열에 차이가 생기게 한다. 이 점에 근거해서 마드바는 영혼을 3가지로 구분한다. 첫째, 영원히 자유로운(nitya-mukta) 영혼이고, 둘째, 해방된(mukta) 영혼이고, 셋째, 구속된(baddha) 영혼이다. 첫째의 유형에 속하는 크리슈나의 아내인 락슈미는 다른 신들과 달리 영원히 자유로운 존재이다. 셋째 유형의 구속된 영혼에는 구원받을 수 없는 영혼과 그렇지 못한 영혼의 구분이 있다. 둘째 유형의 해방된 영혼이 아무리 순수하다고 해도, 신의 완전한 희열을 못 느끼고 단지 부분적으로 느낄 뿐이라고 한다. 그래서 신과 영혼의 차이는 엄연히 존재하는 것이다. 영혼은 결코 브라흐만과 같이(Brahma-prakāra) 될 수는 없다.

③ 물질

물질(prakṛti)은 신에 의해서 형태를 가진 현상세계로 전개되며, 세계가 해체할 때에는 원초적 물질로 다시 돌아간다. 이렇게 전개하기 이전의 물질은 동질적同質的인 것처럼 보이지만, 마드바에 따르면 다른 원리들로 이루어져 있다고 한다. 다시 말해서 물질과 물질은 서로 다르다고 한다. 여기서 마드바의 베단타철학을 '다원론'이라고 평가하는 근거가 나온다.

그리고 무명(無明, avidyā)도 물질의 한 형태로 보고 있는데, 이 무명에는 2종류가 있다. 그것은 영혼의 영적 능력을 은폐하는(jīvācchādaka) 것과 신을 영혼으로부터 은폐하는(paramācchādaka) 것이다.

(2) 해탈론

윤리적 의무를 집착 없이 실천하는 것이 영혼의 구원에 도움을 주지만,

중요한 것은 신을 아는 지식에 있다고 한다. 이 지식을 위해서 베다의 공부가 필요하다. 그러나 여자와 슈드라 계급에게는 베다 대신 '푸라나 Purāṇa'나 전승(smṛti)을 통해서 그러한 지식을 얻을 수 있다고 한다.

이러한 신을 아는 지식은 신에 대한 신애(信愛, bhakti)를 일으키고, 이는 신에 대한 깊은 명상(nididhyāsana)으로 나타난다. 이러한 명상과 신의 은총을 통해서 신에 대한 직접지(直接知, aparokṣajñāna)를 얻는다. 이것이 바로 현세에서 세계의 속박에서 벗어나게 하는 것이다. 해방된 영혼은 죽은 후에 비슈누신의 낙원에서 순수 '사트바'적인 몸을 얻고서 여러 가지의 유희와 찬미 속에서 무한한 행복을 누린다고 한다.

4) 님바르카의 둘이지만 둘이 아닌 논의(二而不二論)

님바르카(Nimbārka, 12~13세기)는 남인도 출신의 바라문으로 텔루구 Telugu어를 사용하였다. 그는 크리슈나신의 열렬한 숭배자였는데, 북인도의 마투라Mathurā지방, 곧 크리슈나파派의 성역聖域인 브린다바나 Vṛndāvana에서 일생을 보냈다. 님바르카는 『브라흐마 수트라』에 대한 짧은 주석서인 『베단타 원생수圓生樹의 향기(Vedānta-pārijāta-saurabha)』를 저술했고, 자신의 철학적 주장을 간단하게 서술한 책인 『십송(十頌, Daśaślokī)』을 남겼다.

님바르카는 라마누자의 영향을 많이 받고 있으며, 바르트리프라판차(Bhartṛprapañca, 8세기) · 바스카라(Bhāskara, 10세기) · 야다바(Yādava, 12세기)의 베단타철학자에 의해 대표되었던 차별불차별론(差別不差別論, bhedābheda)의 전통을 잇고 있다. 그는 영혼과 물질이 신에 의존해 있다고 한다. 이 점은 라마누자의 견해와 같은 노선에 있고, 샹카라와 마드바와는 구분되는 것이다.

그렇지만 님바르카는 라마누자와는 달리, 신과 세계는 같기도 하고 다르기도 하다고 주장한다. 그 이유는 님바르카가 말하는 '신'은 세계의 능동인能動因이면서 동시에 질료인質料因이 되기 때문이다. 그는 라마누자의 견해, 곧 물질과 영혼은 신의 속성이고, 신의 몸을 이룬다는 견해를 인정하지 않는다. 그 이유는 속성은 어떤 존재를 다른 존재에서 구분해 주는 것인데, 님바르카 입장에서는 다른 어떤 존재도 '신'과 구별될 수 있는 점을 가지고 있다고 보지 않기 때문이고, 물질과 영혼이 신의 몸을 이룬다면 신은 세계의 불완전함에 종속되는 결과를 낳게 될 것이기 때문이다. 따라서 이 견해가 옳지 않다는 것이다.

님바르카는 라마누자의 견해에 영향을 받았으면서도 동시에 라마누자의 견해, 곧 영혼과 물질이 속성 또는 양태라는 주장과는 입장을 달리하고 있다. 그것은 영혼과 물질의 독립성을 이끌어 내려는 입장이다. 이 대목에서는 마드바의 주장과 비슷한 점이 있다.

(1) 차별이면서 차별이 아닌 논의

님바르카는 영혼과 물질이 신에 의존해 있다고 한다. 이러한 의존성(依存性, paratantrasattā-bhāva)에서 '차별이면서 차별이 아닌 논의'를 그는 이끌어 낸다. 의존성은 신이 영혼·물질과 다르다는 것을 말해주는 것이며, 그렇다고 해서 영혼·물질은 독립성이 있는 것이 아니므로 (svatantrasattā-abhāva), 이 사실에서 영혼·물질이 신과 다르지 않음을 알 수 있다. 이렇게 해서 그는 신과 영혼·물질은 둘이지만, 둘이 아님(二

而不二論, Dvaitādvaita-vāda)을 주장한다. 이들의 관계는 비유하면, 태양과 태양 빛의 관계와 같고, 불과 불꽃의 관계와 같고, 큰 바다와 파도의 관계와 같은 것이다.

(2) 신 · 영혼 · 물질

앞에서 신神은 '능동인'이자 '질료인'이라고 했는데, 그 의미를 살펴보자. 신은 영혼과 물질이라는 힘을 가지고 있고, 이 힘은 세계 창조 때 전개되어 나오는 것이다. 영혼은 의식(cit)과 관계되는 것이고, 물질은 무의식(acit)과 관련 있는 것이다. 이처럼 영혼과 물질이 신에게서 나오므로 신은 '질료인'이 된다. 또한 신은 세계창조 때 영혼이 업에 따라 업보業報를 받게 하므로, 이 점에서 세계의 '능동인'이 된다.

한편, 님바르카가 갖고 있는 '신'의 관념은 크리슈나신을 지칭하는 것이고, 이 크리슈나는 일반적으로 알려져 있는 것과 달리 신의 화신化身이 아니고 본질이라고 그는 보고 있다. 거기에다 그는 크리슈나의 애인 '라다Rādhā'를 '신의 창조적 힘'을 나타내는 원리로 이해하고 있다.

그러면 물질과 영혼에 대해 살펴보자. 물질은 3종류로 구분된다. 시간 · 물질(prakṛti 혹은 māyā) · 순수한 사트바sattva인데, 순수한 사트바는 물질에서 생기지 않는 존재이다. 신의 몸 · 신의 거처는 이 사트바로 이루어져 있다. 그리고 영혼은 무지無知의 결과인 업業에 의해서 가려진다. 그래서 영혼의 해방을 위해서 지식, '신'만을 향하고 자신을 포기하는 자세(prapatti), 신애(信愛, bhakti), 신의 은총이 필요하다고 한다. 이상의 내용을 표로 정리하면 다음과 같다.

님바르카의 주장: 총론	신은 물질・영혼과 같은 것도 아니고 다른 것도 아니다.
님바르카의 '신'관	능동인이면서 질료인이다. 영혼이 그에 상응하는 업보를 받게 하는 점에서 능동인이고, 신에서 물질・영혼이 전개되어 나오는 점에서 질료인이고. 그의 신은 크리슈나이다.
님바르카의 물질관	시간, 물질, 사트바(물질에서 생기지 않은 것)
남바르카의 영혼관	무지의 결과인 업에 의해서 가려져 있다. 이것을 넘어서기 위해서 지식・신애(信愛)・신의 은총이 필요하다.

5) 발라바의 순정불이론 純淨不二論

발라바(Vallabha, 1473~1531)는 텔루구지방의 베나레스에서 바라문의 아들로 태어났다. 그는 님바르카와 마찬가지로 마투라지방 부근에서 활동하였으며, 크리슈나교의 일파一派를 세웠다. 발라바의 저술은 많이 있지만, 그 중에서도 가장 중요한 저작은 『브라흐마 수트라』에 대한 주석서 『소소(小疏, Aṇubhāṣya)』와 『바가바타 푸라나』에 대한 주석서 『입문(入門, Subodhinī)』와 독립된 저술 『진리등화해석(眞理燈火解釋, Tattvārthadīpanibandha)』과 이 저술에 대한 발라바 자신의 주석서 『광명(光明, Prakāśa)』이다.

(1) 형이상학

발라바의 철학은 영혼과 물질의 실재를 인정하면서도 비율에서 서로 다르다는 입장을 취한다. 또한 발라바는 샹카라와 라마누자의 철학을 비판하고, 또한 절충하려고 시도하였다. 그는 샹카라와 라마누자의 철학과 같이, 세계가 환술(幻術, māyā)이라는 가현(假現, vivarta)이나 전변(轉變, pariṇāma)으로 보지 않는다. 세계는 신의 참다운 나타남이므로 '가현'이 아니고, 신이 나타났다고 해도 신에게 어떠한 변화도 생기지 않으므로 '전변'이 아니다. 발라마는 세계는 신의 자연스러운 발생이라고 파악하고 있고, 이것을 불변전변(不變轉變, avikṛta-pariṇāma)이라고 부른다. 또한 환술과 같은 불순한 원리에 의해서 발생하는 것이 아니라고 해서 순정불이론(純淨不二論, Śuddhādvaita)이라고도 한다. 이 내용을 자세히 살펴보자.

① 브라흐만과 신

신은 세계의 능동인能動因이고, 질료인質料因이고, 세계 속에 보편적으로 내재하고 있는 내재인(內在因, samavāyi-kāraṇa)이고, 세계의 실체이고, 원인이다. 그리고 '브라흐만'은 크리슈나신이고, 그의 본질은 존재(存在, sat)·식(識, cit)·희열(喜悅, ānanda)이다. 불에서 불꽃이 나오듯이, 등불에서 빛이 생기듯이, 세계는 신에서 생겨나는 것이다. 그래서 영혼과 물질은 신의 힘(śakti)의 나타남이어서, 이들의 관계는 전체(aṃśin)와 부분(aṃśa)의 관계와 같이 서로 동일한 것이다.

② 영혼과 물질

브라흐만은 그의 의지에 의해서 영혼과 물질을 나타나게 하지만, 그 비율은 서로 다르다. 브라흐만의 존재에서 물질의 세계가 나오고, 그의 식識에서 원자의 크기를 지닌 영혼이 생겨나고, 그의 희열에서 영혼을 지배하는 내적 지배자가 나오는 것이다. 따라서 물질세계에는 브라흐만의 존재가 드러나고 브라흐만의 식識과 희열은 숨어 있고, 영혼에는 브라흐만의 존재와 식識은 드러나고 브라흐만의 희열은 숨어 있다.

발라바는 세계(jagat)와 생사(生死, saṃsāra)를 구분한다. 세계는 신의 실재적 나타남이므로 언제나 존재하는 것이지만, 생사는 우리가 영혼의 참 본성이 브라흐만이라는 것을 모르고 영혼을 육체와 동일하게 보는 무지(無知, avidyā) 때문에 생기는 것이므로, 이는 단순히 상상 속에만 존재하는 것이라고 한다. 그러므로 무지가 사라지면 생사의 존재와 고통은 사라진다. 그는 라마누자와 같이 세계의 실재성을 인정하면서, 동시에 상카라와 같이 생사의 세계를 무지에서 생겨난 것으로 보고 있다. 이는 어떤 점에서는 상카라와 라마누자 철학의 절충이라고도 볼 수 있는 대목이기도 하다.

(2) 해탈관

무지無知에 의해서 묶인 영혼은 신의 은총(puṣṭi) 없이는 구원을 얻을 수 없다고 한다. '지식'만으로는 낮은 단계의 구원만을 얻을 수 있고, 최고의 구원은 지식보다도 신애信愛에 의해서 가능하다고 한다. '신애'는 모든 죄를 없애주는 신의 은총에 자신의 모든 것을 맡기는 자에게 주어진다. 그러므로 고행을 하거나 세상에서 도피하는 것을 필요하다고 받아들이지 않는다. 신의 은총을 얻어 최고의 구원을 얻은 사람은 해탈한다기보다는 크리슈나신과 함께 하늘의 낙원 브린다바나(Vṛndāvana)에서 그를 섬기며 신의 유희에 영원히 동참한다.

(3) 세속적 이익과 신앙의 공덕의 일치

발라바는 브라흐만과 현상세계는 같다고 보았기 때문에 세속적 이익과 신앙의 공덕은 일치하는 것이라고 주장할 수 있었다. 이 점에서 그의 철학은 힌두교의 세속화된 형태라고 평가할 수 있다. 그는 신의 명령에 의해서 결혼을 하였고, 따라서 이 교단의 성직자는 결혼할 수 있었으며, 그 지위는 세습되었고, 스승(Guru)에 대한 헌신적 존경을 강조하였다. 특히 법왕(Gosvāmin)에 대한 헌신적 존경이 강조되었기 때문에 부녀자를 제공하는 좋지 않은 일이 생겨나게 되었고, 그 일로 인해서 비난을 받았다. 이 교단의 신도는 상인이 많았으며, 성직자는 성지를 순례하면서 멀리 떨어진 곳의 상업단체를 연결시켜 주었는데, 이는 상업의 이익과 신앙의 공덕을 결합하려는 노력의 하나였다. 이상의 내용을 표로 정리하면 다음과 같다.

발라바의 주장: 총론	샹카라의 가현설과 라마누자의 전변설을 비판한다. 그의 입장은 불변전변不變轉變이다.
발라바의 브라흐만(신)·영혼·물질관	영혼과 물질은 신의 힘으로 인해서 나타난 것이어서 신과 영혼과 물질은 같은 것이다. 다만 비율에서 다를 뿐이다.
발라바의 해탈관	신의 은총을 강조하고, 지식은 낮은 단계의 해탈만을 얻을 수 있다.
세속적 이익과 신앙의 공덕의 일치	힌두교의 세속화된 형태이고, 상업의 이익과 신앙의 공덕을 결합하려고 하였다.

6) 차이타니야 계통의 베단타철학

크리슈나와 그의 애인 라마에 대한 숭배는 12세기 후반부터 시인들에 의해서 노래되었다. 이런 시에 감화 받아서, 차이타니야(Caitanya, 본명: Viśvaṃbhara Miśra, 1485~1553)는 벵갈지방에서 크리슈나와 라마에 대한 숭배운동을 일으키고, 종교순례를 하고, 사랑의 정신을 강조하였다. 차이타니야는 저서는 없었지만 그의 정신은 제자에게 이어져서, 발라데바(Baladeva, A.D. 18세기 초)가 『브라흐마수트라』의 주석서 『고빈다(크리슈나의 이름)소疏(Govindabhāṣya)』를 남겼다.

이 학파에서 브라흐만은 세계의 주인 크리슈나신이다. 신은 여러 가지 힘을 통해서 작용하며, 자기 자신을 물질과 영혼으로 나타낸다. 그 자세한 내용을 살펴보자.

(1) 불가사의 차별무차별론

이 학파에서는 물질세계와 개인영혼은 신의 힘에 의해서 나타난 것이어서 다 실재하는 것이지만, 동시에 신을 떠나서 존재할 수 없는 것이므로 신과 물질세계・개인영혼의 관계는 같기도 하고 다르기도 하다고 한다. 이 내용에 대해 차이타니야 계통의 입장에서는 불가사의不可思議 차별무차별론(差別無差別論, Acintya-bhedābheda-vāda)이라고 부른다. 이 입장에서 민중에 대한 봉사를 실천할 것을 강조하고 있다. 추정컨대, 개인영혼이 브라흐만과 같다고 한다면, 다른 사람이 모두 브라흐만의 나타남이므로, 이들에 대한 봉사가 의미 있는 일로 나타날 수 있을 것이다.

①신의 내적인 힘

신神의 힘에 우선 그의 내적이고 본질적인 힘 혹은 식력(識力, cit-śakti)이 있다. 이 힘은 자신의 3가지 성질인 존재(sat)・식(識: cit)・희열(ānanda)에 근거해서, 3가지 힘으로 작용한다. 이는 자신과 그가 원하는 모든 것을 존재하게 하는 힘이고, 자신과 다른 존재들이 인식하는 능력을 가지게 하는 힘이고, 자신과 다른 존재들이 희열을 느끼게 하는 힘이다.

②신의 중간적인 힘

신神은 안과 밖의 중간을 의미하는 중간적 힘(tatastya-śakti)으로 영혼력(jīva-śakti)을 가지고 있다. 이 힘에 의해서 자신을 개별적 영혼으로 나타낸다. 그런데 이런 영혼이 자신의 신적 본성을 잊어버리고 외계의 사물에 현혹하는 삶을 살고 있는데, 때로는 신을 추구하는 삶을 살기도 한다.

③신의 외적인 힘

신神은 외적인 힘(bahiraṅga-śakti) 혹은 환술력(幻術力, māyā-śakti)으로 자신을 물질적인 세계로 나타낸다. 이 점에서 보면, 신은 세계의 능동인이면서 질료인이기도 하다. 이 힘에 의해서 신은 시간・업業・지知・무지無知를 일으킬 수 있는 모든 것으로 나타날 수 있다. 따라서 세계는 이러한 능력을 가진 신의 영원한 유희(līlā)라고 할 수 있다.

(2) 해탈론

개별적 영혼과 신의 관계는 태양 빛과 태양의 관계, 또는 불꽃과 불의 관계로 이해되고 있고, 개인영혼은 신에게 절대적으로 의존하고 있다. 따라서 해탈은 이 점을 깨닫고서 신을 믿고 의지하는 신애(信愛, bhakti)에 의해서 얻어진다. '신애'를 통해서 인간은 신과 합일되어 충만한 황홀감을 가져오는 사랑(preman)의 극치를 경험한다.

차이타니야파에서는 『바가바타푸라나(Bhāgavata-purāṇa)』 등에 묘사되어 있는 목동(牧童, gopāla) 크리슈나의 아내들(gopī)의 사랑, 그중에서도 라다(Rādhā)의 열렬한 사랑을 이상적이라고 간주하고 있다. 그리고 '라다'는 크리슈나의 창조력(śakti)을 나타내는 원리로 이해되고, 크리슈나와 같기도 하고 다르기도 한 불가사의不可思議 차별무차별差別無差別의 관계를 형성하고 있다.

(3) 다른 사람에 대한 봉사를 강조

앞에서 말했듯이, 신의 힘에서 생겨난 개인영혼과 물질세계는 신과 같은 것도 아니고 다른 것도 아니다. 이 입장에 근거해서 이 학파에서는 민중에 대한 봉사를 강조한다. 앞에서 소개한 발라바와 신과 개인영혼·물질세계에 대한 견해는 대체로 비슷한데, 그 비슷한 점에 기초해서 세속적인 차원으로 나아가면 발라바학파의 견해가 되고, 다른 사람에 대한 봉사를 강조하면 차이타니야학파의 견해가 되는 것이다. 이상의 내용을 표로 정리하면 다음과 같다.

차이타니야 베단타학파의 주장: 총론	불가사의 차별무차별론(신의 3가지 힘이 주요점이다.)
신의 내적인 힘	존재·식識·희열
신의 중간적인 힘	영혼으로 나타남
신의 외적인 힘	물질적 세계로 나타남
차이타니야 베단타학파의 해탈론	신애信愛의 강조
사회참여	민중에 대한 봉사 강조

5. 쉬바파의 베단타철학

14세기 베단타철학자 마다바Mādhava의 『전철학강요(全哲學綱要, Sarva-darśana-saṃgraha)』에서는 그 당시의 철학체계를 모두 16개로 나누어서 소개하고 있는데, 그 중에 쉬바파에 대한 소개는 다음의 4개 학파에 그치고 있다. 이제 그의 분류에 탄트라학파를 추가해서 모두 5개의 쉬바파 철학을 살펴보고자 한다. 쉬바성전파인 샤이바 싯단타에서는 2원론을 주장하고, 재인식파에서는 일원론을 폈으며, 수주파獸主派의 한 종류인 나쿨리샤 파슈파타파派는 니야야학파에 영향을 받았다고 추정되므로 다원론을 주장한다고 해석할 수 있다. 탄트라교에서도 2원론을 주장하고 있으며, 수은파는 일종의 연금술학파이다. 따라서 쉬바파의 베단타학파에서도 일원론, 2원론, 다원론의 철학을 전개한다고 평가할 수 있다.

1) 배경 지식

쉬바파 베단타학파를 이해하기 위해서는 쉬바신, 쉬바신의 배우자신, 탄트라와 아가마에 대한 이해가 필요하다. 이것들에 대해 간단히 검토하고자 한다.

(1) 쉬바신

쉬바Śiva신은 인도의 토착적 요소와 아리아인의 문화적 요소가 섞여서 형성된 것이다. 인도의 토착적 요소로 제시할 수 있는 것은 인더스 문명의 도시인 모헨조다로에서 발굴된 것으로, 술을 마시며 동물로 둘러싸인 형상인데, 이것을 파슈파티Paśupati, 곧 '가축의 주인'이라고 하고, 이것이 쉬바신의 원형이라고 일반적으로 인정하고 있다.

아리아인의 문화적의 요소는 『리그베다』에 등장하는 폭풍의 신 루드라Rudra에서 발견된다. 『리그베다』에서는 쉬바는 폭풍의 신 루드라에게 사용된 존칭이었는데, 그때의 의미는 길하고 상서롭다는 '길상吉祥'이었다. '루드라'는 몬순기후의 강력한 파괴력과 그 뒤에 오는 상쾌감에 바탕을 둔 신神이라고 한다. 그리고 폭풍우의 신 '마루트'의 아버지이기도 한데, 폭풍우의 신은 강렬하고 무서운 파괴력을 가진 것으로 표현되고 있다. 그렇지만 '루드라'는 의술을 통해 은총을 베푸는 현명하고 관용적인 신이라고 좋은 평가를 받기도 한다.

이러한 쉬바신의 신앙은 굽타왕조 이후 특히 북인도에서 발전하였다. 쉬바신의 성격은 여러 가지이다. 우선 『리그베다』의 '루드라'에 그 기원을 두고 있다는 점에서 파괴력과 공포를 갖게 하는 신으로 민중에게 다가간다. 쉬바신은 짐승의 껍질을 허리에 두르고 있다는 점에서 '가죽옷을 입은 자(Kṛtti-vāsas)'라고 말해지기도 하고, 창 · 활 · 도끼 · 삼지창으로 악마를 무찌르고, 악마의 요새를 파괴하기도 한다. 쉬바는 세계의 종말이 올 때, 만물을 파괴하는 자(Hara)이고, 죽음을 관장하는 자(Kāla)이고, 무서운 형상을 가지고 있다고 해서 '뱀을 머리에 두른 자(Nāgakuṇḍala)' '해골을 머리에 쓴 자(Muṇḍamālā)'라고 불리고, 묘지에서 살면서 시체를 태운 재를 몸에 바르는 것을 좋아하고, 파괴를 즐기는 '두려운 살상자(Bhairava)'이고, '악귀의 주(Bhūteśvara)'이기도 하다.

이런 부정적인 모습만 있는 것이 아니고, 쉬바는 창조 · 지속 · 파괴 · 재생을 관장하는 자이고, '위대한 신' '가축의 주' '은총을 베푸는 자'라고 말해지기도 하고, 주로 남성성기 모양으로 숭배의 대상이 되곤 한다.

이밖에도 '다섯 개의 얼굴을 가진 자' '푸른 목을 가진 자' '세 개의 눈을 가진 자'라고도 하고, 히말라야의 카이라사 산에서 고행을 하고 있는 '위대한 고행자'라고 불리기도 하고, 고행자의 수호신으로 존경을 받기도 하는데, 쉬바신은 천 년 동안 한 발로 선 채 수행을 계속하였다고 한다. 그리고 머리에 반달 모양의 상징을 가지고서 갠지스강이 흘러 넘치는 것을 막아주므로 '갠지스강을 지탱하는 자'라고 하기도 하고, 남인도 타밀지방에서는 '춤의 왕'으로 숭배하고 있고, 술에 취해 여신 우마와 함께 결렬한 춤을 추는 자로 알려져 있기도 하다. 이것들 이외에도 쉬바신은 '만물의 주' '두려움이 없는 자' '고귀한 자' '달의 상징을 가진 자' '산의 주인' '지배자' '죽음의 정복자' 등의 많은 다른 이름을 가지고 있는데, 모두 합해서 1,008개의 다른 이름이 있다고 한다.

쉬바신이 이와 같이 많은 이름으로 말해지는 것은 이 신의 신앙이 많은 토착적 요소와 혼합되어서 형성되었기 때문일 것이다. 쉬바신의 이러한 성격은 힌두교의 한 측면을 보여주는 것이다. 왜냐하면 힌두교에서는 다신교적 요소를 가지고 있으면서도, 그것을 하나의 신으로 통일하려는 경향이 있기 때문이다.

(2) 쉬바신의 배우자 신

쉬바의 여신(devī)은 우마Umā이다. 락슈미와 우마가 각각 비슈누와 쉬바의 배우자 신으로 인정된 것은 『마하바라타』이고, 여신 숭배는 특히 굽타왕조 이후 인도의 민중신앙에서 점차로 중요한 요소로 자리잡았는데, 이러한 여신숭배는 드라비다문화 등의 모계존중의 유산 가운데 하나이다. 쉬바신이 여러 다른 이름을 가지고 있었던 것처럼, 쉬바의 여신도 많은 다른 이름을 가지고 있다.

여신은 일반적으로 아름다움・온화함과 격렬함・공포라는 2가지 측면을 가지고 있는데, 쉬바여신의 여러 이름 중에 '우마'와 '파르티비'는 쉬바의 배우자 신으로서 즐겁게 살 때의 밝은 면을 상징하고 있다. '우마'는 『케나 우파니샤드Kena-upaniṣad』에서 '가장 아름다운 히말라야의 딸'이라고 불리고 있고, 이런 점에서 파르티비 산의 딸이라고도 말해진다. 그래서 산악민족이 숭배했던 여신이었을 것으로 추정된다.

이에 비해서 '두르가Durgā'와 '칼리Kālī'는 쉬바여신의 어둡고 캄캄한 면을 나타낸다. '두르가'는 매우 광란적이고 악랄한 성격을 가지고 있는데, '빈디야 산에 사는 여신'이라고 하듯이, 원래는 빈디야 산의 주민이 숭배하였던 처녀신이었다. '두르가'는 악마 마히샤를 죽이기도 하고, 술・고기・짐승들이 희생으로 바쳐지는 것을 좋아한다고 한다.

이 여신은 손이 많았는데, 각 손에 무기를 들고, 악마의 소 '마히샤'와 '아수라'를 죽이는 모습으로 알려지고 있고, 다른 이름으로는 매우 난폭한 자라는 의미의 '찬디Cāndī'라고 하기도 하고, '악마를 죽이지 못하는 자'라는 의미의 '망갈라Maṅgalā'라는 말해지기도 한다.

벵갈지방에서는 옛날부터 '두르가'는 '칼리'와 동일시되어 그에게 지내는 제사로서 '두르가푸자Durgā-Pūjā'가 성행하였다. 칼리는 '시간의 여신', '흑색의 여신'이라고 하지만, 일반적으로는 '흑색의 여신'으로 받아들이고 있다. 칼리 여신은 보통 검은 피부색 신체를 가지고 있고, 머리에 장식을 하고, 손에는 칼·방패와 피가 뚝뚝 떨어지는 머리와 그 피를 받는 그릇을 든 모습으로 나타난다. 이 여신상은 더 참혹한 모습으로 나타나기도 하는데, 술과 고기를 바칠 것을 요구하는 잔혹한 성격을 가진 두려운 여신이기도 하다. 특히 벵갈지방에서 널리 숭배되고 있고, 지금도 칼리가트사원에서는 산양을 희생의 제물로 바치는 제사가 행해지고 있다고 한다.

이상 소개한 것 말고도, 쉬바의 여신은 더 많은 이름으로 불리고 있다. 예를 들면, 두르가여신의 위대한 능력을 찬미한 문헌인 『여신의 위대함(Devīmahātmya)』에서는 두르가·칼리 이외에 '10개의 목을 가진 자' '사자를 탄 자' '마히샤를 죽이는 자' '세계를 지탱하는 자' '머리를 빗지 않는 자' '별' '머리가 잘린 자' 등의 다른 이름을 말하고 있다. 더구나 출신지에 따라서 '산에서 태어난 자' '대지에서 태어난 자' 등이라고 말해지고 있고, 그밖에도 매우 많은 이름으로 불려지고 있다.[6]

(3) 탄트라·아가마

푸라나 문헌에 영향을 받아서 6·7세기경부터 힌두교 여러 파의 독자적인 문헌이 제작되기 시작하였다. 그 문헌들 중에서 삭타Śākta파의 성전은 탄트라Tantra라 하고, 쉬바파의 성전은 아가마Āgama라고 하고, 비슈

---

6 스가누마 아키라 저, 문을식 역, 『힌두교 입문』(여래, 1994년 2쇄) pp.56~61.

누파의 성전은 삼히타Saṃhitā라고 한다.

샥타파의 성전인 탄트라에는 64종이 있다고 하지만, 실제로는 그 이상의 탄트라가 작성되었다. 대체로 A.D. 8세기 이후에 성립된 탄트라에서 완전한 것은 다음의 4가지 내용을 담고 있다. 첫째, 교의敎義를 설명하는 부분이고, 둘째, 요가의 실제 수행을 말하는 부분이고, 셋째, 신전神殿과 신상神像을 만드는 방법을 이야기하는 부분이고, 넷째, 종교의례와 사회적 의무를 말하는 부분이다. 한편, 탄트라 교리의 중심은 쉬바신의 배우자 신 두르가 여신의 성력性力을 말하는 대목에 있다.

아가마는 '성전聖典'의 의미로, 보통 28종류의 아가마가 있다고 하지만, 부副아가마Upāgama를 합하면 실제로는 더 많은 아가마가 있게 된다. 이 아가마가 성립된 시기는 A.D. 8세기 이후로 보고 있으며, 탄트라의 영향을 받아서 쉬바신 숭배와 샥티숭배를 결합한 것이 그 주요 내용이다. 아가마는 보통 지식부知識部·유가부瑜伽部·제사부祭事部·행작부行作部로 이루어져 있지만, 반드시 지켜져야 하는 구분법은 아니다. 여기서 내용면에서 가장 중요한 부분은 '지식부'인데, 그 내용마저도 어떤 일관성 있는 체계가 갖추어져 있는 것은 아니다. 특히 문제가 되는 신神과 개인영혼과 세계의 관계에 대해 여러 가지로 이해되고 있다.[7]

---

7 스가누마 아키라 저, 문을식 역, 『힌두교 입문』(여래, 1994년 2쇄) p.83.

2) 쉬바성전파: 샤이바 싯단타

앞에서 말한 28종류의 아가마를 가지고 있는 학파를 쉬바성전파라고 부른다. 이 학파는 남부인도의 타밀지방에서 융성하였는데, 타밀의 쉬바성자로 63인을 들고 있다. 이 중에서도 중요한 인물은 13세기에 활동한 메이칸다데바Meykaṇḍadeva인데, 그는 슈드라계급의 철학자였다. 그의 사상은 13세기에 활동한 아눌난디Arulnandi와 14세기에 활약한 우마파티Umāpati에 의해서 더욱 발전하였다. 아눌난디는 『쉬바의 지견知見의 완성(Śivajñāna-siddhi)』을 저술하였고, 우마파티는 『쉬바의 광명(Śiva-prakāśa)』을 남겼다.

한편, 쉬바성전파의 철학에 근거해서 『브라흐마수트라』에 주석서인 『쉬바 숭배주의자의 소疏(Śaiva-bhāṣya)』를 쓴 사람이 A.D. 14세기 인물로 추정되는 슈리칸타Śrikāṇṭha이다. 그의 주석은 16세기에 아파야 딕쉬타Appaya Dīkṣita에 의해 다시 주석서가 쓰여졌다. 이들의 베단타해석은 라마누자의 한정불이론과 매우 유사하다.

(1) 형이상학

샤이바 싯단타(Śaiva-Siddhānta, 쉬바 숭배자의 진리)에서는 3개의 영원한 실체를 인정한다. 이는 주인(主人, pati)·가축(家畜, paśu)·삭승(索繩, pāśa)이고, 여기서 '삭승'은 신·개인영혼·개인영혼을 속박하는 비정신물(非精神物, acit)을 상징하는 것이다.

① **신**

신은 주인이고 8가지 속성을 가지고 있다고 한다. 그것은 자존自存·청정淸淨·지혜智慧·무한한 지성知性·모든 속박에서 벗어난 자유·무한한 은총·권능權能·무한한 희열이다. 신은 세계를 목적인目的因으로 삼고 그의 힘을 수단인手段因으로 삼아서 5가지 활동을 하고 있는데, 그것은 무엇이든지 다 알고 무엇이든지 다 할 수 있는 점(全知全能), 어떤 곳에도 두루 다 존재하는 점, 세계를 창조하고 보호하고 파괴하는 점, 영혼을 혼미하게 만드는 점, 영혼을 해방시키는 점이다. 여기서 '힘(śakti)'은 신의 본질적인 측면에 속하는 것이고, 이것은 의식이 있고, 변하지 않고, 영원한 에너지이다. 그리고 신은 '마야māyā'라는 세계의 질료인質料因을 가지고 있는데, 이는 물질적 힘에 속한다. 그러나 마야는 앞에서 말한 신의 힘과는 달리 본질적인 측면에 속하지 않는다고 한다.

② **영혼**

개인영혼은 '가축'이라 부른다. 그 이유는, 개인영혼은 가축이 묶여 있듯이 무지(無知, avidyā)의 끈에 묶여서 이 세계에 살고 있기 때문이다. 영혼은 창조되지 않는 영원한 존재이고, 이 영혼은 순수식(純粹識, cinmātra)이므로 현재에는 다른 미세한 몸(細身)·거친 몸(麤身)과 연합해 있지만, 이것들과는 근본적으로 다른 존재이다. 이러한 영혼은 욕망·생각·행위의 기능을 가지고 있고, 두루 존재하는 것이며(遍在的), 그 숫자는 늘지도 않고 줄지도 않는다고 한다.

③ 비정신물非精神物

영혼을 속박하는 끈(索繩)과 같은 역할을 하는 비정신물非精神物 또는 부정물(不淨物, mala)에 3종류가 있는데, 그것은 무지無知·업(業, karma)·마야이다. 이 3가지는 상키야학파의 프라크리티prakṛti와 같이 영원한 것이다. 그래서 샤이바 싯단타는 2원론의 색채를 가지고 있다.

'무지'는 시작도 없이 생긴 것이고, 모든 사람에게 공통적으로 존재하는 것이다. 이런 무지는 순수식純粹識의 영혼을 그 능력이 유한하고 육체에 묶여 있다는 잘못된 생각을 하게 만드는 존재이다. 그래서 '무지'를 아나바말라āṇava-mala, 곧 미세한 부정물이라고 부른다. 이는 영혼이 거짓된 미세성(微細性, aṇutva) 또는 원자성原子性을 이루게 만드는 원인이 되기도 한다. 그러므로 '무지'가 영혼을 속박 당하게 만드는 존재이다.

업業은 영혼의 행위에 의해서 생기는 것이다. 업은 미세하므로 눈에 보이지 않고(adṛṣṭa), 영혼과 육체를 결합시키는 원인이 된다. 그러나 업이 업의 결과인 업보業報를 만들어 내는 것은 아니고, 신의 의지가 있어야 한다. 그리고 마야는 세계의 질료인質料因이고, 여기에서 물질세계가 전개되어 나오는 것이다.

이상의 3가지 부정물 중에, 어느 것에 묶였는가에 따라서 영혼은 3종류로 구분된다. 미세한 부정물에 묶여 있는 영혼도 있고, 미세한 부정물(āṇava-mala)과 업의 부정물(kārmaṇa-mala)에 묶여 있는 영혼이 있기도 하고, 3가지 부정물 모두에 묶여 있는 영혼이 있기도 하다.

(2) 해탈론

어떻게 해서 영혼이 해방을 얻을 수 있는가? 우선 이 3가지 부정물을 제거해야 한다. 그렇게 하기 위해서는 신의 은총이 절대적으로 필요하다. 모든 영혼이 신을 알기 원하고 있으므로, 이 사실에 기초해서 모든 사람에게 신의 은총이 베풀어질 수 있고, 인간은 은총을 사용하기만 하면 되는 것이다.

그렇다면 해방된 영혼은 어떤 상태에 있는가? 해방된 영혼은 쉬바신과 하나가 되어 신의 영광과 위대함을 함께 한다. 영혼도 신의 위치에 도달하는 것이다. 이때 영혼의 개체성이 없어지는 것은 아니지만, 희열이 너무 커서 개체성을 느끼지 못한다. 마치 소금이 물에 녹으면 물 속에 두루 존재하는 것처럼, 영혼도 신과 함께 두루 존재하는 것이다. 영혼의 본래적 성품(svarūpa-lakṣaṇa)은 자신을 대상과 같다고 보는 것이므로, 속박된 영혼은 자신을 물질과 같다고 보고, 해방된 영혼은 자신을 신과 동일시한다.

3) 재인식파再認識派의 철학

앞에서 살펴본 쉬바성전파(샤이바 싯단타파)가 남인도에 근거를 둔 '쉬바파'이라면, 재인식파(再認識派, Pratyabhijñā派)는 북쪽 카슈미르지방에 전개된 쉬바파의 철학이다. 이는 A.D. 9세기쯤에 샹카라의 불이일원론不二一元論의 영향을 받아서 형성된 것이다. 그러다가 14세기 초엽부터 카슈미르지방의 사람들이 이슬람교로 개종하게 되어서 그 세력을 잃어버리게 되었다. '재인식'이라는 이름은 개인영혼이 자신을 쉬바신으로 다시 인식하고, 그 사실로 인해서 구원을 얻게 된다는 데에서 나온 것이다.

이 학파의 창시자는 A.D. 825년경의 인물인 바수굽타Vasugupta이다. 그는 쉬바신에게 꿈의 계시를 받아 히말라야산의 마하데바 봉우리에서 큰 바위를 발견했는데, 그 돌 위에 새겨져 있는 내용이 바로 『쉬바수트라Śiva-sūtra』였다고 한다. 이 경전이 이 학파의 근본 가르침에 해당한다. 바스굽타 이후, A.D. 900년경의 인물인 소마난다Somānanda의 『쉬바의 지견(Śiva-dṛṣṭi)』, 웃팔라Utpala의 『재인식경(再認識經, Pratyabhijñā-sūtra)』, 960년경의 인물 아비나바굽타Abhinavagupta의 『최상의정요(最上義精要, Paramārtha-sāra)』, 크셰마라자Kṣemarāja의 『쉬바수트라省察(Śivasūtra-vimarśinī)』 등이 이 학파에서 나온 좋은 저술이다. 이제 이 학파의 철학을 살펴보자.

(1) 형이상학

샤이바싯단타가 2원론적이었다면, 재인식파는 강한 일원론적 철학을 전개하였다고 할 수 있다. 그러나 불이론적 베단타와 다른 점은 다양한 현실세계를 무지에서 생긴 거짓이라고 보지 않고, 신의 사유를 통해서 객관화한 실재라고 보고 있는 점이다. 이 학파에서 세계의 반복되는 주기적 변화는 신의 의식일 뿐이다.

① 신

신은 세계의 능동인能動因이고 질료인質料因이다. 신은 인간과 같이 깨어남·깨어있음·잠듦·잠자고 있음의 4가지 상태를 순서대로 경험하고 있고, 그에 따라 우주가 생성하고 · 지속되며 · 소멸되고 · 휴식하고 있다. 신의 창조적 활동은 화폭 · 물감 등을 사용하지 않고, 단지 머리 속에서 그림을 그리는 화가의 창조적 활동과 비슷하다고 한다. 이러한 신은 그의 본질적 힘을 사용하여 활동하고 있다. 그 본질적 힘은 식력(識力, cit-śakti) · 희열력(喜悅力, ānanda-śakti) · 의지력(意志力, icchā-śakti) · 지력(知力, jñāna-śakti) · 행위력(行爲力, kriyā-śakti) 등이다. 그리고 신은 '마야'의 힘으로 무한한 정신인 자신을 유한하고 원자적인 개별적 정신(푸루샤, puruṣa)으로 나타나게끔 한다.

위에서 말한 힘을 통해서 개인영혼과 다양한 현상세계, 주관과 객관의 세계가 나타난다. 그렇지만 이러한 다양성은 신의 사유일 뿐이고, 신을 떠나서 이러한 다양성이 존재하지 않는다. 그래서 유일한 실재는 바로 '신'이다.

② 현실세계가 등장하는 이치

어떻게 다양한 현실세계가 나타나는가? 재인식학파에서는 이것을 설명하기 위해서 상키야학파의 25원리에 11원리를 추가하여 모두 36원리를 제시하고 있다. 만물의 근원이자 최고신인 쉬바신을 제일원리로 하여 36번째 원리 지地까지를 설명한다.

그 내용은 다음과 같다. 최초에 절대자인 최고의 쉬바(prama-śiva)가 ① 순수지純粹知인 쉬바와 ② 순수한 힘인 샥티śakti로 나누어진다. 그 다음에는 ③ 사다쉬바sadāśiva의 단계인데, 이 단계에서 신神 안에 내가 있다는 의식이 생겨나고, ④ 다음의 아이슈바라aiśvara의 단계에서는 존엄尊嚴의 감정이 생기고, ⑤ 사드 비디야sad-vidyā의 단계에서는 신이 자신 안에서 나타나는 만물과 동일시하고, ⑥그 다음으로 망상(妄想, māyā)이 생기는데, 이는 신이 자신에서 창조된 만물을 이제는 자신과 다르다고 보는 것이다. 앞의 망상 때문에 신이 5가지의 속박을 받게 되는데, ⑦시간, ⑧필연必然, ⑨애집愛執, ⑩한정지限定知, ⑪한정력限定力이다. 이것에 의해서 '푸루샤'가 생겨나고, 여기에 대립하는 '프라크리티'가 등장하는 것이다. 이것에 의해서 상키야학파에서 말하는 23원리가 벌어진다.

(2) 해탈론

어떻게 해야 해탈이 가능한가? 개인영혼을 잘못 알게 하는 무지를 제거해야 해탈은 이루어진다. 이 무지를 제거하기 위해서 신의 은총이 필요하다. 그것을 통해서 신의 특수한 힘이 믿는 사람에게 내려가서(下降, śaktinipāta) 그 사람을 사로잡게 된다. 이러한 힘에 의해서 영혼은 신과 본질적으로 하나라는 사실을 다시 인식하게 되고, 그 결과 모든 제한성과 차별성이 눈 녹듯이 사라지게 된다. 이러한 재인식을 획득한 사람은 살아 있을 때에는 신과 동등해지는(Śivatulya) 해탈을 얻고, 죽은 뒤에는 개인성을 영원히 넘어서게 된다.

4) 나쿨리샤 파슈타파

'파슈타파'라는 쉬바숭배파는 6세기 이전에 이미 존재하고 있었는데, '파슈타파'란 말은 가축의 주主를 따르는 사람들이라는 의미이다. 여기서 '가축의 주'는 쉬바신의 다른 이름이므로 이는 쉬바신을 숭배하는 학파이다. 이 학파에서는 인간을 가축에 비유하고, '신'을 그 가축의 주인으로 비유하는데, 인간을 무지로 인한 집착의 끈에 묶여 있는 존재로 파악한다. 인생의 목적은 신에 의해서 묶여 있는 끈에서 해방되어 해탈을 얻는 것이라고 한다. 이 학파의 사람은 몸에다 재를 뿌리는 등 심한 고행苦行을 하였고, 파슈타파 요가를 실천했다고 한다.

파슈타파파派는 5가지 기본원리를 채택하고 있다. 첫째, 과果는 상키야학파에서 말하는 것과 같이 마하트mahat에서 생겨서 계속 전개되는 내용을 말하는 것이고, 둘째, 인因은 대자재천大自在天이고, 셋째, 요가는 선정과 옴oṁ을 관조하는 법을 지칭하는 것이고, 넷째, 의궤儀軌는 하루에 세 번씩 몸에 재를 바르는 일과 은밀한 일을 수행하는 것이고, 다섯째, '고苦가 끝나는 것'은 해탈을 의미하는 것이다.

이 중에서도 특히 주목할 것은 이들이 대중 앞에서 기괴한 소리를 내고, 웃기도 하고, 춤추기도 해서 다른 사람으로부터 조소·경멸을 사는 행위를 일부러 하였다는 점이다. 그 이유는 그러한 행위가 종교적 실천이 된다고 믿었기 때문이다.

여기서 말하고자 하는 나쿨리샤 파슈파타Nakulīśa-Pāśupata파는 파슈파타파의 한 일파인데,[8] 이 학파는 주로 고행과 요가의 실천을 하였고, 철학적으로는 그다지 활발하지 않았다는 평가를 받고 있다. 그런데 이 학파와 니야야학파와는 어떤 관련이 있는 것 같다. 그 이유는 이 학파의 가르침을 세상에 알리는 저서 『가송(歌頌, Gāna-kārikā)』가 있는데, 이 저서의 저자 바사르바즈냐Bhāsarvajña에게 니야야학파에 대한

8 김선근 저, 『베단따철학』(불광출판부, 1990년) p.171에서는 나쿨리샤Nakulīśa와 라쿨리샤Lakulīśa는 같은 사람이라고 한다.

저술이 있기 때문이다. 그리고 6~7세기의 니야야학파의 학자 웃됴타카라Uddyotakara도 파슈파타파派의 지도자로 전해지고 있고, 바이셰쉬카학파의 프라샤스타파다Praśastapāda도 쉬바신의 숭배자였기 때문이다.

그래서 이 학파와 니야야학파의 연관성을 생각할 수 있고, 더 나아가서 쉬바파와 니야야학파・바이셰쉬카학파의 연관성도 생각해 볼 여지가 있다고 할 수 있다. 이 학파가 니야야학파와 연관성이 있다면, 다원론을 주장했다고 할 수 있다.

5) 수은파

수은파(水銀派, 라세슈바라 Raseśvara)는 일종의 연금술학파이다. 이 학파에서는 최고신과 합일(parameśvara-tādātmya)을 추구하는데, 수은으로 만든 연금술의 액液을 마셔서 순수한 신적인 육체(divya-tanu)를 얻을 수 있고, 이 신적인 육체에 기초해서 요가 수행을 하여 해탈을 얻을 수 있다고 한다. 이 학파도 철학적인 면에서는 그다지 활발한 이론을 펼치지 않은 것으로 판단된다.

이 학파에서는 영약靈藥인 수은을 복용하고, 요가의 실천으로 죽지 않는 경지에 이른다고 주장하고 있는데, 이는 중국의 신선술인 포박자抱朴子의 연금술과 같은 내용이다. 이러한 신앙으로 인해서 약품에 대한 지식은 성립되었지만, 이것은 마술로 변해버리고 말았다.

6) 탄트라교

앞에서 소개한 쉬바파가 '아가마'를 중심으로 했다면, 지금 소개할 탄트라교는 그 경전이 '탄트라'이다. 탄트라교는 성력파라고도 하는데, 쉬바의 부인인 '두루가' 또는 '칼리'를 정력의 화신으로 섬기는 파이다. 이 파의 가르침에 따르면, 영원한 최고의 실재로서 쉬바는 브라흐만과 동일시되어, 그 자체는 전혀 활동하지 않는 것인 데 비해서 그의 부인 두르가는 활동 자체라고 생각하고, 그 활동력(śakti: 性力)을 중시해서, 이것에 토대를 두어서 구원을 말하는 것이다. 이 활동력은 만물의 근원이고, 세계는 이 활동력의 전개이다.

이 탄트라교의 일부에서는 지나치게 성애性愛를 강조하는 좌도左道탄트라가 발생하였고, A.D. 13세기경에는 좌도탄트라에 대항하여 우도右道탄드라가 등장하였다. 오늘날에도 인도에는 탄드라교(샥타파)의 신자가 많이 있다. 탄트라교의 내용에 대해 다음의 5단락으로 살펴보고자 한다.

(1) 2원론의 철학

앞에서 언급한 대로, 비인격적이고 활동적이지 않은 쉬바가 모든 활동력의 원천인 샥티와 결합해서 샥티에 의해 우주가 창조된다는 사고방식은, 상키야학파의 2원론과 같은 성격을 가지고 있는 것이다. 상키야학파에서는 '푸루샤'라고 부르는 순수정신과 '프라크리티'라는 순물질적인 근본원리를 내세워서 세계의 전개과정을 설명하고 있는데, 여기서 푸루샤는 남성적 원리에 연결시키고, 프라크리티는 여성적 원리에 연결시키면, '쉬바'는 푸루샤의 남성적 원리와 상응하고, '샥티'는 프라크리티의 여성적 원리와 만나는 것이다.

(2) 요가의 실습

탄트라문헌에서 요가의 실습을 말하고 있는데, 그 내용은 비밀스런 의미를 가진 철자인 비자(bīja, 종자)를 '샥티śakti'의 능력이라고 하고, 기도를 위한 정형구인 만트라(mantra, 眞言)도 똑같이 신비한 힘을 가진다.

또한 탄트라교에서는 신체 구조에 대해 다음과 같은 독자의 가르침을 주장한다. 인간의 몸에는 여러 신비한 맥관(脈管, nāḍi)이 흐르고 있고, 6개의 중심륜(中心輪, cakra)이 있어서 서로를 연결시키고 있고, '차크라'라는 층을 이루어 존재한다. 그 중 가장 아래에 있는 것이 단전丹田에 있는 물라다라 차크라(mūlādhara-cakra, 根器輪)이다. 이곳에서 브라흐만은 링가(liṅga; 남자의 성기)의 모습으로 존재한다. 이 '링가'를 뱀처럼 세 바퀴 반을 감은 채 대여신大女神 '두루가'가 자고 있다. 이렇게 링가를 감고 자는 두루가를 쿤달리니Kuṇḍalinī라고 한다.

요가를 실습해서 이 쿤달리니를 깨어나게 하여 제일 높게 있는 중심륜으로 끌어올릴 수 있다면, 신체 각 부분의 작은 맥관과 차크라가 불가사의한 힘을 얻어 그 사람을 해탈로 인도한다.

(3) 크리야(행위)의 실천

탄트라 문헌에 크리야(kriyā, 행위)로 부르는 가르침이 있는데, 이는 존상尊像의 제작과 사원·종묘의 건립에 대한 것이고, 이것과 관련해서 부적(yantra)·만다라·사발(pātra)·병(ghaṭa)·무드라(mudrā, 手印)·니야사(niyāsa, 手相) 등의 규정을 말하고 있다.

'부적'은 직선·곡선·원 등으로 나타내는 비밀스런 의미를 가진 도식인데, 이것을 이마 같은 곳에 그리게 되면 부적의 보호를 받는다고 한다. 동시에 부적은 그 사람이 속하는 종파를 나타내는 표시가 되기도 한다. '니야사'는 만트라를 외우면서 오른손 엄지손가락과 손바닥을 몸의 각 부분에 놓고, 여신의 생명을 자신의 몸으로 불러들이는 것이다.

(4) 예배의식

탄트라교의 종교적 의례·사회적 의무에 4가지 형식이 있다. 첫째, 신전神殿에서 여신을 숭배하는 경우이다. 이때에는 곡식이나 가축을 바치고 심지어는 사람을 제물로 바치는 경우도 있었지만, 지금은 행해지지 않는다.

둘째, 차크라 푸자cakra-pūjā라고 부르는 윤좌예배輪座禮拜이다. 이 형식은 밤중에 같은 수의 남녀가 비밀리에 모여 둘러앉아 5가지 진리(pañca-tattva)의 작법에 따라 예배하는 것이다. 이 작법은 5가지 진리의 첫 문자를 따서 5M자字작법이라고도 한다. '5M'이란 마디야(madya, 술)·맘사(māṃsa: 고기)·맛시야(matsya, 물고기)·무드라(mudrā, 手印)·마이투나(maithuna, 性交)이다.

『마하니르바나 탄트라』에 의하면, 술은 인간에게 위대한 의약이 되는 것이고, 더 나아가서 심한 슬픔도 술로 달랠 수 있고, 그리고 짐승고기는 영양이 있어서 인간에게 지력·정력·근력을 제공하고, 물고기는 맛이 있어서 인간의 생식력을 증진시키고, '무드라'는 생활의 기본이 되는 것이고, 성교는 모든 생물의 기원이라고 하였다.

한밤중에 만난 남녀는 이와 같은 5엠으로 나타내는 공물을 바쳐 여신을 숭배하고, 술을 마시고, 고기・생선을 먹으며, 카스트의 높고 낮음을 따지지 않고 근친관계도 없이 서고 뒤섞여 성교를 한다. 이 성교를 통해서 샥티와 합일하여 사람은 해탈하는 것이다.

셋째, 완성 혹은 실현을 의미하는 사다나sādhanā이다. 이것은 만트라를 외우고, 무드라를 맺고, 니야사를 하여 여신의 생명을 자신의 몸 안으로 들어오게 하고, 링가를 싸고 있는 쿤달리니를 일깨워서 완성된 자를 의미하는 사다카sādhaka가 되는 것이다.

넷째, 세 번째에 말한 사다카는 '주술사・마법사'를 의미하는데, 여기서는 사다카의 주술에 대해서 말한다.

(5) 의의와 한계

이와 같은 차크라 형식의 예배를 중심으로 하는 비밀의식에서는 저질적이고 추잡한 요소가 많이 포함되어 있는 것도 숨길 수 없는 일이다. 그러나 한편으로 생각해 보면, 이 탄트라교가 민중이 받아들이기 쉬운 것이었다는 점도 놓쳐서는 곤란하다. 이는 카스트 안에 있으면서도 종교적으로는 그것을 초월한 세계를 실현하였다고 평가할 수 있다. 탄트라교에서는 이 차크라(집단)에 들어가는 자는 남자와 여자일 뿐 신분의 차이가 없게 된다. 이는 카스트를 부정하는 입장을 취했던 불교・자이나교의 행로와 비교가 된다. 불교는 인도사회에서 자취를 감추었고, 자이나교는 상인을 중심으로 하는 평민(바이샤)계급과 연합하였다. 그에 비해 앞에서 말했듯이, 탄트라교는 민중과 결합할 수 있는 가르침이었다. 탄트라교에서는 베다를 학습할 능력 · 자격이 없는 사람에게 해탈을 말할 수 있었다.[9]

9 스가누마 아키라 저, 문을식 역, 『힌두교 입문』(여래, 1994년 2쇄) pp.107~113.

6. 카스트를 부정한 비슈누파와 쉬바파

이 단락에서는 비슈누파와 쉬바파 중에서도 카스트제도에 대해 부정적 입장을 분명히 한 학파에 대해 소개하고자 한다. 한국철학사에서 실학파가 강조되는 것은 성리학을 토대로 해서 근대적 사유를 일으킬 수 있는 단서가 있었기 때문이다. 그와 같이, 카스트 제도에 대한 부정은 인도철학사에서 근대적 사유를 일으킬 수 있는 중요한 원천이라고 필자는 생각한다.

1) 라마난다의 카스트 부정

라마난다(Rāmānanda, 1400~1470년경)는 북인도의 프라야가(아라하바드)에서 태어났다. 12세 때 바라나시에 가서 처음에는 샹카라의 불이론적不二論的 베단타철학을 배웠고, 후에 슈리바이슈나바파派의 라가바난다Rāghavānanda를 스승으로 모셨다고 전해진다. 저작으로는 그가 지은 찬가 하나가 시크교의 『그란트 사히브Granth Sāhib』에 남아 있는 정도이다.

원래 비슈누파에서는 힌두사회의 하층계급에 대해서 동정심을 가지고 있었지만, 여전히 카스트제도를 인정하고 있었다. 라마난다는 처음에는 라마누자파의 수행자였는데, 그가 새로운 교단을 만드는 데는 다음의 사건이 계기가 되었다고 한다.

라마난다가 여러 지방을 오랫동안 돌아다닌 다음에 승원僧院에 돌아왔는데, 다른 수행자들이 그를 받아들이기를 거부한 일이 발생했다. 그 이유는 라마난다가 속한 비슈누파에서는 식물을 조리하는 법과 식사하는 방법에 대해 엄격한 규정이 있었는데, 그가 여행 도중에 이러한 규정을 지킬 수 없었을 것이라고 다른 수행자들이 판단하였기 때문이다.

라마난다의 사상은 카스트의 부정과 해탈론으로 나누어 접근할 수 있다. 또한 그의 개혁사상은 뒤에 소개할 카비르와 나나크에 계승되어 힌두교와 이슬람교를 융합시키는 쪽으로 전개되었다. 그리고 그의 신도들도 하나의 종파를 형성하여 오늘날에도 여전히 계승되고 있다.

(1) 카스트의 부정

라마난다는 비슈누신을 숭배하는 사람에게는 카스트의 구분이 없다고 주장하고, 어떤 계급의 사람이라도 교단에 들어오는 것을 허락하였다. 그렇지만 그도 카스트제도 자체를 없애려고 하지는 않았다. 그렇다고 해도 그의 개혁은 획기적인 일이라고 평가할 수 있다.

이러한 점은 라마난다에게 12명의 사도使徒가 있었는데, 그 중에는 6명이 낮은 카스트 출신이거나 여성이라는 점에서 다시 확인된다. 슈드라, 자트, 불가촉천민不可觸賤民, 무슬림이 각각 한 명이 있었고, 여성도 2명이 있었다고 한다. 이처럼 2명의 여성사도를 인정하고, 남성도 여성도 신 앞에서 평등하다고 인정한 것은 힌두교에서는 최초의 일이라고 평가할 수 있다.

또한 카스트에 대한 부정은 교단에서는 일반민중이 알아듣기 쉽게 '속어'를 사용하는 것으로 이어진다. 그의 제자들도 힌디어로 저술하였는데, 힌디어가 문장에 쓰이게 된 것은 라마난다와 그의 제자에 의해 시작된 것이라고 한다.

(2) 해탈론

라마난다는 신에 대한 신애信愛를 실천하여 해탈에 들어갈 수 있다고 주장한다. 그는 다음과 같이 말하였다. "카스트를 묻지 말라. 누구와 식사할 것인지 묻지 말라. 만약 하리Hari에 대한 신애를 갖는다면, 그는 하리 자신의 것이다." 그리고 신을 숭배하는 데에도 특색이 있었는데, 당시에 유행하던 목동 '크리슈나'와 그의 애인 '라다'를 숭배하는 대신, 청순하고 정조를 지키는 라마Rāma왕자와 시타Sītā비妃를 숭배하였고, 만트라도 '라마에 귀의합니다' 라는 의미를 가진 '옴 라마야 나마하'를 사용한다.

2) 카비르의 종교합리화론

카비르(Kabīr, 1440~1518)는 라마난다의 감화를 받아서 라마숭배를 계승하면서도 이슬람교의 영향을 받았다. 그는 바라문출신 과부의 사생아로 태어나 베나레스에서 버림을 받았는데, 이슬람교의 방직직공의 손에서 자라났다. 카비르는 앞에서 소개한 라마난다의 12명의 사도使徒 중에 한 사람이었다고 한다. 그는 그의 제자들에게는 최고실재의 화신化身으로 여겨졌고, 진보적인 그룹에게는 사회개혁자로 평가받았다. 이처럼 카비르는 인도에서 가장 잘 알려진 인물이면서 존경받는 인물의 하나이다. 그의 시詩는 제자들에 의해 기록되어 『비자크(Bījaka, 목록)』, 시크교의 『그란트 사히브(Granth Sāhib, Ādi Granth)』, 『카비르 연속집(Kabīr-Granthā valī)』에 수록되어 있다.

카비르는 힌두교의 불이론적不二論的 베단타철학과 이슬람교의 유일신唯一神사상을 결합하려고 하였다. 그는 스스로를 '알라와 라마의 아들'이라고 불렀고, 힌두교・이슬람교의 의례와 외적 제약을 거부하였다. 그래서 힌두교의 푸라나성전과 이슬람교의 코란도 공허한 말에 지나지 않고, 고행・목욕・제사・순례도 의미 없다고 목청을 높였다. 그는 힌두교・이슬람교의 독단주의와 배타주의를 비판하고, 신은 오직 한 분뿐이고, 신은 많은 이름으로 불리고 있다고 하였다.

그리고 모든 개아個我는 동일한 근본 원리에서 나왔으므로, 혈통도 동일하고, 따라서 카스트・종족의 구별은 쓸데없는 것이라고 그는 말한다. 더 나아가서 현실의 사회적・세속적 생활은 긍정되어야 하고, 생명은 신이 준 고귀한 선물이라고 하였다. 그래서 그는 다음과 같이 말한다. "신성한 목욕탕에는 물 이외에 아무 것도 없다. 그것이 무용한 것임을 나는 알았다. 왜냐하면, 나는 그곳에서 목욕을 했기 때문이다. 그리고 신상神像은 생명이 없는 사물이다. 그것은 말할 줄 모른다. 다만 우리가 큰소리로 불러 볼 따름이다. 신상의 돌보다 밀가루를 빻는 공이가 더 가치 있는 것이다."

카비르는 업業, 윤회輪廻, 해탈解脫의 가르침을 받아들이고 있지만, 고행의 의미를 인정하지는 않았다. 그래서 그는 행자(yogin)가 아니고 단순한 직공이고, 가정의 아버지이고, 자기 집에서 신을 구하는 사람이었다. 자신의 죄업을 반성하고, 최고신에게 경건한 신앙을 바쳤다. 또한 세속의 현실생활을 긍정하고, 사람이 아집을 버릴 때 신이 나타난다고 그는 설명한다. 카비르는 힌디어의 시문을 남겼는데, 이 언어는 그에 의해서 민중들에게 보급되었다. 특히 직공 사이에 그의 신봉자가 많다. 오늘날에도 바라나시를 중심으로 해서 50만 이상의 신자가 있다고 한다.

3) 마라타인의 신애信愛운동

서남西南인도 마라타Marāṭhā인 사이에는 비슈누신에 대한 신애信愛를 강조하는 세속적 종교운동이 일어났다. 이 종교운동의 대표자를 알아보자.

남데브(Namdev, 15세기 전반)는 재봉사였는데, 카스트를 부정하였고, 불가촉천민을 의미하는 파리아Paria까지도 자신의 신도로 삼았고, 우상숭배를 통렬하게 비판하였다.

투카람(Tukārām, 1608~1649)은 왕의 초청에도 응하지 않고 평범한 상점의 주인으로 세상을 마쳤는데, 이는 그만큼 그가 출가의 생활을 반대하였다는 의미도 된다. 그는 다음과 같이 말한다. "음식을 버리지 말라. 숲의 암자로 향하지 말라. 그대가 번민하거나 즐거울 때, 그 어떠한 경우에도 나라야나신을 마음속에 두고 늘 생각하라. 어머니의 등에 업혀 있는 아이는 고난을 느끼지 못한다. 그밖의 염려는 끊어라. 세상의 쾌락에 사로잡히지 말아라. 그것(세상의 쾌락)을 버리려고도 하지 말라. 그대가 하는 모든 행위를 신에게 바쳐라."

람다스(Rāmdās, 1608~1681)는 민족의 영웅 쉬바지의 정치고문으로서 제왕의 정치는 '세인의 애호'에 있다고 하면서 신비주의와 정치를 결합시켰다. 이상적인 제왕은 조금도 쉬지 않고 활동하는 자라고 말했다.

4) 링가야트파派

앞에서 소개한 학파가 '비슈누파'라면, 여기서 말하려는 학파는 '쉬바파'이다. A.D. 1160년경에 바사바Basava가 비라 샤이바Vīra-Śaiva파를 만들었다. 전설에 의하면, 쉬바신의 다섯 입에서 태어난 다섯 명의 행자가 말한 것을 바사바가 다시 일으켰다고 한다. 또 이 파에서는 링가liṅga를 숭배하여 링가에 끈을 매어서 목에 메고 다니기 때문에 '링가야트Liṅgāyat'라고 불린다. 이 학파에서는 링가를 최고신 쉬바가 실재하는 상징으로 보고 있다.

또한 이 학파에서는 카스트의 구별을 부정하고, 바라문이라고 할지라도 삭발을 하고 불교도와 같이 가사를 걸친다. 이처럼 종래의 전통을 타파하고 형식주의를 폐지하여 합리주의를 주장하였다. 이러한 혁신성과 진보성으로 인해 보수파에게 박해를 받아서 순교하는 일이 생겨났다. 그래서 비라(Vīra: 영웅)쉬바파라고 하는 것이다.

이 학파의 특징은 사회개혁사상에 있다. 앞에서 말한 대로, 카스트제도를 인정하지 않고, 남녀평등을 주장하고, 과부가 재혼하는 것을 인정하고, 어린이 결혼제도 폐지를 주장하였다. 종교의식에서도 희생제의, 우상숭배, 순례 등을 폐지하였다.

이 학파의 교의에 특징적인 것으로 8방호(八防護, aṣṭāvaraṇa)와 6위(六位, ṣaṭsthala)가 있다. 우선 '8방호'에서 처음의 3가지는 스승·링가·장가마jaṅgama라고 불리는 성직자와 이 성직자의 단체이다. '장가마'는 원래는 '움직임'을 의미하는 것이었는데, 돌아다니면서 가르침을 말하는 이 파의 성직자를 의미하는 말로 바뀌었다. 이들은 후세에는 정착해서 교단을 안정적으로 운영하는 데 노력하였다. '링가'는 스승이 준 것으로서 쉬바신을 상징하는 것인데, 항상 지니고 다니는 것이다. 이 3가지가 가장 중요하다. 네 번째는 성수聖水이고, 다섯 번째는 성찬聖餐인데, 이는 신도가 스승에게 음식을 올리고서 남은 음식을 돌려받은 것이다. 나머지 3가지는 스승이 신도에게 주는 것인데, 그것은 성회聖灰·수주數珠·성송聖頌이다.

'6단계六位'는 신도의 수행단계에 관한 것이다. 첫째는 박티bhakti의 단계인데, 이는 도를 구하는 마음이 일어나는 단계이다. 둘째는 마헤슈바라maheśvara의 단계인데, 이는 계戒를 실천해서 번뇌를 끊고 자신을 정화시키는 단계이다. 셋째는 프라사다(prasāda, 平靜)단계인데, 이는 개인적 욕심을 버리고 의무를 수행하여 신의 은총을 발견하는 단계이다. 넷째는 프라나링긴prāṇaliṅgin단계인데, 이는 쉬바신과 개인의 2원성이 사라지는 단계이다. 다섯째는 샤라나(śaraṇa, 歸依)단계인데, 이는 쉬바신으로 들어가서 안심입명安心立命하는 단계이다. 여섯째는 아이키야(aikya, 一致)단계인데, 이는 신과 완전히 하나가 되어서 해탈을 얻는 단계이다. 이 6단계의 각각에서 신에 대한 박티가 가장 중요하게 다루어지고 있다.

이러한 입장에서 슈리파티(Śrīpati, 약 1400년)가 『브라흐마 수트라』의 주석서 『성광명소(聖光明疏, Śrīkarabhāṣya)』를 저술하였다. 그 내용은 쉬바신은 그 자신의 가능력(śakti)에 의해서 모든 현상세계를 창조하였고, 현상세계 안에 들어가는 근저(sthala) 노릇을 하고 있다는 것이다. 쉬바는 분열되어 그 자신과 여성적 원리인 가능력이 되지만, 다시 원래대로 돌아온다. 이와 같이 움직이는 원리를 사람은 이해하고 체득해야 한다. 이 가르침을 성력한정불이설(性力限定不二說, śakti-viśiṣṭa-advaita)이라고 한다.

7. 이슬람교와 조로아스터교의 영향

11세기 초부터 이슬람교가 인도 대륙을 침입하고 일정 부분을 지배하기 시작함에 따라, 서서히 이슬람교와 힌두교 문화의 융합이 생겨났다. 이러한 문화융합은 건축업에 종사하는 수공업자 사이에 분명하게 나타났다. 또한 탄생, 결혼, 죽음에 관계되는 종교의식이 서로 혼합되었다. 왜냐하면 이슬람교로 종교를 바꾼 사람도 힌두교의 종교의식을 오랫동안 간직하고 있었기 때문이다. 이 항목에서 소개할 '시크교'와 '다라쉬코'의 사상이 이슬람교와 힌두교 융합의 대표적 예라고 할 수 있다.

한편, 이 시기에 페르시아 건축양식이 인도에 소개되어 인도적 모티브로 변형되었다. 이러한 점은 페르시아의 조로아스터교가 인도에 정착하여 '페르시교'로 자기 모습을 찾아가는 것과 비슷한 점이 있다.

1) 시크교

시크Sikh교는 힌두교에 기초를 두고 이슬람교의 사상을 받아들여서, 이 두 가지 사상을 결합시킨 개혁종교이다. 이 종교를 처음 일으켜 세운 사람은 나나크(Nānak, 1469~1539)인데, 그는 카비르의 사상에 강한 영향을 받았고, 이슬람교의 신비주의(Sufism)에도 많은 영향을 받았다. 나나크의 사상의 핵심은 신神과 합일함을 통해서 인간 안에 존재하는 자아 중심성을 극복하는 것이고, 이것은 내면의 청정성으로 구체화한다. 시크교의 내용을 3단락으로 나누어서 살펴보도록 하자.

(1) 내면성의 종교

나나크는 진정한 종교는 내면성에 있고, 신을 만나기 위한 심성心性의 준비라고 보았다. 그 때문에 힌두교와 이슬람교의 형식적인 의례를 부정하고, 우상숭배를 금지하고, 고행도 인정하지 않았다. 그리고 만물은 신神의 피조물이라고 보았기 때문에 카스트와 성적性的 차별도 부정하였다. 어떠한 카스트의 사람이라 할지라도 함께 동일한 음식물을 먹고, 음식물에 관한 금지조항을 만들지 않았다.

또한 내면적 청정의 중요성, 곧 종교의 도덕적 측면을 강조하였는데, 그 결과 술·마약·담배를 금지하였고, 보통의 직업에 종사하여 다른 사람에게 봉사할 것을 권장하였다. 이것이 자기 중심성을 극복하는 길이기도 하다. 자기 중심성이 강한 사람은 자아에 결사적으로 집착하여, 탐욕과 분노와 집착과 자만에 지배당하고, 언제나 불안하고 두려워하는 삶을 산다. 따라서 사람은 이러한 자기 중심성을 극복할 때 평화를 얻어 자기 자신의 본래적인 원만함에 돌아오게 된다. 또한 이것이 신神과 하나가 되는 경지이기도 하다.

(2) 신과 합일되는 단계

나나크는 신과 합일되는 것을 5단계로 나누어서 말하고 있다. 첫째, 경건의 단계인데, 여기서는 도덕적이고 종교적인 일을 수행한다. 신의 율법을 지키고, 다른 사람을 돕기 위해서 행위한다.

둘째, 지식의 단계인데, 이 단계에서는 우주의 광대무변함과 신비로움에 대해서 자각한다. 이러한 지식은 자아 중심성을 극복하고, 신이 창조한 모든 것과 일체감을 갖도록 하는 데 도움을 준다.

셋째, 정진의 단계인데, 여기서는 내면의 지각과 이해가 형성된다. 마음은 신을 향해 조율되고, 모든 창조를 통해 들려오는 신의 말씀을 들을 수 있다.

넷째, 충만의 단계인데, 이 단계에서는 수행자는 영적인 힘이 충만해진다. 이때 신은 이 수행자의 마음에 거주한다고 할 수 있고, 이것이 바로 신을 실현한 상태라고 할 수 있다.

다섯째, 진리의 단계인데, 여기서 수행자는 신과 합일된다. 신의 본래적 모습인 진실되고 모습 없는 상태와 하나가 된다. 이 경지는 경험될 수는 있지만, 설명하는 것은 불가능하다.

(3) 시크교의 형식화와 현황

제10대 법왕(Guru)이었던 고빈드 싱그(Govind Siṅgh)는 시크교를 형식화시켜서 신도는 5K를 몸에 지녀야 한다고 하였다. 그것은 장발(kes)·무릎 위까지 내려오는 내의(kaccha)·철고리(kara)·허리의 칼(kripān)·빗(kaṅgha)이다. 이후로 시크교는 독립종교의 모습을 분명히 나타냈고, 신도들은 자신의 이름이 사자獅子라는 의미의 싱그siṅgh라는 말로 끝나야 한다고 정했고, 털을 깎는 것을 금하고 남자는 터번을 두르게 하는 특수한 습속을 가지게 되었다.

나나크를 시작으로 해서 모두 열 명의 구루(guru: 스승)가 교단을 통치했는데, 제6대 하르 고빈드(Har Gobind, 1606~1645 통치)시대 이후 이슬람의 왕과 대결하여 구루가 처형당하기도 하였기 때문에, 신도들에게 모두 단도를 소유하게 하여 교단을 군사단체로 편성하기도 하였다. 그래서 이슬람 국왕, 영국군에서 항쟁하여 판자브 지방을 중심으로 대왕국을 건설하기도 했지만, 결국 1849년 영국군에게 정복당하고 말았다.

오늘날의 시크교 신도들은 진취성이 풍부하고, 중노동에 잘 견디며, 기계조작에도 뛰어난 소질을 보이고 있다. 그들의 거주지인 판자브 지방은 현재 인도의 곡창지대이고 공업지대이기도 하다. 특히 인도의 택시운전사 중에서 시크교도가 많다고 한다. 그리고 인도에는 거지가 많으나, 시크교의 신도 중에는 거지가 없다. 그 이유는 "거지가 될 정도라면 굶어 죽어라"는 가르침을 받고 있기 때문이라고 한다.

2) 다라 쉬코의 이슬람교와 힌두교 융합사상

이슬람교와 힌두교의 융합은 무굴왕조의 제4대 왕 샤자한Shāhjahān의 장남이었던 다라 쉬코Dāra Shikōh에 의해서 정점에 이르렀다. 그는 당시에 알려졌던 우파니샤드 52편을 산스크리트어에서 페르시아어로 번역하였는데, 이것이 라틴어로 다시 번역되어 쇼펜하우어 등에게 영향을 주었다고 한다.

또한 다라 쉬코는 『두 바다의 합류合流』라는 저술을 남겼는데, 이 책에서 힌두교와 이슬람교의 신비주의 동일점을 밝히고자 하였다. 그렇지만 엄격한 이슬람교의 수니파였던 동생 아우랑제브Aurangzeb에 의해서 이슬람교를 배신했다는 명목으로 처형되었다. 이로 인해서 무굴왕국 안에서 이슬람교와 힌두교를 융합하고 절충하려는 시도는 급속히 사라지게 되었다.

다라 쉬코는 힌두교의 신비주의와 이슬람교의 신비주의는 다음의 3가지 점에서 일치한다고 주장하였다. 첫째, 두 종교가 모두 2종류의 지식을 인정하고 있다는 점이다. 이슬람교의 신비주의인 '수피'에서는 논증과 의논에 의해서 획득되는 세속의 지식을 '단순한 지식'이라고 하고, 신성한 직관지를 '영지靈知'라고 한다. 이에 대해 힌두교의 신비주의에서도 '낮은 지식'과 '높은 지식'으로 구분한다. 이 점에서 서로 일치한다는 것이다.

둘째, 실재實在에 대해서 비슷한 견해를 가지고 있다는 점이다. 이슬람교와 힌두교의 신비주의에서 실재는 유일한 것이라고 말하고 있고, 일원론의 철학을 주장하고 있다. 실재는 초월적이고 내재적이라는 점에서도 이 두 종교의 신비주의는 일치하고 있다.

셋째, 실천에서도 비슷한 점이 있다. 우선, 실천의 목적이 지식을 얻어서 실재를 직접 체득하는 데 있다는 점에서 비슷하고, 그 수단이 명상과 계율을 지키는 것에 있다는 것도 비슷하다. 나아가, 실천의 마지막 단계인 4단계에 이르면, 시간과 공간의 제약을 벗어나고, 주관과 객관의 의식이 사라지게 되는 것도 비슷하다.

3) 파르시교

파르시Pārsī교는 A.D. 8세기에 이슬람교의 군대에게 쫓겨서 구자라트

해안으로 도망쳐온 페르시아의 '조로아스터교도'를 지칭한다. 이들이 인도에 와서 보호를 요청했을 때, 인도의 국왕은 두 가지 조건을 제시하였고, 그들은 이것을 받아들였다고 한다. 그 조건은 첫째, 페르시아의 언어를 사용하지 말 것이고, 둘째, 부녀자는 반드시 인도의 복장을 할 것이었다. 이들이 이 조건을 받아들여서 인도에 정착하게 되었는데, 이들은 그 지방의 말을 하고, 부녀자는 사리를 착용하여 인도문화에 동화되었다. 그렇지만, 얄궂게도 현재에 사리를 버리고 양장을 하는데 가장 적극적인 사람들이 바로 파르시교의 부인이라고 한다. 여기에서는 파르시교에 대해 2단락으로 나누어서 접근하고자 한다.

(1) 파르시교의 내용

파르시교도는 무엇이든지 알고 무엇이든지 할 수 있는 능력을 가지고 있는 유일신인 아후라 마즈다Ahura Mazda를 믿고 있다. 이 신의 몸은 헤아릴 수 없는 빛을 내고 있고, 가장 높은 하늘에 머무르고 있으며, 이 신은 착한 영혼, 곧 성령聖靈 스펜타 마이뉴Spenta Mainyu와 악한 영혼, 곧 파괴령破壞靈 안그라 마이뉴Angra Mainyu를 창조했다고 한다. 자세히 말하자면, 이 세계의 모든 것은 선善·진실을 택한 성령聖靈과 악惡·허위를 택한 파괴령破壞靈으로 이루어져 있고, 또한 세계는 물질과 정신의 두 차원에서 전투가 벌어지고 있는 곳이라는 것이다. 인간과 신神들은 이 두 가지 중에서 어느 하나를 선택해야만 한다. 그런데 신들조차도 허위를 택하였기 때문에 이 세상에 해를 끼치게 되었다. 이에 최강의 주主 아후라 마즈다가 인류를 보호하고 구제하기 위해서 출현하였다. 따라서 마즈다의 힘을 빌려서 진실을 선택한다면, 이 세상에서 구제되고 나아가 종말에 임박해서 벌어지는 최후의 심판에서도 구원을 얻는다.

그리고 인간에게는 없어지는 부분과 없어지지 않는 불멸不滅의 부분이 있는데, 영혼은 불멸이고, 악한 영혼과 싸워서 죽은 뒤에는 하늘에서 착한 영혼과 살 수 있다고 한다. 성스러운 불을 모시는 '전당'이나 시체를 새에게 먹이는 방식으로 장례를 지내는 장소(dahma)를 오늘날에도 여전히 보존하고 있으며, 선조를 추모하는 제사를 행하고 있다.

(2) 파르시교의 변화와 현황

19세기 후반에 파르시교 내부에서 전통파와 개혁파의 대립이 격화되었다. 개혁파는 '가타Gāthā로 돌아가라'는 주장을 펴고 있었다. '가타'는 조로아스터교의 성전인 『아베스타Avestā』의 최고층最古層에 속하는 시편詩篇이다. 하지만 그 당시에는 '가타'가 운문으로 작성되어 있다는 사실도 모를 만큼, 성전聖典의 전승이 제대로 이루어지지 않았다.

이 전통파와 개혁파의 대립이 격화된 후, 몇 년이 지난 1859년에 카마(K.R. Kāma)가 독일에서 인도로 돌아와서 서양의 이란학에 대한 연구성과를 파르시교 사회에 전하였다. 카마는 조로아스터교를 비롯해서 이란의 고대문화를 학술적으로 연구했고, 그래서 새로운 유형의 파르시교의 사제司祭를 길러내고, 조로아스터교의 진실된 가르침을 널리 펴서 새로운 파르시교의 사회를 이루고자 하였다.

1961년 국세國勢조사에서 파르시교의 신도는 현재 봄베이를 중심으로 해서 약 13만에 지나지 않지만, 인도의 철강·항공·자동차 등의 중공업은 파르시교도에 의해 시작되었고, 이들은 부유하고, 교육과 과학진흥에 노력하고 있으며, 사회 공공사업에도 힘을 쏟고 있고, 서구화가 가장 잘 되어 있다는 평가를 받는다. 그 이유는 이들이 현실 긍정적이기 때문이고, 이들이 소수민족으로 고난을 극복하기 위해서 더욱 노력하였기 때문이고, 또한 종교적 금기와 카스트제도가 없었기 때문이다. 그래서 근대문명을 쉽게 받아들일 수 있었을 것으로 추정된다.

V. 영국 지배 시기 이후의 인도철학의 변화

1. 시대 배경과 영국 지배의 영향

영국의 동인도회사는 1600년에 설립되었는데, 18세기 후반부터 적극적으로 인도경영에 참여하여 조금씩 세력을 확장하였다. 그래서 점차 프랑스세력과 시크교도를 꺾고 1849년에 서부인도를 장악하였다. 그러다가 1857년에 영국인에 대한 민족적 반감이 폭발하여서 세포이 반란이 일어났다. 이것을 오늘날 인도인들은 최초의 독립전쟁이라고 평가하고 있다. 이 세포이 반란으로 인해서 영국은 일시 곤경에 빠지기도 했지만, 2년만에 진압에 성공한 후, 무굴제국의 황제가 이 반란에 가담한 것을 구실로 삼아 그를 미얀마로 추방하였다. 1858년에 무굴제국은 막을 내렸다. 1877년에는 빅토리아 여왕이 인도의 황제 자리를 겸하였고, 이때부터 인도는 영국의 완전한 직할 식민지가 되었다.

영국은 인도의 공업을 파괴하고, 무거운 세금을 매기고, 그에 반대하는 세력에는 탄압을 일삼았기 때문에, 점차로 영국을 반대하는 운동이 일어나게 되었다. 그래서 1885년에 인도국민회의(Indian Nation Congress)가 설립되었고, 1905년 러일전쟁이 끝나자 인도민족의 독립운동은 활발하게 전개되었다.

인도민족독립운동의 지도자 바네르제아(Surendranath Banerjea)는 인도협회를 조직하여 지식계급의 여론을 모아서 초대 국민회의의장이 되었다. 틸라크(Lokamanya Bāl Gaṅgādhar Tilak, 1856~1920)는 국민회의 급진파의 지도자로, 영국에 반대하는 독립운동에 앞장섰기 때문에 몇 번이나 감옥에 투옥되었다. 그는 고전학자이기도 한데, 그의 저술은 대단한 영향력이 있었고, 현대인도인에게 행동존중의 사상을 불러일으켰다. 그리고 인도에 대단한 영향력을 행사한 정치적 지도자로 간디가 있다.

제2차 세계대전을 통해서 인도의 독립운동이 성숙하였으며, 2차대전이 끝나고 1947년에 독립, 1950년에는 인도연방공화국이 성립되어 헌법을 제정하고 공포하였다.

그렇지만, 영국의 인도지배가 부정적인 영향만 있었던 것은 아니다. 이슬람의 지배와 달리 영국의 인도지배는 힌두교의 사회와 문화에 커다란 영향을 주었다. 영국의 인도지배는 시간적으로는 이슬람의 지배보다 짧았지만, 인도사회와 문화에 근본적인 변화를 일으켰다고 평가할 수 있다.

우선, 정치적으로 영국의 통치는 오랫동안 이슬람의 지배를 받아왔던 힌두교의 신도에게 어느 정도 해방감을 주었다. 이슬람의 경우와는 다르게, 영국인의 영향은 대체로 세속적인 것이었으므로, 이슬람의 영향보다는 받아들이기 수월했다. 예를 들면, 영국인에 도입된 영어를 통한 근대식 교육은 소수의 인도 지성인들에게 적극적으로 수용되었고, 오히려 이슬람교 신자들이 처음에는 더 강한 반발을 하였다.

영국인이 세운 법질서와 근대적이고 합리적 교육은 종래의 전통적 사회질서와 관습에 부딪치는 점이 많았고, 이 점은 인도인에게 새로운 사회적 원리와 가치관을 제시하는 쪽으로 작용하였다. 바라문계급의 사회적 특권, 노예계급과 천민에 대한 차별, 여자 어린아이의 조혼제도, 과부의 재혼금지, 남편이 죽으면 부인도 함께 화장하는 사티satī제도 등의 불합리한 점은 영국인에 의해서 지적되었고, 이 점은 소수 인도 지성인에게도 자각되었으며, 그리하여 이런 불합리한 점을 개선하려는 운동을 일으키게 된 것이다.

이 시기의 인도사상은 3가지 요소에 영향을 받은 것이다.[1] 첫째, 외국세력과 이질적인 것에 대한 저항이고, 둘째, 서구문명의 영향인데, 그 중에서도 영어교육이 보급되었다는 점이 매우 영향력이 있었고, 셋째, 고대 인도정신으로 복귀하려는 운동과 힌두교에 근거한 국가주의가 일어난 점이다.

또한 이 시기의 인도사상은 두 단계의 변화과정을 나타낸다고 볼 수 있다. 처음 단계는 서구의 영향을 받아서 자신의 문화를 개혁하려는 시도이고, 둘째 단계는 처음 단계의 성과에 기초해서 인도사상과 서양사상을 접목하려는 시도이다.

---

1 원의범, 『인도철학사상』(집문당, 1983년 4판) p.201.

2. 종교개혁운동

인도가 영국의 지배에 들어가자, 힌두교에 대한 개혁운동이 일어난다. 우선 서양의 영향을 받아서 힌두교를 개혁하려는 운동이 일어나는데, 이것이 바로 '브라흐모 사마즈'이다. 그에 비해 전통에 기반을 두고서 힌두교를 변혁하려는 움직임도 나타나는데, 그것이 '아리야 사마즈'이다. 이것을 이어받아 나타난 것이 '라마크리슈나 선교회'이다. 이와는 대조적으로 서양인이 인도개혁운동에 동참한 것이 '신지협회神智協會'이고, 불가촉천민不可觸賤民이 몸소 사회개혁운동에 나선 것이 '슈리 나라야나 법(dharma) 보급협회'이다.

1) 브라흐모 사마즈

브라흐모 사마즈(Brāhmo Samāj) 운동은 1823년 람 모한 로이(Rām Mohan Roy, 1772~1833)에 의해 시작되었다. 람 모한 로이는 영국식 교육을 받은 최초의 힌두교 개혁자로 평가받고 있다. 그는 힌두교의 사회적 전통을 개혁하려 하였고, 더 나아가서 서구의 교육제도를 확립하려고 하였다. 람 모한 로이와 그의 추종자는 다신교적 신앙·신상神像숭배 등의 당시 힌두교의 모습을 힌두교 본래의 교리에서 타락한 것으로 보았다. 우파니샤드는 유일신적인 사상을 담고 있는 문헌이므로, 이 우파니샤드에 의지해서 힌두교를 개혁할 것을 그는 주장하였다.

그는 여러 가지 개혁운동을 전개하였는데, 특히 주목할 점은 미망인이 남편을 따라 죽는 관습인 사티satī를 금지하도록 하였고, 과부의 재혼을 인정하라고 주장하였다. 그의 활동으로 인해서 1828년 인도총독 벤틴크가 사티금지령을 포고하자, 인도에서는 '사티'라는 악습이 수그러들었다. 또한 카스트제도의 폐해를 강력히 주장하기도 하였다. 따라서 람 모한 로이는 인도사상과 서구사상의 교류를 도모하고, 또한 힌두교와 기독교의 연결을 시도하였으며, 그러한 교류를 체험한 사람이라고 평가할 수 있다.

람 모한 로이에 의해 시작된 브라흐모 사마즈 운동은 그 후 데벤드라나트 타골(Devendranāth Tagore, 1817~1905)에 의해 계승되었는데, 데벤드라나트 타골에 의해서 추진된 운동은 주로 종교활동의 범위에 제한된 온건한 움직임이었다. 데벤드라나트 타골은 뒤에 소개할 노벨 문학상 수상자 라빈드라나트 타골(1861~1941)의 아버지였다. 한편, 온건한 운동에 반대하는 열렬한 사회개혁운동은 케샤브 찬드라 센(Keshab Chandra Sen, 1843~1884) 등에 의해 계승되었다.

2) 아리야 사마즈

아리야 사마즈(Ārya Samāj)에서는 브라흐모 사마즈가 서양의 가치와 문화를 숭상한다고 비판하면서, 종교・사회의 개혁원리를 베다에서 찾으려고 하였다. 이 운동은 다야난다 사라스바티(Dayānanda Sarasvatī,

1824~1883)에 의해 시작되었다. 베다는 유일신사상을 가르치고, 신상 숭배와 카스트간의 차별을 말하고 있지 않다고 그는 해석한다.

그리고 그는 고통을 벗어나는 6가지 방법을 제시한다. 첫째, 진실을 말하면 용기와 행복이 오고, 거짓을 말하면 공포와 불행이 온다. 둘째, 베다를 배우고 그 진리를 따라야 한다. 셋째, 둘째 사항을 지키는 사람과 사귀어야 한다. 넷째, 요가수련으로 마음을 진실하게 하고 안정시켜야 한다. 다섯째, 신의 여러 가지 성질을 암송하고 명상해야 한다. 여섯째, 허위·지혜 없음·악에서 벗어나고 생사의 고통을 넘어설 수 있도록 신에게 기도하라.

한편, 기독교를 다음과 같이 공격하였다. "아담이 지은 죄는 아담만이 받아야 하는 것 아닌가? 아담이 어떻게 하나님을 거역할 수 있는가? 사탄을 사탄이게끔 한 사람이 누군가? 없다면 바로 하나님이 아닌가?" 라고 하였다. 그리고 이슬람교를 다음과 같이 비판하였다. "이슬람교에서는 신이 절대적 구원의 권리를 갖는다고 하는데, 사실은 구원에 해당할 만한 행동을 한 사람만을 구원하는 것이 아닌가?"라고 하였다. 그의 대표적 제자는 뒤에 소개할 라마크리슈나이고, 라마크리슈나의 사상은 뒤에 소개할 비베카난다에 의해 계승되었다.

이와 같은 관점에서, 힌두교의 개혁은 어디까지나 베다의 원리에 기초로 해서 이루어져야지, 서양의 학문·가치를 기준으로 삼아서는 안 된다고 그는 주장한다. 이 운동은 힌두교의 전통에 대한 새로운 자긍심을 심어 주었고, 브라흐모 사마즈보다는 좀더 대중적인 개혁운동을 전개할 수 있었다. 그러나 이 두 운동 모두 운동에 참여한 사람 이상으로 힌두사회 전체에 영향력을 행사하지는 못했다.

이 운동도 2파로 나뉘었다. 1887년 '라호르'지방에 엥글로 베딕 칼리지 Englo Vedic College가 개설되어 영어교육을 받은 젊은 세대의 열렬한 환영을 받았는데, 이 '칼리지파'는 개혁파로서 근대적인 교육과 자유로운 일상의 식생활을 주장하였다. 그래서 보편성을 강조해서 전세계로 널리 알려야 한다고 하였다. 그에 비해 '마하트마파'는 전통의 힌두교 교육을 강조하고, 채식주의를 고수하였고, 보편적 종교보다는 순수한 힌두교를 주장하였다.

3) 라마크리슈나 선교회

라마크리슈나(Rāmakṛṣṇa, 1836~1886)는 벵갈지방에서 태어났고, 그 지방의 차이타니야 계통의 비슈누・크리슈나의 신앙 전통을 계승한 성자였다. 그는 수많은 종교체험을 통해서, 여러 종교가 궁극적으로는 하나임을 깨달았으며, 그리고 이런 체험을 샹카라의 불이론적 베단타철학에 근거해서 이론의 옷을 입혔다. 그는 기독교와 이슬람도 공부하였으며, 모하메드와 예수의 환상도 보았다고 한다.

라마크리슈나는 산스크리트어도 모르고 영어도 몰랐고 학문적 교양도 없었다. 그렇지만 그는 어린아이와 같은 이미지를 보여주었고, 인자했으며, 이론을 뛰어넘는 신에 대한 체험이 그에게는 있었다. 그는 실천을 중시하였다. 그래서 그가 체험한 세계는 언어로는 도달할 수 없고 정신적 훈련이 필요하다고 하였다. 그리고 마음의 순결이 필요한데, 이는 순수한 마음이라야 비로소 순수한 신을 알 수 있기 때문이다. 이 지점에서 여자와 금전의 유혹에 흔들려서는 안 된다는 점이 요청된다. 그 다음으로 이기주의를 버려야 한다. 모든 것은 자기의 것이 아니고 신의 소유라는 것을 알아야 하고, 속 다르고 겉 다른 형식에 치우친 수행자가 되어서는 안 된다고 한다. 그 다음 신을 구해야 하는데, 오로지 신을 구하는 사람만이 신을 알 수 있다고 하였다.

그의 사상은 비베카난다(Vivekānanda, 1863~1902) 등의 유능한 제자에 의해서 널리 전파되었다. 특히 비베카난다는 1893년 시카고에서 열린 국제종교회의(Parliament of Religions)에서 베단타철학에 근거한 힌두교의 표용적 종교관을 소개하였고, 1896년에는 뉴욕 베단타 협회(The Vedānta Society of New York)를 창설했고, 인도에 돌아와서는 라마크리슈나 선교회를 만들었다.

라마크리슈나 선교회(Rāmakrishna Mission)는 인도와 세계 곳곳에 지부를 설립하고, 샹카라의 불이론적不二論的 베단타철학을 중심으로 힌두교의 세계관을 서양에 소개하는 데 큰 역할을 하였다. 비베카난다는 개인의 해탈보다는 세계에 대한 봉사를 중시하였고, 철저한 명상을 강조하였으며, 가장 절망적인 것을 숭배해서 그것을 극복할 것을 권하기도 하였다.

비베카난다는 기독교 선교사의 영향으로 인해서 사회봉사를 승원僧院의 수행생활 일부로 도입한 것으로 보인다. 나아가 그는 가난한 사람에 대한 봉사는 가난한 사람으로 나타난 신神 나라야나(daridra-nārāyaṇa)에 대한 숭배라고 주장하였다. 이것은 승원과 신자의 사회적 관계를 바꾼 중요한 변혁이라고 할 수 있다. 이 단체는 교육·출판·자선사업·병원 등의 여러 사업에서 큰 업적을 남겼고, 전세계에 100개 이상의 센터가 있다고 한다.

4) 신지협회

신지협회(神智協會, Theosophical Society)는 1875년 독일계 러시아인 블라바츠키(H.P.Blavatsky) 부인과 미국인 올코트(Olcott) 대령에 의해 뉴욕에 설립되었지만, 1882년 그 본부가 마드라스로 옮겨왔다. 신지학神智學은 서양사람에 의해서 이루어진 것이지만, 그 세계관은 인도철학과 유사한 것이고, 윤회輪廻와 업業 등을 핵심 가르침으로 삼고 있다. 후에 베잔트(Annie Besant) 부인은 인도독립운동에도 기여하고 국민회의에도 참여하였다. 베잔트 부인은 외국인이면서도 인도 민족주의에 영향을 주었다.

5) 슈리 나라야나 법(dharma) 보급협회

1888년 남인도의 불가촉천민不可觸賤民 출신의 슈리 나라야나(Śri Nārāyana, 1854~1928) 구루Guru가 하층민의 종교적·사회적 구제에 앞장섰다. 이 종교·사회개혁운동을 추진하기 위해서 1903년 케라라주州 트리반드람 근처에 이 협회를 세웠다. 그는 샹카라의 불이일원론不二一元論의 철학에 근거해서 인류는 하나의 카스트이고, 하나의 종교이며, 하나의 신神이라고 주장하였다. 그는 하층민을 위해서 많은 사원을 만들었고, 여러 가지 개혁을 추진하였고, 음주를 금하였고, 낡은 관습을 폐지하고, 카스트제도를 비판하였다. 이 협회는 불가촉천민에서 발생한 최초의 강력한 개혁운동이라고 평가할 수 있다.

3. 힌두교의 현대적 전개

힌두교의 이념을 현대적 안목으로 바꾸어서 이해하고, 그것을 현실에 적용한 사람으로서 타골Tagore, 간디Gāndhī, 네루Nehru를 들 수 있다. 타골은 식민지 현실에 직접 대항하는 것을 삼가고 우회적인 길을 걸었고, 간디와 네루는 식민지 현실을 극복하려고 노력하였다. 그리고 간디가 이상주의적이라고 한다면, 네루는 현실주의자라고 평가할 수 있다.

한편, 힌두교의 사상을 현대철학으로 승화시킨 인물로 오로빈도 고슈Aurobindo Ghosh와 라다크리슈난Radhakrishnan을 들 수 있다. 오로빈도 고슈는 샹카라의 불이론적不二論的 베단타철학을 버리고 브라흐만 전변설轉變說의 입장을 취했으며, 라다크리슈난은 샹카라의 불이론적 베단타철학을 현대적 안목으로 해석하였다는 평가를 받고 있다. 이 두 사람을 통해서 전통사상이 어떻게 현대철학으로 탈바꿈하는지 음미해 볼 수 있다. 특히 한국에서는 전통사상을 현대철학으로 탈바꿈하려는 시도가 거의 없기 때문에 더욱 유의해서 볼 필요가 있다.

덧붙여서, 라마나 마하르쉬(Ramaṇa Maharṣi, 1879~1950)도 기억해 둘 만한 인물이다. 그는 특별한 철학을 전개하지는 않았지만, 샹카라의 불이론적 베단타철학을 온전히 계승해서, 그 경지를 체험한 사람으로 평가되고 있다. 이를 통해서 많은 사람에게 감화를 주었다.

1) 타골

타골(Rabīndranāth Tagore, 1861~1941)은 간디와 함께 현대인도의 가장 위대한 인물로 간주되고 있다. 그는 베단타철학의 일원론적 사상을 이어받고 있지만, 세계를 단지 환술(幻術, māyā)로 보지 않는다. 신은 세계 속에서 자신을 나타내고, 자연의 신비와 아름다움을 통해서 신의 힘을 인식할 수 있다고 그는 주장한다. 그래서 현상세계의 모순·혼돈 뒤에는 신의 창조가 있고, 거기에는 미와 조화가 깃들어 있다고 본다.

그러므로 힌두교·기독교·불교·이슬람교 등의 모든 종교가 통일되고, 영원한 하나의 생명관 속에서 조화된다. 그리고 절대자 브라흐만은 본질적으로는 비인격적인 것이지만, 최고의 인격으로 파악해야 한다. 그래서 브라흐만은 '너'라고 하는 2인칭으로 불려지는 것이고, 살아서 대면하고 있는 인격신이다.

1912년에 출판된 시집 『기탄잘리Gītāñjali』가 그에게 노벨 문학상의 영예를 주었고, 그것을 통해서 현대인도를 대표하는 지성인으로 국제적인 명성을 휘날렸다. 그는 세계의 여러 나라를 순방하면서 근세 민족주의의 잘못된 점과 물질주의의 병폐를 강조하였고, 인류의 정신적 유산을 일깨웠다. 특히 인도와 아시아인이 자신과 세계를 위해서 영적靈的 사명을 가질 것을 강조하였고, 서구 민족주의의 잘못된 길을 밟지 말도록 경고하였다.

이 점에서 인도의 독립을 원하면서도 정치일변도의 투쟁방식을 반대하였고, 인도의 민족주의를 타골은 비판하였다. 그래서 간디를 깊이 존경하면서도 간디의 구체적인 자치운동들을 좁은 민족주의적 정신에 입각한 것으로 비판하였다.

2) 간디

간디(Mohandas K. Gāndhī, 1869~1948)는 영국 교육을 받은 변호사 출신으로, 인도의 민족주의자이면서 정치가였다. 그는 사상적 기반을 예수의 산상수훈, 톨스토이의 평화주의, 힌두교의 전통에서 찾으려고 노력하였다. 이러한 점에서 간디의 사상이 인도 대중에게 막대한 영향력과 호소력을 갖게 되었을 것이라고 추정할 수 있다. 그래서 그는 마하트마Mahātmā, 곧 '위대한 영혼'이라는 칭호를 얻었고, 이는 그가 성자聖者 대열에 섰다는 것을 보여주는 예이다.

간디는 『바가바드기타』에서 말하는 카르마 요가(karma-yoga)를 생활 속에서 실현하고자 하였다. 카르마 요가를 정신적 자기수련의 지침으로 삼아서 개인의 정신적 자기수련·완성을 도모하고, 더 나아가서 정치적으로 인도인에게 자치(自治, swarāj)라는 이상理想을 제시하고자 하였다. 특히 인도의 자치를 얻기 위해서, 간디는 진리의 파지(把持, satyāgraha)를 주장하고 비폭력(ahiṃsā)을 실천한 것이 세계적인 공감을 불러일으켰다.

'진리의 파지'는 '진리의 힘' 또는 '영靈의 힘'을 의미하는 것이다. 이는 진리가 아닌 것에서는 나올 수 없는 힘이고, 우주에 평화를 가져올 수 있는 유일한 무기라고 그는 보았다. 이러한 진리의 파지는 곧 비폭력

(아힘사)을 실천하는 것으로 이어진다. 비폭력(아힘사)이 진리의 실현 방법이다. 이처럼 간디에게 비폭력(아힘사)은 수단이고 진리가 목적이었다.

한편, 간디는 해탈은 실현 불가능한 것으로 보고, 대신 인류에 대한 봉사를 강조하였다. 봉사가 간디에게는 바로 해탈과 같은 의미를 가진다.

간디는 타골이 제기한 비판에 대해서 자신이 전개한 외국상품 거부운동 등의 자치운동은 수백만 명의 굶주린 민중이 인간다운 삶을 위한 투쟁이라고 옹호하였다. 그러면서 경제와 윤리, 정치와 종교의 연결성을 주장하였다. 이는 아무리 중립을 지킨다고 본인이 주장해도, 어쩔 수 없이 어느 한 편에 들 수밖에 없는 것이 현실이라는 주장이다.

또한 간디는 인도의 민족주의는 배타적이고 침략적인 것이 아니고, 인도주의적이라고 역설하였다. 그래서 인도 사람은 세계를 위해서 죽기 전에 먼저 인도 사람 자신이 사는 법을 알아야 한다고 말하였다.

3) 네루

인도의 독립과 근대국가 형성에 가장 공적이 있는 지도자는 네루(Jawaharlal Nehru, 1889~1964)이다. 부유한 변호사의 아들로 태어나 영국에서 교육받았지만, 간디의 감화를 받아서 독립운동에 온몸을 던졌다. 네루는 인도가 영국에 독립할 때부터 그가 죽을 때까지 수상의 자리에 있었는데, 인도의 전통적인 관용과 인내에 기초를 두어 정치에 임했으며, 사회주의 정책을 실시하였다. 네루는 세속에서 벌어지는 건설적 활동을 중시하였고, 특정한 종교를 표방하지 않았다. 그리고 국제적으로는 세계평화의 이상을 높게 내걸고, 비동맹 중립의 입장을 지켜서 중국과 인도의 분쟁이 일어나기 전까지는 세계지도자로 존중받았다.

네루의 이런 활동에 기반이 된 것은 세계적 관점으로 사상을 관찰하고 이해하려는 입장이었다. 『자서전(Autobiography)』(1936년), 『인도의 발견(The Discovery of India)』(1945년), 『세계사론(Glimpses of World History)』 등 다수의 저서를 남겼다.

4) 오로빈도 고슈

오로빈도 고슈(Aurobindo Ghosh, 1872~1950)는 영국에서 교육을 받은 뒤, 귀국하여 인도의 독립운동을 위해서 힘썼는데, 이때에는 『바가바드 기타』의 카르마 요가에 심취하였고, 정치활동에서 물러난 후에는 요가의 수행자와 철학자로서 일생을 마쳤다. 그의 대표 저서로는 『신적 생활(The Life Divine)』이 있다.

그의 철학은 베단타철학의 전통을 이어받으면서도 현대 유럽의 진화론적 사상에 영향을 받아 샹카라의 브라흐만 가현설(假現說, Brahma-vivartavāda)을 버리고, 브라흐만 전변설(轉變說, Brahma-pariṇāmavāda)의 입장에 서서 세계와 인간에 대해서 적극적으로 영적靈的인 해석을 시도한 것이었다. 오로빈도 고슈의 철학의 핵심은 슈퍼 마인드에 있고, 이것을 회복해서 세상에 내려와서 다른 사람을 널리 가르친다고 한다.

(1) 슈퍼 마인드

오로빈도는 브라흐만이 자기 자신을 제한하여 다양한 현상세계로 나타나는 힘을 '슈퍼 마인드Super Mind'라고 부른다. 이 슈퍼 마인드는 브라흐만과 다양한 현상세계를 매개해주는 역할을 하는 것이고, 동시에 브라흐만의 자기 의식에서 생겨난 힘이기도 하다.

브라흐만이 '슈퍼 마인드'를 통해서 자기 자신을 현상세계에 나타내는 과정을 하강(下降: 또는 退轉, Involution)이라고 부르는데, 이때 세계는 브라흐만을 은폐하는 베일의 기능을 하고 있다. 그렇지만, 동시에 이 세계 안에 브라흐만이 내재하여 있으므로, 이는 세계가 끊임없이 영적인 진화를 모색하는 계기도 될 수 있다. 이 진화의 과정을 오로빈도는 상승(上昇, Ascent)이라고 부른다.

(2) 슈퍼 마인드의 상승과 하강

슈퍼 마인드가 상승하는 진화의 과정을 살펴보면, 물질(matter)은 생명(life)으로 진화하고, 생명은 정신(mind)으로 진화한다. 이런 진화의 과정에서 인간은 결정적인 위치에 있는 존재이다. 그 이유는 인간은 물질·생명·정신의 위치에 있을 수 있고, 나아가 인간은 신적인 영혼(자아, self)이기 때문이다. 그래서 인간은 앞에서 말한 진화의 과정 속에서 무지를 제거하여 자신에 대한 영적인 자각을 하고, 이 깨달음을 통해서 물질·생명·정신으로 나타나는 좁은 자아를 초월해서 슈퍼 마인드의 무한한 힘과 지식에 도달할 수 있다.

이렇게 '슈퍼 마인드'에 도달하면, 우주 안에 잠재되어 있던 존재(sat)·식(cit)·희열(ānanda)은 완전히 실현되는 것이다. 이것이 바로 인간의 자기실현이고, 온 우주의 진화적 자기실현이기도 한 것이다. 인간과 우주가 영적靈的으로 실현된 상태를 '신적神的인 삶(Divine Life)'이라고 오로빈도는 부르고 있고, 이렇게 변화된 사람을 '영지적靈知的 존재(Gnostic Being)' 또는 '초인(超人, Superman)'이라고 그는 이름하고 있다. 이러한 사람이 되기 위해서, 자신의 모든 힘을 동원하는 통일적 요가(Integral Yoga)를 수행방법으로 제시하고 있다. 오로빈도가 말하는 '초인'은 다시 내려와서(下降) 수퍼 마인드의 빛과 힘을 이 세계에 퍼지게 하고, 모든 존재가 세상을 초월하여 성인이 되도록 돕는다.

5) 라다크리슈난

라다크리슈난(Sarvepalli Radhakrishnan, 1888~1975)은 현대 인도 지성을 대표하는 인물 중의 하나이다. 그는 불이론적不二論的 베단타철학을 현대적으로 계승하였다. 불이론不二論에서 말하는 마야māyā를 환영幻影으로 볼 것이 아니라, 세계가 합리적으로 설명되지 않는다는 것을 의미한다는 것이다. 그리고 절대자 브라흐만은 주관과 객관을 초월한 완전직관(完全直觀, integral intuition)을 통해서 알려진다고 한다. 여기에서는 라다크리슈난의 철학 중에서 종교에 관한 부분을 4단락으로 나누어서 접근한다.

(1) 모든 종교는 하나이다

라다크리슈난은 종교적 독단주의와 세속적 물질주의를 비판하고, 온 인류의 영적 생활의 공통성과 통일성을 주장하였다. 모든 종교는 하나라고 그는 외친다. 교리·신학神學·제도·의식儀式 등 외적 표현은 다양하고 서로 차이가 많은 듯이 보이지만, 내적 종교체험에서 보자면, 모든 종교는 근본적으로 일치한다고 한다. 체험(experience)은 종교의 영혼이고, 표현(expression)은 종교의 육체라고 비유할 수도 있다. 이와 같이 종교의 핵심은 영적 체험에 있고, 외적인 표현인 교리·신학 등에 있는 것이 아니므로, 모든 종교는 같다고 하는 것이다.

(2) 종교체험

여기서 말하는 종교체험은 인간의 모든 가치와 경험을 통일시켜주는 것이고, 영원하고 절대적인 실재(實在, the Real)에 대해서 인간이 전인적全人的으로 추구함을 의미하는 것이다. 라다크리슈난은 종교체험의 특성으로 4가지를 제시한다.

첫째, 주관과 객관의 분리를 넘어선 통일적 의식이다. 통일적 의식 상태에서는 아는 자와 알려진 것, 의식과 존재, 사유와 실재의 대립이 사라지고, 여러 가지 관념과 감정의 구분도 없어진다. 다른 각도에서 바라보면, 좁은 개인적 자아의 울타리가 무너지고, 보편적 자아가 새롭게 등장한다고도 할 수 있다.

둘째, 종교체험은 그 자체만 가지고도 이미 충족적이고 완전한 것이어서, 다른 어떤 외부적인 보충이 필요하지 않은 것이다. 다시 말해서 종교체험은 자명성自明性과 확실성確實性을 가지고 있다고 하는 것이다.

셋째, 종교체험은 일상생활의 긴장이 사라지고, 내적인 평화와 기쁨이 지배하는 상태이다.

넷째, 종교체험은 모든 언어적 표현과 논리를 초월하는 것이다.

여기서는 단지 '상징적 표현'과 '암시'만이 허용될 수 있을 뿐이다.

(3) 종교체험 표현의 한계성

종교체험에 대한 표현도 역사적・문화적 특수성에 제약을 받을 수밖에 없기 때문에 종교체험의 표현을 문자 그대로 이해해서는 안 된다. 순수한 종교적 체험은 있을 수 없고, 어떤 특수한 종교적 전통 아래에서 생겨나고, 그것을 해석하고 있는 것이 현실이다. 그렇지만 종교체험의 대상은 모든 해석을 넘어서는 지극히 높은 존재이다. 추상적이고 비인격적으로 접근할 때에는 '절대자'라고 부르고, 의식・희열의 존재로 바라볼 때는 '신'이라고 말하는 것이다. 그러므로 실재는 인격적 접근과 비인격적 해석 등을 넘어선 것이라고 라다크리슈난은 주장한다.

(4) 구원의 길

앞에서 설명한 것 같이, 실재가 초월적인 것이지만, 인간이 그것을 어느 정도 느끼고 접촉할 수 있는 이유는 인간의 자아가 이 실재에 참여하고 있기 때문이다. 그러므로 실재를 발견하기 위해서는 인간의 진정한 자아를 발견하고 실현하려고 힘써야 한다. 그 방법으로는 지성・감성・의지를 조절해서 자아에 붙어 있는 이질적異質的 요소를 제거해야 한다. 특히 명상은 자아를 발견할 수 있는 훌륭한 길잡이이다. 종교의 목표는 수행을 통해서 자아를 변화시키고, 온 인류의 삶을 성스럽게 만드는 것에 있다. 이것이 바로 '구원'이다.

4. 이슬람교·불교의 현대적 전개

앞에서 힌두교의 현대적 전개에 대해서 살펴보았다. 여기서는 이슬람교와 불교를 현대화하려는 움직임에 대해서 알아보고자 한다.

1) 이크발

1857년 세포이 반란으로 인해서 인도에서 이슬람교도의 지배가 무너지자, 이슬람교도들은 영국을 증오하게 되었고, 영국도 힌두교도보다 이슬람교도를 강하게 탄압하였다. 그래서 힌두교도가 영국의 지배 아래 새롭게 적응하였던 것에 비해서, 이슬람교도는 보수성을 유지하고, 서구의 교육 특히 영어교육을 싫어하였다. 이로 인해서 이슬람교도는 힌두교도에 비해서 사회적 지위가 현저하게 뒤떨어지게 되었다.

이러한 위기 상황에서 서구교육을 보급하고, 이슬람교도의 공동체를 발전시키기 위해서 노력한 사람이 사이이드 아흐마드 한(Sayyid Aḥmad Khān, 1817~1898)이다. 그는 알리가르Aligarh에 학교를 열어서 많은 인재를 배출하였는데, 이곳은 '알리가르 운동'이라고 불리는 계몽운동의 거점이 되기도 하였다. 하지만 이러한 개혁운동에 대해서 이슬람교의 정통파에서는 엄격한 복고주의를 주장하였기 때문에 이슬람교 공동체는 사상적 혼란에 빠져들게 되었다.

이 시기에 이슬람교의 지식인들에게 행동 지침을 부여한 인물이 바로 무하마드 이크발(Muḥammad Iqbāl, 1873~1938)이다. 이크발은 판자브주 샤르코트의 이슬람교 가정에서 태어났다. 그는 케임브리지대학과 뮌헨대학에서 철학을 공부하였는데, 특히 니체와 베르그송의 영향을 받았고, 이슬람교의 신비주의를 연구하였다.

이크발은 행동이 삶이고, 아무 것도 하지 않는 것은 죽음이라고 하면서 '행동주의'를 강조하였다. 그에 따르면, 이슬람교 자체가 세계의 모든 병을 아물게 하는 치료법인데, 참된 치료법은 자아의 내적 위대성을 개발하고, 자아의 참된 모습을 알게 하는 데 있다고 한다. 그리고 자아의 개발은 신과 인간의 관계를 진정으로 이해하는 것에 의해서 이루어진다고 한다.

이크발은 이러한 사상을 페르시아어와 우루두어의 시詩로 전달하였고, 그로 인해 1920년대 인도 이슬람교도 지식인에게 자신과 용기를 주었으며, 나아가 모든 이슬람공동체를 규합하는 데 성공하였다. 이것이 파키스탄의 건국으로 이어졌다. 진나Jinnāh가 파키스탄 건국의 아버지라고 한다면, 이크발은 파키스탄 건국의 정신적 아버지로 간주된다.

2) 암베드카르의 신불교운동

빔라오 람지 암베드카르(Vimrao Ramji Ambedkar, 1891~1956)는 불가촉천민不可觸賤民 출신이지만 서구에 유학을 가서 법률과 경제를 공부하였으며, 귀국해서 주州정부의 요직에 있다가 후에 중앙정부의 법무장관이 되었다. 암베드카르는 1955년에 '인도불교협회(Bharatīya Buddhā Mahāsabhā)'를 창설하여 새로운 불교운동을 일으켰다. 그는 계급을 차별하는 나쁜 관습은 불타의 정신을 체득하고 불교의 사회적 실천에 근거할 때 제거할 수 있다고 믿었다. 그리하여 주로 하층의 피압박계급에 속한 대중에게 불교를 전하여서 그들을 집단적으로 불교로 개종하게 하였다. 암베드카르의 '인도불교협회'는 상좌부 계통의 불교에 기초를 두면서도 주로 재가거사在家居士를 중심으로 한 대승大乘불교의 운동이라고 평가할 수 있다.

암베드카르의 저서 『불타와 그의 다르마』에서는 다음의 4가지 특징이 엿보인다. 우선, 불타가 노인·병자·죽은 사람·수행자를 보고서 출가하였다는 '사문출유四門出遊'의 전설은 믿기 어려운 것이라고 비판하였다. 이러한 전승을 비판하고, 석가모니 불타가 출가한 이유를 사회적·정치적 원인에서 구하고자 하였다. 당시에 석가모니 불타가 속한 샤키야족은 코리야족과 로니히강의 물을 놓고 분쟁을 벌였는데, 이 문제에서 전쟁을 반대한 석가모니 불타는 전쟁에 패배해서 출가할 수밖에 없었다는 것이다.

둘째, 불교에는 비관주의 색채가 있고, 이는 불교의 매력을 떨어뜨리는 요소이지만, 불교의 진정한 모습은 사성제四聖諦의 가르침에서 알 수 있듯이 고통을 제거하는 데 있다고 한다. 나아가 열반도 생생한 삶 가운데 있다고 하면서, 암베드카르는 자신의 입장에서 불교의 가르침을 수정해서 해석하고 있다.

셋째, 영혼이 전생의 업을 짊어지고 윤회한다는 것은 힌두교의 교리가 들어온 것이라고 비판하였다. 암베드카르는 이 주장이 합리적이지 않다고 반대하면서, 대신 다음과 같은 합리적 해석을 시도하고 있다. 사람의 육체를 이루는 지地·수水·화火·풍風과 에너지는 각각의 4원소와 우주의 에너지로 돌아가고, 이것이 다시 새로운 4원소로 결합하여 새로운 에너지가 생겨서 윤회가 성립한다는 것이다. 그리고 업業의 결과는 현세에만 한정해야 한다고 한다.

넷째, 출가한 승려가 자신의 이상만을 추구하는 것은 이기주의이고, 불교를 선포하는 길이 아니라고 비판한다. 승려는 인간에 봉사하고, 사회 안에서 활동해야 한다고 주장한다.

이처럼 암베드카르는 현대의 이성에 합치하지 않는 불교의 가르침을 고쳐서 해석하고자 하였다. 그리고 불가촉천민의 사회적 지위를 개선하는 데 도움이 되지 않는 부분은 어느 정도 수정하였다. 이 속에서 암베드카르의 불교사상이 불가촉천민을 불교로 개종하는 데 큰 역할을 한 것은 틀림없는 사실이라고 하겠다.

후기

한국에서 최초로 저술된 인도철학사는 1977년에 나온 원의범 『인도철학사상』(집문당)과 정병조 『인도철학사상사』(경서원)이다. 그 이전에 프린트물로 '인도철학사'가 강의교재로 사용된 적은 있었다고 하는데, 정식으로 활자화한 것은 위의 두 책이다. 물론 이 둘 중에서 먼저 나온 책은 원의범 『인도철학사상』이지만, 이 책은 '인도철학사'에 대한 전체적 개관이 약하기 때문에, 한국 최초의 '인도철학사'로서 이 두 책을 함께 드는 것이 온당한 평가라고 생각한다.

정병조 『인도철학사상사』는 인도철학에 대한 전체적 개관을 하기에 알맞은 저술이다. 경우에 따라서는 개개의 내용에 대한 설명이 지나치게 간단하다고 불평을 할 수도 있겠지만, 한국 최초의 인도철학사라고 이해한다면 이 정도의 불편함은 감수할 수 있나.

원의범 『인도철학사상』은 인도철학사로서 전체적인 내용을 담고 있다고 평가하기에는 주저되는 감이 있지만, 이 책에 실려 있는 내용은 인도철학에 대한 중요한 통찰을 제공해 준다. 특히 부록에 실려 있는 불교와 불교논리학에 대한 설명은 쉬우면서도 내용이 깊다고 평가할 수 있다. 이 책은 지금까지도 독자들에게 꾸준히 읽히고 있다. 필자는 현대 한국에서 이루어진 인도철학과 불교철학의 저술 가운데 외국에 소개할 수 있는 몇 권 안 되는 연구성과의 하나로 이 책을 꼽고 있다.

그 뒤를 이어서 길희성 『인도철학사』(민음사, 1984년)와 정태혁 『인도철학』(학연사, 1984년)과 『인도종교철학사』(김영사, 1985년)가 나왔다. 길희성 『인도철학사』는 한국의 인도철학 수준을 한 차원 올린 저술로 필자는 평가한다. 불교철학에 대한 탄탄한 내용과 6파철학・현대인도철학에 대한 요령 있는 서술은 인도철학에 목말라하고 있는 수많은 독자에게 가뭄에 내리는 단비의 역할을 톡톡히 해 내었다고 본다. 여기 저기 갈라져 있는 인도철학의 논밭에서 길희성의 『인도철학사』라는 단비가 내렸다. 그래도 불교철학에 대한 서술은 여기저기서 귀동냥이라도 할 수 있었지만, 6파철학에 대한 이해는 영어권 인도철학사가 번역되기까지는 이 책에 의존해야 했다. 필자의 인도철학사 이해도 길희성 『인도철학사』를 반복해서 읽은 힘에서 나왔다. 이 자리를 빌려 길희성 선생님께 감사의 인사를 드린다.

정태혁 『인도철학』과 『인도철학사』에서 현재까지도 주목을 받고 있는 것은 『인도철학』이다. 이 책은 580페이지에 이르는 많은 분량으로 이루어졌는데, 그 분량에 걸맞게 인도철학 전반에 대해 자세한 설명을 하고 있다.

그 뒤를 이어서 조수동 『인도철학사』(이문출판사, 1995년)가 나왔다. 이 책은 인도철학에 대해 부담 없이 읽을 수 있도록 서술되어 있다. 그 이전의 인도철학사에 비해 독자가 비교적 친근하게 다가갈 수 있는 저술이다. 문을식 『인도의 사상과 문화』(여래, 2001년)도 인도의 역사, 인도철학, 힌두교에 대해서 독자가 쉽게 접근할 수 있도록 서술되었다.

이지수 『인도에 대하여』(통나무, 2002년)는 인도철학뿐만 아니라 예술, 문학 등에 대해 포괄적으로 서술되었다.

한편, 외국학계의 연구성과도 한국에 소개되었다. 中村元『인도사상사』는 2종류가 번역되었다. 하나는 김용식과 박재권이 공역한 것(서광사, 1983년)이고, 다른 하나는 이기영 교수가 번역한『인도사상사(상·하)』(현대불교신서 49권·50권, 1984년)이다. 中村元은 인도철학의 세계적 석학으로 이름이 나 있는 사람이고, 따라서 이 책도 그 명성에 걸맞게 시기구분도 자세하고 역사적 배경도 요령 있게 서술되었다. 中村元의『인도사상사』가 시기구분이 세밀하다고 한다면, 그것을 고대·중세·근현대로 크게 구분한 책이 早島鏡正·高崎直道 外『인도사상의 역사』(정호영 역, 민족사, 1988년)이다. 동경대학출판부에서 나온 이 책과 앞의 中村元『인도사상사』를 맞추어서 읽는다면 인도사상의 시기구분에 대해 많은 시사점을 얻을 수 있을 것이다. 그리고 인도철학사 전체를 다룬 것은 아니지만 스가누마 아키라『힌두교입문』(문을식 역, 여래, 1993년)도 힌두교를 이해하는 데 매우 도움이 되는 저술이다.

또한 영어권의 연구성과도 번역되었다. R. 뿔리간들라『인도철학』(이지수 옮김, 민족사, 1991년), 마이소르 히리야나『강좌 인도철학』(김형준 옮김, 예문서원, 1993년), S.C. Chatterjee·D.M.Datta『학파로 보는 인도사상』(김형준 옮김, 예문서원, 1999년), 라다크리슈난『인도철학사(Ⅰ~Ⅳ)』(이거룡 옮김, 한길사, 1996년·1999년)가 출판되었다. 앞에 소개한 3권의 책은 인도철학을 9개학파로 정리하고 있다. 유물론, 자이나교, 불교, 6파철학이다. 따라서 6파철학의 비중이 높고, 그리고 이것이 인도에서 바라보는 인도철학사의 관점이라고 할 수 있다. 이 3권의 책을 통해서 인도의 유물론·자이나교·불교철학에 대한 간단한 통찰과 6파철학에 대한 체계적 이해를 얻을 수 있다.

라다크리슈난 『인도철학사』는 4권으로 이루어졌고, 4권을 모두 합치면 2,200페이지에 이른다. 엄청난 대작이고, 이렇게 많은 내용을 한꺼번에 번역한 이거룡 선생님의 학문적 정열에 감탄하지 않을 수 없다. 사실 어떤 의미에서 보자면 앞에 소개한 3권의 책은 라다크리슈난의 『인도철학사』를 줄여서 거기에 자기 나름대로 색깔을 보탠 것이라고 보아도 크게 틀리지 않는다. 이 책의 번역으로 인해서 인도철학사 연구에 커다란 의지처가 생겼다고 할 수 있을 것이다. 또한 라다크리슈난의 『인도철학사』는 단순히 철학사의 서술이 아니라 그 속에 자신의 철학이 들어 있다. 그래서 이 책을 통해서 라다크리슈난의 현대인도철학에도 접할 수 있다.

덧붙여 존·M·콜러 『인도인의 길』(허우성 옮김, 세계사, 1995년)도 개성 있는 인도철학사라고 할 수 있다. 600페이지에 이르는 많은 분량이면서도, 6파철학에 대한 설명은 소략하고 나머지 학파에 대한 설명은 간단하면서도 개성이 있다. 이 책을 통해서 인도철학에 대한 색다른 통찰을 얻을 수 있을 것이라고 생각한다. 그리고 장 피요자 『인도철학』(정광흠 옮김, 한길사, 2000년)은 프랑스에서 저술된 인도철학의 간단한 소개서이다.

필자가 인도철학사를 공부하면서 느낀 점은 '철학사'에는 각 나라의 관점이 들어 있어야 한다는 것이다. 인도철학사를 인도 사람이 보는 것과 일본 사람, 한국 사람이 보는 것이 같을 수는 없다. 몇 년 전에 중국의 『주역』 대가라는 사람이 강연하는 것을 들은 적이 있었는데, 강연내용은 『주역』이 유가인가 도가인가에 대한 것이었다. 그분은 상당한 열의를 가지고 아주 중요한 문제라고 말씀을 했지만, 그 강연을

들은 필자와 몇몇 사람의 반응은 그게 왜 중요한지 모르겠다는 것이었다. 중국 사람에게는 『주역』이 유가인가 도가인가가 큰 문제일지 몰라도, 한국 사람에게는 큰 관심거리가 되지 못한다. 유가라도 좋고 도가라도 그만이다. 그처럼 인도 사람에게는 큰 문제가 되는 인도철학의 관심사도 한국 사람에게는 크게 부각되지 않을 수도 있다. 인도 사람이라고 해서 인도철학에 대한 관점이 더 뛰어나다고 보는 것은 온당한 일이 아니라고 생각한다.

몇 년 전 어느 출판기념회 때 인도 유학을 갔다온 분들과 인도 4성계급에 대해 논쟁을 한 적이 있다. 인도에 유학 갔다온 사람의 주장은 4성계급에 대해 부정적 평가를 하는 것은 단견이고, 이 방면에 대해서 인도철학의 연구가 얼마나 많은 줄 아느냐면서 4성계급에 대해 긍정적 의미를 부여하고자 하였다. 그에 대해 인도에서 무엇이라고 4성계급을 옹호하고 미화하더라도 그것은 잘못된 것이라는 게 필자를 포함한 국내파의 주장이었다. 이 논쟁을 하고서 분명히 배운 것이 있었는데, 그것은 외국문화에 대한 객관적 인식이 중요하다는 것이었다. 나아가 한국에서 인도철학의 의미가 무엇인지 물으려는 자세로 인도철학사를 연구할 필요가 있다는 점이다. 한국적 현실 속에서 인도철학의 의미를 물으려는 자세가 우리 학계에 기여하는 길이라고 생각한다. 필자의 인도철학사도 이런 문제의식의 연장선 속에서 구상된 것이라고 말할 수 있다.

찾아보기

【ㄱ】

가설적假說的 논파論破 191

『가송(歌頌, Gāna-kārikā)』 291

가우다파다Gauḍapāda 238

가우타마Gautama 199

『가정경(家庭經, Gṛhya Sūtra)』 111

가축(家畜, paśu) 284

가타Gāthā 312

가탁(假託, adhyāsa) 241

가현설(假現說, vivartavāda) 48

간다라Gandhāra 95, 115

강게샤Gaṅgeśa 201

개념론 181

결과적 추리 193

경량부 중관파 146

고빈드 싱그Govind Siṅgh 308

공(空, śūnya) 118, 142

공의파(空衣派, Digambara) 63, 69

공장적工匠的 창조설 26

『관무량수경觀無量壽經』 122

관세음(觀世音, Avalokiteśvara) 114

관정灌頂 231

교체신교(Kathenotheism) 25

구루파 211

국제종교회의(Parliament of Religions) 324

권제(權制, niyama) 170

『그란트 사히브Granth Sāhib』 298, 301

근본온根本蘊 104

금제(禁制, yama) 169

기대성期待性 195

기도주신(Brahmaṇaspati) 26

기체(基體, āśraya) 104

『기탄잘리Gītāñjali』 327

【ㄴ】

난행도難行道 112

남데브Namdev 302

내재(samavāya) 178

노력하는 사람(沙門, śramaṇa, samaṇa) 35

녹야원鹿野園 71

니간타 나타푸타Nigaṇṭha Nātaputta 59

【ㄷ】

다신교 23

대비로자나불大毘盧遮那佛 230

『대비바사론(大毘婆沙論, Mahāvibhāṣa-śāstra)』 101

대비태장생(大悲胎藏生)만다라 231

『대승보요의론(大乘寶要義論, Sūtrasamuccaya)』 145

『대승성업론大乘成業論』 150
『대승장엄경론(大乘莊嚴經論, Mahāyā-nasūtrālaṃkāra)』 149
『대승집보살학론(大乘集菩薩學論, Śikṣāsamuccaya)』 145
『대품반야경』 118
독단주의(ekāntavāda) 68
독존(獨存, kaivalya) 164, 171
동품정유성同品定有性 222
『두 바다의 합류合流』 309
두르가Durgā 281, 293
『디파밤사(Dīpavaṃsa, 島史)』 100

【ㄹ】
라마나마하르쉬Ramaṇa Maharṣi 326
『라마야나Rāmāyaṇa』 107
라지푸트Rajiputs족 218
람다스Rāmdās 303
루드라Rudra 47, 279
리타Ṛta 25

【ㅁ】
마가다Magadha 35, 91
마나식 151
『마누법전(Mānava-dharma-śastra)』 111
마루트Maruts 24, 279
『마이트리Maitri 우파니샤드』 49
마투라Mathurā시 115
마하데바(Mahādeva, 大天) 98, 100
『마하바라타Mahābhārata』 107, 109, 252
마하비라Mahāvīra 59
마하트마파 323
『만두키야 카리카Māṇḍūkya-kārikā』 238
『만두키야 우파니샤드Māṇḍūkya Upaniṣad』 45, 49
만유萬有를 만드는 자(Viśvakarman) 26
메난드로스Menandros 93
메이칸다데바Meykaṇḍadeva 284
모헨조다로Mohenjo-dāro 21
무굴(Mughal, 蒙古)제국 219
무상無常 75
무상삼매(無想三昧, nirvitarka samādhi) 171
무상유가(無上瑜伽, anuttarayoga) 229
무상유식無相唯識 148
무인무연無因無緣 56
무종자(無種子, nirbīja)삼매 171
무주상보시無住相布施 121
무착(無著, Asaṅga) 148
무표색(無表色, avijñaptirūpa) 102
『문다카 우파니샤드Muṇḍaka Upaniṣad』 47
문수(文殊, Mañjuśrī) 114
미륵(彌勒, Maitreya) 114
『미린다팡하(Milindapañha, 那先比丘經)』 93
『미맘사 수트라(Mīmāṃsā-sūtra)』 210
미트라(Mitra) 24

【ㅂ】
『바가바타푸라나Bhāgavata-purāṇa』 256, 276

바다갈라이파(Vaḍagalai派) 262
바루나Varuṇa 24
바르다마나Vardhamāna 59
바마티Bhāmatī학파 245
바사르바즈냐Bhāsarvajña 291
바수굽타Vasugupta 288
바유Vāyu 24
『바이셰쉬카 수트라(Vaiśeṣika-sūtra, 勝論經)』 183
바차스파티미슈라Vācaspatimiśra 172, 173
바타파 206, 211
『반야등론(般若燈論, Prajñāpradīpa)』 146
『반야심경』 118
『발지론(發智論, Jñānaprasthāna-śāstra)』 101
밤사Vaṃsa 35
『백론百論』 139
백의파(白衣派, Śvetāmbara) 63
뱌사Vyāsa 172, 173
번뇌(煩惱, kleśa) 168
『법법성분별론(法法性分別論, Dharma-dharmatāvibhāga)』 149
법왕(Gosvāmin) 273
법운지法雲地 130
법칭(法稱, Dharmakīrti) 220
변시종법성遍是宗法性 222
『보리행론(菩提行論, Bodhicaryāvatāra)』 145
『보성론(寶性論, Ratnagotravibhāga)』 149
보통지각(laukika-pratyakṣa) 186
보편(sāmānya) 177
보편상(普遍相, sāmānya-lakṣaṇa)의 지각 187
보현(普賢, Samantabhadra) 114
부존(abhāva) 179
부존량(不存量, anupalabdhi) 206
부톤Bu-ston 229
분별지(分別智, viveka-jñāna) 163
불가촉천민不可觸賤民 299, 302, 325, 336, 338
불변전변(不變轉變, avikṛta-pariṇāma) 271
불생不生 140
『불성론佛性論』 150
불이不二의 가르침 125
불호(佛護, Buddhapālita) 144
붓디buddhi 159, 161
『브라흐마 수트라Brahma-sūtra』 212, 239, 243, 267, 270, 274
브리하드아라냐카 우파니샤드Bṛhadāraṇyaka Upaniṣad 40
브린다바나Vṛndāvana 272
비구(比丘, bhikkhu) 85
비구니(比丘尼, bhikkhunī) 85
비라샤이바Vīra-Śaiva파 303
비바라나Vivaraṇa학파 245
『비슈누푸라나Viṣṇu-purāṇa』 254, 256
비폭력(ahiṃsā) 328

【ㅅ】
사가라 용왕 127
사다나sādhanā 296
사다카sādhaka 296
사도使徒 299, 300
『사마베다Sāma-Veda』 29
사명외도邪命外道 55
사문沙門 71
『사문과경(沙門果經, Sāmaññaphalasut-tanta)』 51
4분설四分說 153
사이이드 아흐마드 한(Sayyid Aḥmad Khān) 335
4탁四濁 62
사트(sat, 有) 42
사티satī 321
삭승(索繩, pāśa) 284
3고三苦 76
삼매(三昧, samādhi) 170
삼성삼무성三性三無性 136
삼세실유三世實有 법체항유法體恒有 101
3시교三時教 135
3신설(三身說, trikāya) 115
3원소 43, 44
삼히타(Saṃhita, 本集) 30, 256, 283
상불경보살常不輕菩薩 129
상속전변(相續轉變, saṃtati-pariṇāma) 104
상승上昇 331
상응부(相應部, Saṃyutta-nikāya) 87
상호부존(相好不存, anyonyābhāva) 179
상호의존성 80
생生의 4주기설 111
생기차제(生起次第, utpattikrama) 235
생식적生殖的 창조설 26
석가모니(釋迦牟尼, Śākya-muni) 71
선무외善無畏 230
성력한정불이설(性力限定不二說, śakti-viśiṣṭa-advaita) 305
『성유식론成唯識論』 150
성자부자류聖者父子流 235
세친(世親, Vasubandhu) 148
세포이 반란 317, 335
소마Soma 24
소마난다Somānanda 288
소부(小部, Khuddaka-nikāya) 87
소작(所作, kriyā)탄트라 229
『소품반야경』 118
수론數論 157
『수습차제론(修習次第論, Bhāvanākrama)』 148
순세파(順世派, Lokāyata) 54
슈리바이쉬나바파 257, 298
슈리칸타Śrikaṇṭha 284
슈리파티Śrīpati 304
『슈베타슈바타라 우파니샤드Śvetāśvatara Upaniṣad』 47, 48
스펜타 마이뉴Spenta Mainyu 311
승가(僧伽, saṃgha) 85
식력(識力, cit-śakti) 289
식전변識轉變 153
신新우파니샤드 49

신논리학(新論理學, Navya-nyāya) 201
신도(神道, devayāna) 41
신비주의(Sufism) 45, 306, 310
신애(信愛, bhakti)요가 110, 258, 261
신지학神智學 325
실재론 181
쌍입(雙入, yuganaddha) 236
쌍입불이雙入不二탄트라 236

【ㅇ】
아그니Agni 24
아눌난디Arulnandi 284
아뢰야식(阿賴耶識, ālaya-vijñāna) 136, 151
아마라식(阿摩羅識, amala-vijñāna) 153
『아미타경阿彌陀經』 122
아미타불(阿彌陀佛, Amitābha Buddha) 115, 122, 124
아바타라(avatāra, 化身·權化)사상 110, 253
아반티Avanti 35
아비나바굽타Abhinavagupta 288
『아비달마구사론(阿毘達磨俱舍論, Abhidharmakośa-śāstra)』 101
『아비담심론阿毘曇心論』 101
아쇼카Aśoka왕 92
아수라Asura 23
아우랑제브Aurang-Zeb 219, 309
아촉불(阿閦佛, Akṣobhya Buddha) 115
아츄타프렉샤(Acyutaprekṣa) 263
『아타르바베다Atharva-Veda』 29
아파야 딕쉬타Appaya Dīkṣita 284
아함경阿含經 86
아함카라(ahaṃkāra, 我慢) 160
아후라 마즈다(Ahura Mazda) 311
안그라 마이뉴Angra Mainyu 311
「안락행품」 128
안혜(安慧, Sthiramati) 150
알바르Ālvār 257
『야주르베다Yajur-Veda』 29
『야즈냐발키야법전(Yājñavalkya-smṛti)』 111
약사여래(藥師如來, Bhaiṣajya-guru Buddha) 115
얍윰yabyum 236
여래장(如來藏, tathāgatagarbha)사상 132, 133
연금술 292
연화계(蓮華戒, Kamalaśīla) 148
5대(五大, bhūta) 161
5대서(五大誓, pañca-mahāvrata) 60, 62, 69
5불五佛 232
5상성신관五相成身觀 232
5온五蘊 78
5유(五唯, tanmātra) 161
5작근(五作根, karma-indriya) 160
5지五智 232
5지근(五知根, jñāna-indriya) 160
5지작법五支作法 192
완전지(完全知, kevala-jñāna) 59, 66
완전직관完全直觀 332

『요가수트라Yoga-sūtra』 173
우다야나Udayana 200, 247
우마Umā 281
우마스바티Umāsvāti 64, 69
우마파티Umāpati 284
우바새(優婆塞, upāsaka) 85
우바이(優婆夷, upāsikā) 85
웃팔라Utpala 288
원인原人 27
원인적原因的 추리 193
월칭(月稱, Candrakīrti) 144
위자비량(爲自比量, svārtha-anumāna) 192, 228
위타비량(爲他比量, parārtha-anumāna) 192, 228
유가(瑜伽, yoga)탄트라 229
유명론唯名論 181
유상삼매(有想三昧, savitarka samādhi) 171
유상유식有相唯識 148
『유식삼십송(唯識三十頌, Triṃśikā)』 150
『유식이십송(唯識二十頌, Viṃśatikā)』 150
유일신교(Monotheism) 25
유추적類推的 추리 193
6바라밀(波羅密, pāramitā) 113
6사외도六師外道 51
6실재체(實在體, astikāya) 61
6위(六位, ṣaṭsthala) 304
윤좌예배輪座禮拜 295
음욕淫慾 234
『의무경(義務經, Dharma Sūtra)』 111
의준량(義準量, arthāpatti) 205
의지력(意志力, icchā-śakti) 289
『이부종륜론異部宗輪論』 100
이슈바라크리슈나Īśvarakṛṣṇ) 164, 166
25체諦 157
이품편무성異品遍無性 223
이행도易行道 112, 235
인因의 삼상三相 222
인도국민회의(Indian Nation Congress) 317
인도불교협회(Bharatīya Buddhā Mahāsabhā) 337
인드라Indra 24
인접성隣接性 195
인중무과론因中無果論 155
인중유과론(因中有果論, satkārya-vāda) 155, 158
일미온一味蘊 104
일원론(Monism) 25
일행一行 231
「입법계품」 131
『입중론(入中論, Madhyamakāvatāra)』 144
『입중론소(入中論疏, Madhyamakāvatā-rabhāṣya)』 144

【ㅈ】

자기 중심성 308
자력自力신앙 112

자리이타自利利他 113
자비(慈悲, karuṇā) 113
자이미니Jaimini 210
자치(自治, swarāj) 328
잡아함경 87
장부(長部, Dīgha-nikāya) 87
장식(藏識, 아뢰야식) 136, 151
장아함경 87
적천(寂天, Śāntideva) 144
적호(寂護, Śāntarakṣita) 147
전변설(轉變說, pariṇāmavāda) 48
전부존(前不存, prāgabhāva) 179
『전철학강요(全哲學綱要, Sarvadarśana -saṁgraha)』 278
절대부존(絶對不存, atyantābhāva) 179
정려(靜慮, dhyāna) 170
『정리경(正理經, Nyāya-sūtra)』 185, 199
정합성整合性 195
제감(制感, pratyāhāra) 170
제바(提婆, Āryadeva) 139
제바달다 127
제사부(karma-kāṇḍa) 212
제식祭式의 만능화 31
조건주의(syādvāda) 67
조도(祖道, pitṛyāna) 41
조식(調息, prāṇāyāma) 170
종자설 104
좌법(坐法, āsana) 170
주인(主人, pati) 284
『중관심론송(中觀心論頌, Madhyama-kahṛdaya-Kārikā)』 146
『중관심론주사택염(中觀心論註思擇焰, Tarkajvālā)』 146
『중관장엄론(中觀莊嚴論, Madhyama-kālaṃkāra)』 147
『중론(中論, Mūlamadhyamaka-kārikā)』 138, 141
중변분별론(中邊分別論, Madhyāntavi-bhāga) 149
중부(中部, Majjhima-nikāya) 87
중아함경 87
즈냐나파다류流 235
즉비卽非의 논리 119
즉신성불卽身成佛 235
증언(śabda, 聲量) 204
증일아함경 87
증지부(增支部, Aṅguttara-nikāya) 87
지知의 요가(jñāna-yoga) 109
지관止觀 136
지력(知力, jñāna-śakti) 289
지상(知相, jñāna-lakṣaṇa)을 통한 지각 188
지식부(jñāna-kāṇḍa) 212
진나(陳那, Dignāga) 220
『진리강요(眞理綱要, Tattvasaṃgraha)』 147
진리의 파지把持 328
진제(眞諦, Paramārtha) 152
집지(執持, dhāraṇā) 170

【ㅊ】

차라카Caraka 95

차르바카Cārvāka학파 54
차별불차별론(差別不差別論, bhedābheda) 267
차크라 294, 296
『찬도기야 우파니샤드(Chāndogya Upaniṣad)』 40, 49
찬드라굽타Candragupta 91, 96
『천계경(天啓經, Śrauta Sūtra)』 111
천계문학(天啓文學, śruti) 30
청변(淸辯, Bhāvaviveka) 145
청정구淸淨句 234
칭명염불稱名念佛 123

【ㅋ】

카나다Kaṇāda 183
카르마 요가karma-yoga 210, 328, 330
카마(K.R. Kāma) 312
『카타 우파니샤드Kaṭha Upaniṣad』 46, 48
카필라Kapila 166
칼라차크라 탄트라 236
칼리Kālī 281, 293
칼리지파 323
코살라Kosala 35, 71
쿠마릴라 바타Kumārila Bhaṭṭa 208, 211
쿤다쿤다Kundakunda 64
쿤달리니Kuṇḍalinī 294
크셰마라자Kṣemarāja 288
큰 즐거움(大樂) 234

【ㅌ】

타력他力신앙 112, 114
『타이티리야 우파니샤드(Taittirīya Upaniṣad)』 40, 46
탄트라tantra 229
탄트라행(行, caryā)탄트라 229
태장胎藏만다라 231
텡갈라이파(Teṅgalai派) 262
투카람Tukārām 302
특수성(viśeṣa) 178
특수지각(alaukika-pratyakṣa) 186

【ㅍ】

파르슈바Pārśva 60
파르티비 281
파사현정破邪顯正 144
파탄잘리Patañjali 173
판단중지判斷中止 58
8고八苦 76
팔라왕조 217
8방호(八防護, aṣṭāvaraṇa) 304
팔정도(八正道, Aṭṭhaṅgika-Magga) 73
프라바카라 미슈라(Prabhākara Miśra) 211
『프라산나파다(Prasannapadā, 淨明句論)』 144
프라샤스타파다Praśastapāda 183, 292
프리티비Pṛthivī 24

【ㅎ】

하강下降 331

하라파Harappā 21
『해탈법품(解脫法品, Mokṣadharma-parvan)』 108
행行의 요가(karma-yoga) 110
행동주의 336
행위력(行爲力, kriyā-śakti) 289
『헤바즈라 탄트라Hevajra-tantra』 235
『현관장엄론(現觀莊嚴論, Abhisamayā-laṃkāra)』 149
현재유체現在有體 과미무체過未無體 103
호법(護法, Dharmapāla) 150
환희지歡喜地 130
황금의 태자(Hiraṇyagarbha) 26
후부존(後不存, pradhvaṃsābhāva) 179
희생제의犧牲祭儀 22
희열력(喜悅力, ānanda-śakti) 289
힌디어 300, 302

이병욱

1961년 서울생.

한양대 정치외교학과를 졸업하고, 고려대 대학원

철학과에서 석 · 박사 과정을 수료하였다.

「천태지의철학사상논구」로 박사학위를 취득하였으며,

현재 고려대와 중앙승가대 등에서 강의하고 있다.

저서로 『천태사상연구』, 『고려시대의 불교사상』,

『에세이 불교철학』, 『천태사상』 등이 있다.

인도철학사

초판 1쇄 발행 2004년 8월 25일 | 초판 2쇄 발행 2008년 9월 17일

저자 이병욱 | 펴낸이 김시열

펴낸곳 운주사 (136-036) 서울 성북구 동소문동 6가 25-1 청송빌딩 3층

전화 (02) 926-8361 | 팩스 (02) 926-8362

ISBN 89-5746-126-4 03150 값 12,000원

http://www.buddhabook.co.kr